AF240856

LES INFRACTIONS

AUX

LOIS ET CONVENTIONS DE LA GUERRE

COMMISES

PAR LES ENNEMIS DE LA SERBIE

DEPUIS LA RETRAITE SERBE DE 1915

RÉSUMÉ DE L'ENQUÊTE EXÉCUTÉE SUR LE FRONT DE MACÉDOINE

PAR

R. A. REISS

PARIS

LIBRAIRIE BERNARD GRASSET
61, RUE DES SAINTS-PÈRES, 61

1918

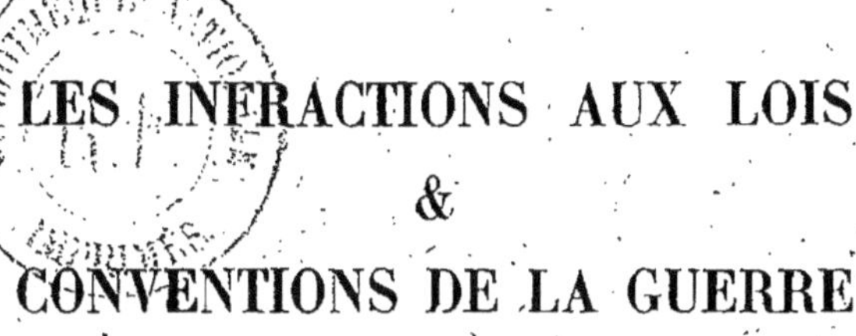

LES INFRACTIONS AUX LOIS
&
CONVENTIONS DE LA GUERRE

COMMISES PAR LES ENNEMIS DE LA SERBIE

DEPUIS LA RETRAITE SERBE DE 1915

LES INFRACTIONS AUX LOIS & CONVENTIONS DE LA GUERRE

COMMISES PAR LES ENNEMIS DE LA SERBIE DEPUIS LA RETRAITE SERBE DE 1915

RÉSUMÉ DE L'ENQUÊTE EXÉCUTÉE SUR LE FRONT DE MACÉDOINE

PAR

R. A. REISS

Docteur ès Sciences, Professeur à l'Université de Lausanne (Suisse)

PARIS
LIBRAIRIE BERNARD GRASSET
61, RUE DES SAINTS-PÈRES, 61

1918

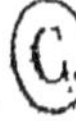

LES INFRACTIONS AUX LOIS

&

CONVENTIONS DE LA GUERRE

COMMISES PAR LES ENNEMIS DE LA SERBIE
DEPUIS LA RETRAITE SERBE DE 1915

::::::::::::::::::::::

J'avais été chargé par le gouvernement serbe, en automne 1914, d'étudier sur place les atrocités commises par les Austro-Hongrois lors de leur première invasion en Serbie, en août et septembre 1914. Le rapport que j'ai dressé de mes constatations fut publié par le gouvernement en langue anglaise, sous le titre : « Austro-Hungarian Atrocities Report ». Ce rapport est suffisamment connu et je ne reviendrai pas sur son contenu.

Le présent travail est un résumé de l'enquête que j'ai menée, après invitation du même gouvernement, sur le front macédono-serbe depuis septembre 1916, c'est-à-dire à peu près depuis la reprise des hostilités par l'armée serbe reconstituée à Corfou et à Salonique après la douloureuse retraite d'Albanie. Pour pouvoir me rendre compte de la façon d'agir des ennemis des Serbes, j'ai suivi l'armée du vieux roi Pierre pendant les combats et je suis entré avec elle dans les villages et la ville délivrés par la bravoure des soldats serbes et de leurs alliés.

J'ai interrogé immédiatement les quelques habitants qui n'ont pas voulu abandonner leurs pauvres demeures malgré le danger de mort qu'il y avait pour eux.

Ainsi, j'ai pu connaître la vérité sans qu'elle ait été déformée par l'excitation de gens qui causent de leurs malheurs entre eux. D'autre part, j'ai évité aussi de cette façon, au moins partiellement, les réticences qui, dans une longue guerre comme celle que nous subissons, sont inévitables par le fait que les habitants, ne connaissant pas encore le vainqueur définitif, ne veulent pas se mettre mal avec celui qui vient d'être chassé et qui peut revenir. Les Macédoniens, ayant subi de longs siècles d'oppression, sont tout spécialement enclins aux réticences. Comme j'ai pu les interroger aussitôt après leur libération d'un joug qu'ils ont trouvé insupportable, ils se sont départis de leur ancienne habitude de prudence extrême et ils ont raconté franchement ce qui s'était passé. Cependant tous mes témoins n'ont pas spontanément conté ce qu'ils ont souffert. Leurs dépositions, pleines d'omissions voulues, ont été complétées par d'autres témoins, moins prudents ou moins peureux. Confrontés avec ces derniers, ils ont bien été forcés d'avouer qu'ils avaient « oublié de rapporter » ces faits.

Il ne faut pas négliger non plus le fait que la grande majorité de mes témoins étaient des paysans et que les paysans de tous les pays sont connus pour leur prudence dans leurs dépositions devant les autorités, prudence qui est souvent poussée jusqu'à la cachotterie. Est-il étonnant alors que les paysans macédoniens, qui ont encore beaucoup plus de raisons d'être sur leurs gardes que les autres, n'aient pas toujours dit tout ce qui pouvait les compromettre aux yeux des Bulgares, de la défaite définitive desquels ils ne sont pas encore certains?

Il est possible que je n'aie pas toujours pu savoir toute la vérité, précisément par suite de la peur qu'ont les gens de se compromettre vis-à-vis d'un ennemi qui peut revenir et redevenir le maître du pays. Les Macédoniens sont payés pour savoir ce qu'il en coûte d'avoir été l'ami des adversaires des Bulgares! Toutefois, j'ai cherché à éviter dans la mesure du possible cet inconvénient en interrogeant séparément autant de témoins que j'en trouvais. La comparaison des dépositions et, en cas de besoin, la confrontation des témoins m'ont fourni la possibilité d'établir l'exactitude des renseignements obtenus. D'ailleurs, la peur même qu'ont les paysans de se compromettre aux yeux des Bulgares est un garant que les renseignements fournis peuvent être au-dessous de la réalité mais ne sont sûrement pas exagérés.

Chaque fois que cela était possible, j'ai contrôlé par une inspection sur les lieux les faits avancés par mes témoins. J'ai ainsi vérifié personnellement des traces de pillage, des marques provoquées par les mauvais traitements sur les corps des victimes, la présence des tombes des massacrés, etc.

Lorsque je le pouvais, je n'ai jamais manqué d'interroger aussi les habitants connus par leur attachement à la cause bulgare lors de la domination turque ou pendant le régime serbe. Il est vrai que le nombre de ces anciens bulgarisants était relativement très petit, car tous ceux qui se jugeaient trop compromis par leur attitude, sont partis avec l'armée bulgare. Les autres, ayant maintenant goûté du régime bulgare, ne veulent plus en entendre parler.

En dehors des témoins civils de la partie de la Macédoine serbe qui est aujourd'hui libérée, j'ai procédé aussi à l'interrogatoire de nombreux témoins militaires : prisonniers de guerre bulgares et allemands et soldats serbes évadés de la Serbie envahie ou de la captivité. Ceux-ci m'ont aussi mis au courant de ce qui se passe dans les pays serbes qui sont encore aujourd'hui aux mains des adversaires de l'Entente. Il va sans dire que je ne pouvais pas vérifier personnellement les faits concernant ces contrées et rapportés par eux. Je me suis cependant efforcé de constater leur réalité par la comparaison des divers témoignages faits indépendamment les uns des autres. Les faits que je rapporterai dans ce résumé d'enquête sont contrôlés de cette façon et ont été reconnus authentiques.

En ce qui concerne le bombardement de villes ouvertes, celui des formations sanitaires, etc., défendu par les lois et les conventions de la guerre, les faits rapportés dans ce travail ont tous été constatés par moi personnellement. Pour pouvoir les constater je me suis rendu dans les villes, etc., bombardées et j'y ai procédé à une enquête aussi approfondie que possible et en utilisant tous les moyens d'investigation à ma disposition. Ainsi pour savoir si, à une certaine hauteur, on pouvait distinguer les croix indicatrices d'une formation sanitaire j'ai utilisé un aéoplane, pour étudier l'action des gaz asphyxiants je me suis rendu aux endroits où étaient jetés les engins contenant ces gaz, etc.

J'ai divisé le présent résumé en deux parties. La première consacrée à mon enquête à propos des infractions aux lois et conventions de la guerre commises par les adversaires des Serbes et de leurs Alliés sur le front macédono-serbe ; la seconde renfermant celle qui a trait aux infractions commises en Serbie encore envahie. La première partie contient tous les témoignages [que j'ai recueillis sur le territoire aujourd'hui libéré, augmentés de mes observations personnelles et d'un certain nombre de documents provenant de l'Etat-Major serbe et des Ministères serbes de la Guerre et de l'Intérieur. La seconde partie est formée par des témoignages contrôlés par leur concordance et produits ou bien devant moi, ou bien devant les autorités serbes compétentes. Elle se base également sur des documents authentiques provenant de l'ennemi et tombés entre nos mains.

Toutefois il n'a pas été possible de procéder à une séparation stricte de l'enquête concernant la petite partie de la Serbie libérée à l'heure actuelle, de celle relative à la Serbie encore envahie. Beaucoup de sujets se confondent à un tel point qu'il était impossible de les traiter séparément.

PREMIÈRE PARTIE

J'ai fait une enquête personnelle dans la plupart des villages et dans la seule ville serbe aujourd'hui repris aux envahisseurs. Les endroits visités par moi sont les suivants :

Petalino, Grunichte, Budimirtzi, Jivonja, Sovitch, Batch, Dobreveni, Slivitza, Polog, Gniletch, Brod, Kremian-Kojnari, Tepavtzi, [Skotchivir, Veleselo, Kenali, Medzidli, Donie-Egri, Srednie-Egri, Negotini, ou Negotchani, Jarotok, Lajetz, Velouchina, Dragoch, Gradechnitza, Porodine, Barachanine, Kanina, Ostretz, Holleven, Bistritza, Zabjani, Iven, Rapeh, Brnik ; Makovo, Souvodol, Paralovo, Vranjevtzi, Orechovo, Dupeni, Loubojnà, Krani, Stbovo, Harvati, Bradutchina, Nakoletz, Bitolj.

Dans ce résumé d'enquête, qui est destiné à la publication, je suivrai la méthode employée dans [mon premier rapport concernant les atrocités commises par les Austro-Hongrois en Serbie en 1914 et j'y désignerai mes témoins bulgares et allemands par des numéros. En effet, connaissant la manière d'agir des Centraux et de leurs vassaux, je crains des représailles envers ces prisonniers, s'ils viennent à rentrer dans leur pays. Leurs noms sont déposés dans le rapport remis au Gouvernement royal de Serbie.

I

ASSASSINATS ET EXÉCUTIONS DE NON COMBATTANTS

Quelques dépositions de prisonniers de guerre.

N° 1, du 12ᵐᵉ régiment d'infanterie bulgare : « A Débar, ils ont tué un homme parce qu'on disait qu'il était Bulgare et faisait de la propagande serbe. Ce prisonnier a entendu dire que, près de Skoplié, on a exécuté d'autres personnes qu'on prétendait être des espions et des propagandistes serbes. »

N° 2, du 12ᵐᵉ régiment d'infanterie bulgare : « Des Serbes de Macédoine ont été exécutés par des comitadjis pour avoir soutenu le Gouvernement serbe. Les comitadjis tuaient les villageois en tirant par les fenêtres. On appelait les victimes des espions. Ces exécutions ont été faites dans les environs de Koumanovo et de Skoplié. »

N° 3, sergent-major au 45ᵐᵒ régiment d'infanterie bulgare : « Le témoin a été six mois à Pristina. Dans cette ville les soldats ont tué beaucoup « d'Albanais » parce que ce sont des voleurs. Il n'a pas vu personnellement ces exécutions, mais les soldats qui en ont été chargés les lui ont racontées. Une fois, on a amené une centaine d'hommes. Il ne sait pas ce qu'on a fait d'eux, mais il suppose qu'on les a tués, « parce qu'ils ont tué des Bulgares sur les routes ».

N° 4, sergent au 2ᵐᵒ régiment d'infanterie bulgare : « Les soldats bulgares affirment qu'on a tué beaucoup de monde en Serbie. »

N° 5, sergent au 10ᵐᵉ régiment d'infanterie bulgare, premier bataillon : « Il y avait un ordre du général Protogheroff de tuer tous les suspects. Le général a ainsi mis la population à l'entière discrétion de la soldatesque, qui en a tué une grande partie. Les soldats tuaient sans distinction hommes, femmes et enfants. Le témoin a vu à Roudna Glava (district de Gornji Milanovatz, arrondissement de Négotine, Vieille Serbie) dix à quinze femmes et enfants qui étaient près d'une maison et qui furent aperçus par des soldats. Ceux-ci tirèrent immédiatement sur eux et les tuèrent. Le sergent arrivait séparément de l'autre côté et, lorsqu'il demanda qu'on lui fît connaître les raisons de ce massacre, les soldats lui répondirent qu'ils avaient ordre de tuer toutes les personnes qu'ils rencontreraient en route. Ces soldats appartenaient au 9ᵐᵉ régiment et étaient commandés par le sous-lieutenant Christo Vassilief, qui était accompagné du capitaine Petar Moutakoff. Dans les rapports de la police, dont le témoin faisait partie, on mentionnait souvent des cas pareils. On a exécuté aussi des massacres semblables dans beaucoup de fermes de l'arrondissement de Négotine. On procédait à ces exécutions pour forcer la population, par la peur, à payer et, en même temps, pour avoir l'occasion de piller. C'est à Boljevatz et à Bor que l'on a tué le plus de gens. L'officier qui a commandé les massacres dans ces endroits, le lieutenant Koïtcheff du 9ᵐᵉ régiment, avait promis à ses soldats de leur distribuer 20.000 lèves du produit du pillage dans ces villages. Mais au lieu de tenir sa promesse, il ne leur a donné que des sommes minimes et les soldats ont alors raconté partout ce qui s'était passé et ils ont révélé aussi que cet officier avait envoyé 150.000 lèves à sa famille à Plevna. Ces massacres ont eu lieu au mois de mars 1917, ceux de Boudna Glava au mois de mai ou de juin. Dans les districts de Koutchevo et de Donji Milanovatz, les soldats bulgares ont souvent simulé des comitadjis serbes. Ces soldats appartenaient aux 9ᵉ, 11ᵉ et 12ᵐᵉ régiments d'infanterie. Le 12ᵐᵉ régiment était commandé par le colonel Kostoff. Le général Protogheroff a donné l'ordre à tous les commandants de fusiller sans autre forme de procès tous les habitants qui paraissaient suspects aux soldats. Le témoin ne sait pas si le colonel Tassoff, qui a remplacé le général Protogheroff depuis le mois de juillet, a donné un ordre identique... Les soldats ordonnaient souvent aux villageois de prendre leur argent, ils les tuaient et leur prenaient tout ce qu'ils avaient. »

Malgré les réticences des Bulgares, réticences d'ailleurs compréhensibles dans leur position, il résulte donc nettement des dépositions des prisonniers que beaucoup de civils furent massacrés. Le prétexte de ces massacres a été le prétendu espionnage exercé par ces civils, espionnage impossible dans un pays complètement isolé de ses amis comme le fut et l'est encore la Vieille Serbie. Les vraies raisons des massacres sont indiquées par les témoins 1 et 5 : la haine des Bulgares pour tout ce qui est serbe et le désir de s'enrichir par le pillage des biens de ceux qu'on a préalablement tués. A relever aussi la déposition du témoin 3 disant que les soldats ont tué, à Pristina, beaucoup d'Albanais. Dans ce cas, il s'agit sûrement de Serbes que le témoin n'a pas osé désigner comme tels de peur de représailles. L'excuse que ces exécutions ont eu lieu « parce que les Albanais sont des voleurs » est assez curieuse dans la bouche d'un Bulgare, dont les compatriotes ont commis d'innombrables pillages qui ne sont autre chose que des vols.

Quelques dépositions de témoins civils de la région de Bitolj

Village de Batch. — « Les Bulgares ont tué deux hommes du village : Petko Krstovitch, 35 ans et Petar Talevitch, 45 ans. Il les ont tués parce qu'ils se disaient Serbes. Leur exécution a eu lieu il y a plus de 6 mois (interrogatoire du 8 novembre 1916) et les deux hommes furent tués hors du village. C'est le kmet du village de Batch, Débo Talevitch, un Bulgare, qui a donné l'ordre de les tuer. » — Traiko Yovanovitch, 40 ans; et Stoyan Stoikovitch, 55 ans, tous les deux de Batch, de même que tous les autres témoins du village entendus.

Village de Kenali. — « Personne ne fut tué au village ; mais la population sait que des musulmans furent tués dans les environs de Bitolj. » — Omer Rachid, 35 ans, déposition confirmée par les autres témoins du village.

Village d'Ostretz. — « Les villageois ont trouvé, tué au moulin, Demir Bayram, âgé d'environ 70 ans. Ils ne savent pas qui l'a tué ; en tout cas ce ne sont pas eux. » — Halim Hassan, 60 ans.

« Le témoin a vu le cadavre de Demir Bayram qui a été tué avec un poignard. Il était pauvre et les habitants ne peuvent pas s'expliquer pourquoi il a été tué. » Risvan Redjep, 72 ans.

Village d'Iven. — « Deux personnes du village ont été tuées, mais les villageois ne savent pas qui les a tuées. C'étaient Jovan Ristovitch, 55 ans, et sa femme Sava, environ 50 ans. On a pillé d'abord leurs biens et on les a tués ensuite. Le mari avait trois balles dans la poitrine et trois coups de « couteau » dans le dos. La femme a été tuée à coups de bâton et sa tête était écrasée. Ce ne sont pas les villageois qui les ont tués, les gens d'Iven en sont sûrs, et il n'y avait pas d'autres habitants de la contrée sur place. Ce massacre a eu lieu au moment de l'entrée des Bulgares dans le pays, mais les soldats n'étaient pas encore arrivés au village, il n'y avait que des comitadjis bulgares. Ristovitch était en bons termes avec les Serbes. Il était riche et ses enfants ont hérité de lui. » — Bojin Seveitch, 50 ans ; Georges Petrovitch, 67 ans ; Traiko Ristovich, 50 ans, et Risto Stoyanovitch, 45 ans.

Village de Rapech. — « Elia Romanovitch, 49 ans, a été tué par les comitadjis parce qu'il avait montré le chemin à quelques soldats serbes qui s'enfuyaient. » — Stoyan Naïdovitch ; 54 ans, kmet (maire) du village ; Naide Traikovitch, 69 ans ; Petko Mitrevitch, 70 ans ; George Koulevitch, 49 ans ; Kosta Yovanovitch, 67 ans ; Petko Ristovitch, 67 ans ; Mio Petkovitch, 19 ans.

Village de Brnik. — « La femme Zveta Mladnova, 30 ans, et Stoyan Trajkovitch ont été tués par George Stoyanoff qui appartenait à l'organisation bulgare et avait fait beaucoup de mal aux villageois. Zveta a laissé trois enfants. » — Stoyan Stoïkovitch, 65 ans, kmet du village ; Athanase Yochevitch, 26 ans ; Yasne Nedelkovitch, 50 ans, et Velika Nedelkova, 45 ans.

Village de Mahovo. — « Vers le milieu du mois de novembre 1915, pendant la nuit, George Stoyanoff est arrivé avec une dizaine d'hommes, a enfoncé la porte de la maison du témoin et lui et ses gens ont commencé à tirer. Ainsi fut tué son frère Risto Naidevitch et sa belle-sœur Jasna. Lui-même a pu se sauver par la fenêtre malgré les coups de feu qu'on a tirés sur lui. Sa femme Sveta Mitreva, 45 ans, fut blessée à la main. » — Temian Naidovitch, 62 ans, déposition confirmée par Jovan Koïtovitch, 65 ans ; Tale Kolevitch, 65 ans ; Risto Krstevitch, 62 ans, et Nikola Damianovitch, 60 ans.

Village de Novatzi. — « Le kmet (maire) de Novatzi, Stoyan, a été tué par les Bulgares lorsqu'ils sont arrivés dans la contrée ». — Krsta Ilitch, 34 ans, président de la commune de Velouchina.

Ville de Bitolj. — « Une cinquantaine de Turcs ont été tués à Bitolj et dans ses environs. On les a trouvés morts sur les champs et même dans les maisons. » — Mehmet Naïli, moufti de Bitolj, et Hadji Ahmet Mouderis.

« Mon mari était à Florina, où il est resté environ une année. Il est venu ensuite s'installer à Bitolj et a loué une petite boutique de coiffeur près du pont de pierre. Au bout de trois mois, un Turc est venu chez lui et s'est dit chargé de lui transmettre des salutations de Hadji, de Florina, et de lui demander s'il n'avait pas une lettre pour Hadji. Le Turc était le cocher Moustafa, qui faisait le trajet entre Bitolj et Florina. Mon mari, Vanko, ne voulait pas le croire, mais Moustafa lui donna le mot convenu avec Hadji : sucre, thé et craie. Vanko remet alors une lettre au cocher, lettre dans aquelle il parle de la force des troupes à Bitolj.

Moustafa la transmet immédiatement aux autorités de Bitolj. Celles-ci envoient une réponse apocryphe à Vanko, font une enquête, l'arrêtent et, après sept mois de prison, l'exécutent. Pour la pendaison de mon mari, les Bulgares m'ont convoquée avec mes deux enfants et ils nous ont forcés de regarder le spectacle. Nous nous défendions, mais les soldats nous ont poussés et ainsi nous avons dû voir la mort de mon pauvre Vanko. La cour de la préfecture était pleine de personnes qui avaient des menottes aux mains. Après le supplice de Vanko, on a jeté son cadavre sur le pavé et on m'a dit : « Si tu ne viens pas dans une heure chercher le cadavre, nous allons le donner aux chiens. » Dés officiers bulgares et allemands, ainsi que le préfet Bojadieff, assistèrent à la pendaison. Bojadieff frappa avec sa cravache ma fille Chrisoula, parce qu'elle pleurait. Pendant la pendaison, les officiers bulgares et allemands se moquaient de nous. Lorsque la petite Chrisoula est allé chercher les effets de son père, l'officier se moqua d'elle en disant : « Tu veux que j'appelle ton père. Vanko, Vanko ! » Quand on m'annonça la condamnation de mon mari, je suis allée lui porter un gâteau. Les gardiens me l'ont arraché. Les Bulgares ne m'ont pas permis d'aller sur la tombe de mon mari. » — Helena, femme de Vanko Gligorovitch.

Le récit de cette ignoble exécution est confirmé par nombre de témoins monastiriotes, que j'ai entendus. Un témoin oculaire, prisonnier des Bulgares lui-même, Nikola Blachitch, 48 ans, de Débra, actuellement attaché à la station militaire de Bitolj, la décrit de la façon suivante : « Vanko Gligorovitch, coiffeur, a été pendu à la prison devant tous les détenus et en présence de sa femme et de ses enfants comme espion franco-anglais. J'ai vu l'exécution. Vanko fut pendu à une potence devant la préfecture, où se trouvait la prison. C'était au mois d'octobre 1916, à 8 heures du matin. Des officiers allemands et bulgares assistèrent à l'exécution. Au moment où l'on hissait le patient sur la potence, les officiers riaient entre eux. La femme et les enfants du condamné pleuraient, suppliaient et se jetaient à genoux devant le préfet. »

Gligorovitch n'est pas la seule victime des Bulgaro-Allemands à Bitolj :

Le 6 novembre 1916, les Bulgares évacuaient Bitolj, les troupes alliées étant arrivées tout près de la ville. Quelques détachements se battaient même déjà dans les rues avec les arrière-gardes bulgares. Riza Tanasovitch, femme de 40 ans, était sortie de sa cour pour voir ce qui se passait. Elle fut tuée sur le seuil même de sa maison par les soldats bulgares en retraite. Le même jour et de la même façon, fut tué aussi un aubergiste du village de Vrbeni, qui se trouvait à Bitolj. On n'a pu constater l'identité du cadavre, parce que les Bulgares restés encore en ville pendant la nuit du 5 au 6 novembre (v. st.) l'ont caché.

Tachko Konievitch, marchand fripier, était connu depuis longtemps comme un propagandiste zélé de la cause nationale serbe. Pour cela il était noté comme « dangereux » par les comitadjis bulgares. Il fut d'abord mis en prison et ensuite, le 26 novembre 1915, tué par Petar Lazarevitch, dit Assas, qui a été désigné pour cette besogne par les comitadjis. La mère de Tachko, une vieille femme de plus de 60 ans, est devenue folle après la mort de son fils.

Vandjel Vanevitch, de Bitolj, a été soldat serbe et fut fait prisonnier par les Autrichiens, qui le remirent aux Bulgares. Ceux-ci, avant de l'incorporer dans leur armée, l'ont laissé aller chez lui à Bitolj. Mais là, à la suite d'un ordre du comité, il fut tué par le voïvode Naoum et quatre autre comitadjis. Sa maison fut pillée. Vanevitch laisse sa mère, une vieille femme, et deux petits enfants.

Stoyan Ristitch Mizevitch était, pendant le régime serbe, kmet (maire) du village de Novatzi. N'osant pas attendre les Bulgares chez lui, il s'est fait évacuer avec les troupes serbes jusqu'à la frontière grecque et, de là, il est allé s'installer à Florina. Le 27 novembre (v. st.) 1915, il est revenu de Florina à Bitolj et le même jour il a été tué, au milieu de la ville, par les comitadjis bulgares Nasta Tocheff, de Pojechevo, et Petar Lazareff, de Dobromir. Stoyan a été dénoncé aux comitadjis comme ardent patriote serbe et, par conséquent, comme dangereux pour les Bulgares par un certain George Vantchevitch, de Bitolj. Ce dernier, craignant les suites de sa trahison, est parti avec les Bulgares lorsqu'ils ont évacué Bitolj. La victime laisse une femme et des enfants.

Koutze Janevitch, de Bitolj, était pendant le régime serbe le garde-champêtre des environs de Bitolj et du village de Novatzi. Il n'a pas voulu abandonner son poste lors de l'évacuation de la ville par l'armée serbe. Immédiatement après le départ de cette dernière, une bande de comitadjis bulgares, commandée par les voïvodes Krsta Leonda et Pandil Chichkoff, est entrée dans la ville et a commencé le pillage. Ces comitadjis avaient pour tâche de rechercher les Serbes restés en arrière et de les tuer. Ce sont eux qui ont trouvé Koutze et l'ont déclaré suspect comme Serbe. Il fut tué le 26 novembre dans un jardin près de Bitolj. Son cadavre resta sans sépulture pendant quelques jours comme exemple jusqu'à ce que des citoyens se soient décidés à l'ensevelir en cachette. L'assassinat fut exécuté, suivant les ordres du comité (voir plus loin au chapitre « Organisation »), par les comitadjis, Nasta Tocheff de Pojechevo, Pavle Todoroff, de Topoltchani, Karanfil, de Stoitche, Karanfilovitch et quatre autres comitadjis.

Méthode Ristitch était l'instituteur serbe du village de Sleptche. Après l'évacuation par les Serbes, il est resté à Bitolj. Suivant un ordre du comité, il fut conduit hors de la ville et tué au village de Donje Orizare par des comitadjis inconnus. Son cadavre ne fut couvert que d'un peu de terre et les chiens en ont dévoré une grande partie.

Dans la petite partie du territoire serbe aujourd'hui délivrée, il y a donc eu un certain nombre de tueries, que les Bulgares ont souvent qualifiées d'exécutions. Certes, la pendaison de Vanko Gligorovitch était une exécution tout à fait justifiée à leur point de vue — la femme de Vanko elle-même dit que son mari a envoyé ou plutôt a voulu envoyer des renseignements aux adversaires des Centraux — mais la manière dont les Bulgares ont procédé à cette exécution est tout à fait caractéristique de leur méthode barbare de faire la guerre. Cet homme était un patriote serbe, dangereux pour eux c'est entendu, mais met-on à mort les patriotes de cette façon? Les simples principes de morale n'enseignent-ils pas à respecter la mort, fût-ce même celle du pire des criminels? Et pourquoi martyriser encore des innocents comme la femme et les enfants du supplicié, si ce n'est pas pour assouvir un vil besoin de vengeance ou une ignoble passion sadique? La conduite des officiers allemands et bulgares, venus là comme pour assister à un spectacle amusant, semble indiquer que le sadisme ne leur est pas étranger.

Le moufti de Bitolj, Mehmet Naili, et un autre notable Turc de la même ville, Hadji Ahmet Mouderis, m'ont affirmé qu'à Bitolj et dans ses environs une cinquantaine de Turcs, c'est-à-dire des habitants de religion musulmane, auraient été tués par les Bulgares. Je n'ai pas pu trouver trace de ces tués, en dehors du musulman Demir Bairam. D'autre part, tous, musulmans et chrétiens, sont d'accord sur la parfaite honnêteté de mes témoins de Bitolj. D'où vient alors la contradiction entre leurs affirmations et le résultat de mon enquête? Je crois pouvoir l'expliquer par le fait que beaucoup de villages des environs de Bitolj habités par des musulmans, sont encore aux mains des Bulgaro-Allemands, de sorte que je n'ai pas pu y procéder à une enquête. C'est dans ces villages que des Turcs ont peut-être été tués par les envahisseurs. Le moufti a eu connaissance de ces massacres pendant l'occupation de la ville par les Bulgares, grâce à des coreligionnaires villageois qui venaient en ville pour faire leurs achats ou pour vendre des produits agricoles. Il est d'ailleurs très possible que, sans la faute du moufti, le chiffre des morts ait été exagéré par les racontars. Tout cela fait que, malgré ma certitude qu'il y a un fonds de vérité dans l'affirmation du moufti, je ne puis la donner ici que sous toutes réserves.

Le nombre des massacres dans la région de Bitolj reprise, à l'heure actuelle, aux Bulgares, n'est pas énorme. Quand on se rappelle la façon d'agir des soldats du Cobourg dans les guerres balkaniques et aussi celle de leurs alliés austro-hongrois en Serbie, on peut même être étonné de la modestie de ce nombre. Cependant il s'explique aisément par la considération suivante. La tactique des Bulgares pour faire appuyer par l'Europe leurs prétentions sur la

Macédoine fut toujours l'affirmation du caractère entièrement bulgare de ce pays et tout spécialement de la région
de Bitolj. Pouvaient-ils se donner à eux-mêmes un démenti
plus formidable qu'en massacrant en masse de prétendus
« frères de race » ? Ils ont été assez prudents dans ces contrées, reprises par leurs légitimes possesseurs, pour éviter
cet écueil, mais ils se sont rattrapés d'une autre façon,
comme le démontreront les chapitres suivants.

Toutefois, dans d'autres parties de la malheureuse Macédoine, parties qui sont encore en leurs mains, ils ont été
moins prudents et ils ont massacré la population en grand
comme ils l'avaient fait en 1913 lors de la guerre serbo-
gréco-bulgare.

Voici ce que dit à ce propos Vasilie Trbitch, 35 ans,
voïvode des volontaires serbes, qui a pénétré en Macédoine occupée, y est resté cinq mois et est revenu dans les
lignes serbes. Il a été dans les districts de Velès, Prilep, et
Poretch.

« Dans ces trois districts, plus de 2.000 personnes ont
été tuées. Ce sont surtout des femmes et des enfants. Lors
de leur entrée, les Bulgares ont massacré tous ceux qu'ils
rencontraient sur les routes et dans les champs. Les derniers massacres effectués par eux ont eu lieu à la date du
20 janvier 1916 (v. st.). Au village d'Izvor, Athanase Schopp
a été tué. Au village d'Omorani, 18 personnes furent tuées;
au village de Martovtzi, 8 personnes ; au village de Téovo,
13 personnes dont 2 femmes, Maria Nikousch Stojano-
vitch et Sofia Pane Arsitch ; au village de Mokreni, 12 personnes furent tuées; au village de Bogomil, 95 personnes
dont 20 hommes, les autres victimes étant des femmes et
des enfants (à un endroit 40 personnes furent tuées à la fois);
au village de Nogilovo, 3 hommes ; au village d'Oroche,
1 homme; au village de Gostirachna, 65 personnes, dont
10 hommes et le reste composé de femmes et d'enfants ; au
village du Strovié, 80 personnes parmi lesquelles il n'y
avait que 15 hommes (dans la maison du pope Ilia Dimitch
le père, la mère, ses frères, etc., furent tués, en tout 9 personnes); au village de Dolgavatz, 280 personnes dont
20 hommes de plus de 50 ans, le reste est presque exclusi-

vement formé par des femmes et des enfants ; au village
de Margari, 50 personnes dont 5 hommes et 45 femmes et
enfants ; au village de Kostentzi, 60 tués, dont 8 hommes
et 52 femmes et enfants ; au village de Brod, sous-préfec-
ture de Poretch, le 12/25 décembre 1915, 105 personnes
furent tuées pendant la nuit dans la maison de la sous-pré-
fecture ; le lendemain, 100 autres furent exécutées sur la
route de Brod à Dobrech ; au village de Stounje, 18 personnes. Ces villages sont ceux où il y a eu des massacres
en masse. Ces derniers furent exécutés par les soldats et
les comitadjis ».

Voici un autre évadé des Bulgares, BOJIDAR MLADENO-
VITCH, de Skoplié, 24 ans, soldat au bataillon musulman de
la division de la Drina, fait prisonnier par les Autrichiens
à Liousch, près de Mitrovitza, et ensuite livré aux Bulgares et incorporé dans leur armée, qui raconte ce qui
s'est passé à Skoplié où il a séjourné pendant l'occupation
bulgare : « Les Bulgares ont institué leurs autorités, composées surtout de comitadjis et ont interné tous les notables, dont ils ont tué un grand nombre. Environ vingt
personnes de Skoplié furent tuées : Angel Kralo Sotevitch,
environ 28 ans, boulanger ; Savo Smokovitch, maire de
Mirkovatz ; Tchedomir Naoumovitch, directeur de la succursale de la Banque de Belgrade ; Gapo, menuisier, etc.
Dans le Poretch, les Bulgares ont tué beaucoup de monde.
Dans chaque village, ils ont massacré quatre ou cinq personnes et ils voulaient les déporter toutes. Un groupe de
sept cents déportés de Poretch a été enfermé dans une
mosquée à Skoplié et ensuite, à Koumanovo, on a tué
quatre-vingts de ces malheureux. »

Le médecin grec, Dr ATHANASIADÈS, au service du gouvernement serbe comme médecin de l'arrondissement de
Gratchanitza, resté en Serbie pendant l'occupation bulgare
et évacué après plus d'une année de séjour, fait la déposition caractéristique suivante : « La sentinelle qui se trouvait sous la fenêtre de ma cellule (le docteur, en attendant
son évacuation, fut emprisonné à Nich) m'a dit qu'elle avait
vu de ses propres yeux l'ordre d'envoyer deux popes, un
instituteur et une autre personne serbe à Sofia, mais que

l'escorte devait revenir quatre heures après son départ. Le
soldat ajouta qu'on pouvait facilement comprendre que
ces personnes étaient destinées à être tuées en route, car
par aucun moyen, sauf, peut-être en aéroplane, on ne pouvait aller à Sofia et en revenir en quatre heures. J'ai entendu dire qu'à Svilaïnatz les Allemands ont fusillé trente-
quatre personnes et qu'à Krouchevatz, ils ont fait pendre
trois paysans, sous prétexte qu'ils avaient attaqué des soldats allemands. On m'a dit aussi que, parmi ces personnes,
il y avait des femmes. »

Mon dossier contient encore une série de dépositions
pareilles, dépositions que je ne puis pas reproduire dans
ce résumé d'enquête et cela faute de place. Elles figureront
dans mon rapport au Gouvernement royal serbe, où elles
pourront toujours être consultées. Cependant, les quelques
témoignages que je viens de citer montrent déjà que les
Bulgares ont tué beaucoup de civils dans la Macédoine
qu'ils détiennent encore aujourd'hui. La déposition du
Dr Athanasiadès est tout spécialement intéressante, parce
qu'elle montre l'hypocrisie des autorités bulgares qui envoient des civils serbes soi-disant à Sofia pour les faire
massacrer en route par l'escorte. Elle démontre également
que les Allemands en Serbie envahie n'ont guère agi autrement que leurs alliés bulgares en Macédoine.

Vasilie Trbitch dit que, dans les seuls districts de Velés,
Prilep et Poretch, les Bulgares ont tué plus de deux mille
personnes parmi lesquelles il y avait un grand nombre de
femmes et d'enfants. Il énumère une série de villages où,
en tout, neuf cent neuf personnes furent massacrées. Il faut
ajouter que les trois districts visités par Trbitch ne sont
qu'une partie relativement petite de la Macédoine serbe.
Pourquoi cette différence de traitement par les Bulgares
entre la région de Bitolj et les trois districts susnommés?
Les envahisseurs n'avaient-ils pas la même raison d'épargner les Macédoniens de Prilep, Poretch et Velès que ceux
des environs de Bitolj? Certes ils l'avaient, mais leur haine
du Serbe l'a emporté sur leur prudence. En effet, les districts de Prilep et de Poretch sont parmi les contrées de la

Macédoine où le caractère serbe du pays est le plus prononcé. Les Bulgares, une fois maîtres de la Macédoine, ont voulu détruire ce caractère et, pour atteindre leur but, ils ont procédé au massacre des gens se réclamant de la nationalité serbe, les ont déportés et ont encore employé toute sorte d'autres moyens mentionnés dans les chapitres suivants.

II

PILLAGE

Il n'est pas toujours aisé de distinguer le pillage des réquisitions. En effet, le pillage est le vol du bien des civils en employant la force ou la ruse. Les réquisitions, qu'on ne paie pas ou qu'on ne paie que par un récépissé qui ne sera jamais échangé contre de l'argent, sont un autre genre de pillage et constituent, comme le pillage ordinaire, un vol. La différence entre ces deux sortes de vols réside uniquement dans la forme apparemment légale que prend le pillage par réquisition. Dans le présent travail, j'ai pris comme critère, pour séparer le pillage du chapitre II des réquisitions du chapitre III, le fait d'avoir donné soit de l'argent, soit des bons de réquisition payés ou non payés. Tout ce qui a été pris, sans le consentement des propriétaires légitimes et uniquement par la force, est traité dans le chapitre II, tout ce qui a été enlevé sous forme de réquisition plus ou moins régulière sera énuméré dans le chapitre III. Cependant les conséquences d'ordre général résultant du pillage et des réquisitions ne peuvent être traitées qu'en prenant en considération ces deux actions ensemble. Les conclusions se trouveront donc à la fin du chapitre III.

Pour démontrer le mode de pillage employé par les adversaires des Serbes en Macédoine aujourd'hui libérée, je reproduirai un certain nombre de dépositions typiques recueillies dans les villages et à Bitolj.

Village de Boudimirtzi. — « Pendant le séjour des Bulgares à Boudimirtzi il restait encore quelque chose aux habitants, mais maintenant que les soldats sont partis, ils ont tout enlevé. Les villageois une fois évacués, les soldats revenaient au village et chargeaient tout ce qui avait un peu de valeur sur des chevaux et des voitures. Ensuite ils mettaient le feu à une dizaine de maisons ». — Ilko Sivevitch, 52 ans ; et Dimitrie Vasilijevitch, 43 ans.

Village de Jivonja. — « Un mois et demi avant leur départ définitif, les Bulgares ont tout ramassé et enlevé sans payer un sou. En partant, ils ont pris avec eux sans les payer : cinquante bœufs, douze ânes et deux chevaux ». — Vasiljé Georgevitch, 56 ans ; Risto Lazarevitch, 53 ans ; George Petritch, 38 ans ; et Danas Kouljevitch, 60 ans.

Village de Slivitza. — « Les Bulgares ont enlevé sans payer : cent bœufs, vingt-cinq ânes et plus de deux mille moutons. Ils ont aussi pris toute la laine sans rien payer. Depuis le mois de mai les villageois n'ont plus pu boire de lait ni manger de fromage, car les Bulgares prenaient tout ». — Ilia Georgevitch, 37 ans, déposition confirmée par les autres témoins du village.

« Lorsqu'il était loin, les Bulgares ont pris au témoin toute sa farine, son blé et son argent malgré la présence de sa femme à la maison. Ils ont menacé sa femme. En effet, l'officier commandant les soldats, qui avaient la baïonnette au canon, disait à sa femme qu'on allait la tuer, si elle ne donnait pas son argent. Ainsi elle leur a remis cinq ou six napoléons. A lui, on lui a pris tout ce qu'il avait sur lui, même sa montre ». — Grigor Traikovitch, pope du village, 45 ans, déposition confirmée par Yovan Traikovitch, 55 ans ; Lazar Traikovitch, 48 ans, et Nedelko Tolevitch, 60 ans.

Village de Batch. — « Les soldats bulgares, en partant, ont tout pris : nourriture, bétail, etc. Pendant tout le temps de leur occupation, les soldats ont raflé tout ce dont ils avaient besoin et, lorsqu'ils sont partis, ils ont pris le reste ». — Traiko Yovanovitch, 40 ans, et Stoyan Stoikovitch, 55 ans.

« Nos tapis, les couvertures, deux chevaux, deux vaches,

trois bœufs, tout le blé furent enlevés par les soldats et le
kmet (un comitadji bulgare, Délo Taleff) sans rien payer. »
— MITRA, femme de DÉLO VRAGOVITCH, 66 ans.

Village de Kremian-Koinari. — « Il y avait des soldats
bulgares au village. Ces soldats ont tout pris sans payer ni
donner de récépissés. A Ramadan Osman, ils ont enlevé
ainsi deux vaches et deux moutons. Ils n'ont pas laissé une
seule charrette de foin au village, tout a été pris par eux. »
— RAMADAN OSMAN, 50 ans, et MEFAIL AHMET, 40 ans.

Village de Tepavtzi. — « Les Allemands prenaient tout
ce dont ils avaient besoin : porcs, bétail, blé, etc. Ils ne
payaient jamais. » — BOGOJE TRAYANOVITCH, 53 ans, kmet
du village, déposition confirmée par YOVAN PETROVITCH,
86 ans.

Village de Skotchivir. — « Les Bulgares ont pris à
Ristich : vingt bœufs, deux cents moutons, son cheval et son
âne sans les payer. Ils ont de même enlevé chez tous les
paysans le bétail et les céréales sans payer et sans donner
de récépissés. Une partie de leurs biens fut prise au courant de l'été 1916, le reste quand les soldats ont quitté le
village. A Riste Koulevitch, on a pris cinquante moutons,
un âne, un bœuf et toutes les céréales ; à Riste Tcheblako-
vitch : quatre-vingts moutons, huit bœufs et son blé ; à
Riste Kotevitch : quarante moutons, quatre bœufs et son
blé. » — STOITCHO RISTICH, 65 ans ; RISTE KOULEVITCH,
60 ans ; RISTE TCHEBLAGOVITH, 62 ans, et RISTE KOTEVITCH,
39 ans.

Village de Veleselo. — « Pendant tout l'été, les Bulgares ont pris les moutons et les ânes sans les payer. A
Anton Petkoff on a pris ainsi : deux ânes, vingt-six moutons,
quatre bœufs, onze porcs, 4.000 kilos de blé et quinze louis
d'or. Rititch a perdu vingt moutons, un bœuf, 800 kilos
de blé et du bois. Un Bulgare de Bitolj, nommé Ilia, a
enlevé à A. Petkoff cinq bœufs sans donner d'argent.
Markoff a perdu 3.000 kilos de blé, trente moutons et sept
porcs. Les Bulgares lui ont pris tout ce qu'il possédait.
C'est Philippe Atanasoff (ou Indoff) de Brod, qui est venu

avec ses hommes au village, où ils ont raflé dans toutes
les maisons tout ce dont ils avaient besoin. » — Trajan
Ristitch, 60 ans, kmet du village ; Bojin Markovitch, alias
Markoff, 70 ans, et Trajan Traikoff, 17 ans.

Village de Boukri. — « Vers la mi-septembre, les habitants furent évacués d'abord à Donje Egri, ensuite à Bitolj.
Tout fut pris par les Bulgares. « Nous sommes partis de
« chez nous avec nos seules âmes, tout nous a été pris »,
dit le témoin, qui a perdu : une paire de bœufs, un cheval
et 300 kilos de blé. » — Tale Ristevitch, 35 ans, kmet de
Boukri.

Village de Donje-Egri. — « Les Bulgares entraient dans
les maisons et prenaient tout ce qu'ils voulaient. » — Lazar
Pavleff, 52 ans ; Mitre Kotevitch, 58 ans ; Nikola Milevitch, 38 ans ; Nikola Ristevitch, 37 ans ; Vasilie Dimovitch, 55 ans, et Riste Roitcheff, 65 ans.

Village de Srednie Egri. — « Les Bulgares ont tout pris :
nourriture et bétail. Les Allemands aussi ont ramassé tout
ce qu'ils trouvaient et n'ont rien payé. Il y a des villageois
qui n'ont plus rien. Tout ce qui était en cuivre fut enlevé
dans le village et les soldats ont pris toutes les ruches. Les
paysans avaient des granges pour conserver leurs vivres.
Elles furent détruites par les soldats pour en utiliser le
bois pour le chauffage. Partout les soldats avaient leur
nourriture, mais ils ont transporté ailleurs les vivres pris
aux habitants. » — Athanase Dimitrieff, 58 ans, kmet du
village ; Spase Toleff, 32 ans ; Nedelko Vasilievitch,
40 ans ; Trajan Nedelkovitch, 40 ans ; Dimitrie Stoyanovitch ; Pavle Petkovitch, 40 ans, et Angel Hoff, 16 ans.

Village de Yarotok. — « Les Bulgares ont tout pris aux
villageois et les ont chassés du village pendant dix jours. »
« Lorsqu'ils sont rentrés, ils n'ont plus rien retrouvé. Il y
« avait au village des trains d'équipages bulgares et allemands. » — Yovan Petkoff, 52 ans ; Stoiko Ritkoff, 81 ans
et Bojin Stoikovitch, 17 ans.

Village de Lajetz. — « Soldats et comitadjis ont pris au

village tout ce qu'on y pouvait prendre. Une partie du produit du pillage fut transportée à Bitolj, le reste fut gardé par les soldats et les comitadjis. » — NIKOLA TODOROVITCH, 36 ans, kmet du village; ANDRIA ILIÉVITCH, 38 ans, pope du village.

« Quant aux musulmans, il n'y a pas une seule de leurs maisons dans le village qui n'ait été pillée, dit le témoin musulman. A la fin on a chassé les musulmans de leurs maisons et les soldats ont chargé sur des voitures tout ce qu'ils trouvaient. » — YACHAI ALI, 60 ans.

Village de Velouchina. — « La maison du témoin fut entièrement pillée. Les soldats ont même pris les poutres de son habitation. En somme, les soldats bulgares ont tout pris. » — SPIRA VELJANOVITCH, 50 ans, pope du village.

Village de Dragoch. — « Les Bulgares ont fait évacuer la population, qui ne pouvait rien prendre avec elle. Quand les gens sont revenus, ils ne trouvèrent plus rien, tout avait été pillé. Lorsque les habitants ne voulaient pas donner de plein gré leurs biens, demandés par les soldats, ils étaient forcés de s'en dessaisir. » — PAVLE RISTICH, 55 ans; ATHANASE STOYANOVITCH, 37 ans, kmet du village.

Village de Kanina. — « Les Allemands s'amenaient dans les maisons, prenaient ce qu'ils voulaient, chargeaient leur butin sur des chevaux et s'en allaient. Lorsque les opérations militaires ont commencé, les villageois furent évacués à Bitolj et alors Bulgares et Allemands ont tout pillé. Les habitants n'ont plus que ce qu'ils ont pu emporter avec eux à Bitolj. Ainsi furent pris dans le village, sans le moindre paiement : 300 chariots de foin, environ autant de paille, 40.000 kilos de blé, 28 bœufs, 8 chevaux, environ 80 moutons, 250 porcs, plus de 50 occes de laine, tous les tapis et couvertures qui étaient restés, toute la volaille et 7 voitures. Il y avait beaucoup de pommes de terre au village, environ 5.000 à 6.000 occes. Les Allemands ont défendu d'y toucher et ils les ont enlevées dans des chariots ». — DIMITRIE IVANOVITCH, 39 ans, kmet du village; STEVAN NIKOLGEVITCH, 62 ans, kmet du temps des Bulgares;

Petar Spassevitch, 36 ans; Marko Yovanovitch, 65 ans; Kosta Risteff, 70 ans, et Spasse Boyeff, 60 ans.

Village d'Ostretz. — « Lorsque les combats ont commencé, on a évacué la population à Bitolj et les soldats ont complètement pillé les maisons. Il y avait aussi des soldats allemands qui prenaient tout ce qu'ils voulaient sans payer. » — Chalim Hassan, 60 ans, et Risvan Redjep, 72 ans.

Village de Holleven. — « Les deux témoins ont été au village pendant toute l'occupation bulgare, sauf pendant un mois, lorsque, durant les combats, les habitants furent évacués à Bitolj. Après cette évacuation, les soldats ont tout pillé. « On ne nous a pas même laissé une cuillère « pour manger »; dit l'un des témoins. A leur famille furent pris sans payer : 3 grandes malles pleines d'effets, 3 ou 4 tonneaux, tous les ustensiles de ménage, 5 porcs et 40 poules. De plus, on leur a démoli 5 granges pour en prendre le bois. Tous les haricots du village furent enlevés. Les Bulgares ont même volé les cuves en bois pour le lavage du linge et les portes. Au moment du départ des Bulgares, les témoins étaient de nouveau au village et les soldats leur ont dit : « Nous n'allons rien laisser aux « Français et aux Serbes. Nous allons tout prendre ». Les Français leur ont donné du pain pendant que les Bulgares leur prenaient celui qu'ils avaient. » — Mara et Mitra Krsteva, 19 et 16 ans, célibataires.

Village de Bistritza. — « On a pris au village sans payer : 28 bœufs, 30 cochons, tout le blé, la paille et toute la volaille. Les soldats ont fait du mal dans toutes les maisons et ont pris les vivres, les habits, les tapis, etc. Les habitants n'ont plus que ce qu'ils ont pu prendre avec eux lorsqu'on les a évacués du village. Quand ils sont rentrés, ils n'ont plus rien retrouvé. Il y avait aussi des soldats allemands au village, qui se conduisaient aussi mal que les Bulgares. Le village est complètement ruiné et il n'y reste plus rien. » — Zvetan Talevitch, 59 ans, kmet du village, et Dime Ristevitch, 67 ans.

Village de Zabjani. — « Au mois de septembre, les villageois ont été évacués à Bitolj. Tout ce qui restait dans les maisons fut pillé par les Bulgares. Les habitants n'ont plus que ce qu'ils ont pu emporter à Bitolj. Les Bulgares ont détruit 15 maisons pour en prendre le bois de la charpente; dans d'autres maisons, ils ont coupé les poutres. » — Spassoye Yovanovitch, 40 ans, kmet du village; Apostole Sekoulovitch, 75 ans; Petkana Christoff, 50 ans.

Village de Rapech. — « Les militaires et les comitadjis ont également pris les habits des villageois. » — Stoyan Naidevitch, 54 ans, kmet du village, déposition confirmée par les autres témoins de Rapech.

Village de Souvodol. — « Les Bulgares et les Allemands pillaient beaucoup. Les Allemands entraient dans les maisons, tuaient les cochons à coups de fusil et personne n'osait s'opposer à cette façon de faire ». — Stoyan Ristovitch, 45 ans, kmet du village du temps des Serbes, et Naoum Vesdinovitch, 58 ans.

Village de Loubojna. — « Au moment de leur départ les Bulgares ont pillé les maisons, ils ont pris l'argent et ont fait couler le vin qu'ils ne pouvaient pas emporter. A Spire Vasiljevitch furent ainsi volés 35 napoléons, à Koste Stoyanovitch 10 napoléons, à la femme Natcha Trifounovitch 8 napoléons, à German Ristevitch 10 napoléons, à Vidin Yovanovitch 7 napoléons, etc… Environ 30 ruches furent emportées. » — Spire Lazarovitch, 55 ans, kmet du village; Nikola Lazarevitch, 64 ans; Mitre Yankovitch, 65 ans, et Sekoula Lazarovitch, 45 ans.

Village de Bradoutchina. — « Lorsque les Bulgares sont partis, ils ont tout pillé et, à deux personnes, ils ont volé de l'argent. Ainsi on a pris à Spire Ilitch 1.000 francs. Les soldats sont entrés dans sa maison et ont demandé du vin. Pendant que la femme était en train de leur en chercher, ils ont volé les 1.000 francs en papier serbe et bulgare dans une malle. A Kole Ristevitch, on a pris 18 napoléons. » — Novak Naoumovitch, 56 ans, kmet du village, déposition confirmée par les autres témoins de Bradoutchina.

Ville de Bitolj. — « Les comitadjis ont pillé les meubles de tous ceux qui étaient absents. Les Grecs qui ont travaillé contre les Bulgares pendant le régime turc, ont été pillés. Lors de la retraite des troupes bulgares, à peu près tous les magasins grecs ont été pillés. » — Chrisostomos, métropolite grec de Bitolj.

« Lorsque les Bulgares ont évacué la ville, ils ont pillé tous les magasins. Tout ce qu'ils pouvaient emmener fut emporté. Le reste fut détruit. » — Mihailo Belitch, 53 ans, commerçant, et Gortcha Kourtevitch, 42 ans, hôtelier.

« Toutes les maisons de ceux qui sont partis à Salonique ont été séquestrées. Les effets ont été vendus sur place ou transportés en Bulgarie. » — Djamila Kolonomas, 50 ans.

« Les Bulgares sont partis le 5 novembre (v. s.), à 5 heures du soir. Dans la matinée, ils sont entrés dans tous les magasins de la ville et y ont enlevé toutes les marchandises en laine et en coton. La plupart des magasins ont été d'ailleurs pillés complètement, sous prétexte qu'on avait besoin de ces marchandises à Sofia. Les familles serbes qui ont laissé leurs meubles chez des personnes honnêtes, les ont sauvés. Ceux des autres ont été transportés en Bulgarie ou vendus aux enchères, ou encore volés par les fonctionnaires. » — Sotir Sekoulovitch, 57 ans, commerçant.

« En évacuant la ville, les Bulgares ont tout pillé et ils ont abîmé les marchandises qu'ils ne pouvaient pas emporter. Les Bulgares ont déménagé les maisons serbes. Le préfet Boyadjieff a pris les choses les plus jolies, le reste a été envoyé à Sofia. On a également vendu aux enchères — à l'église française — les objets provenant des maisons serbes. » — Branislava Marinkovitch, 17 ans.

La façon d'agir des Bulgares à Bitolj est illustrée par la déposition de Danka Popovitch, 22 ans, institutrice, déposition faite au Ministère de l'Intérieur du Royaume de Serbie :

« Dès leur arrivée à Bitolj, les Bulgares ont envoyé des rondes par toute la ville et ont donné l'ordre que toutes les affaires appartenant aux Serbes partis de Bitolj leur fussent remises. Le mobilier de Milan Yovanovitch, juge, ayant été déposé chez nous, nous avons vu arriver quatre soldats bulgares armés, accompagnés de deux chefs comitadjis, Itso Romanoff et Georgi Pope Christoff. Ils avaient été amenés par un certain Kosta, garçon de bureau au tribunal, qui leur a certainement dit que ces affaires se trouvaient chez nous, car c'est lui qui les avait transportées. Nous avons refusé de livrer le mobilier, alléguant qu'il nous appartenait. Ils ont perquisitionné et sont revenus plusieurs fois, mais nous n'avons cédé qu'à l'arrivée du commandant de la place, le lieutenant-colonel Raditcheff, qui était accompagné d'un commissaire de police. Tout le mobilier des Serbes, ramassé en ville, fut déposé au consulat d'Italie, où les différents commandants bulgares sont venus ensuite faire leur choix pour envoyer les objets en Bulgarie ; M. Ousonuski, par exemple, a envoyé chez lui trois tapis persans et deux tables. Une certaine partie des biens fut vendue au profit de la Croix-Rouge bulgare. Lorsque le commandant de la place Raditcheff est venu pour prendre les affaires du juge, il nous a dit qu'il avait des ordres dans ce sens de son Ministère et que nous devions les céder. »

De tout ce qui précède, il résulte que les soldats ennemis des Serbes, tant Bulgares qu'Allemands, ont largement pillé dans la partie aujourd'hui délivrée de leur joug de cette Macédoine que les propagandistes du Gouvernement de Sofia avaient l'habitude de présenter au public européen et américain, très peu ou pas du tout au courant des affaires balkaniques, comme un pays ethnographiquement tout à fait bulgare. Traite-t-on ainsi un peuple frère ? Évidemment non, et les Bulgares ont eu eux-mêmes le sentiment de leur faute ; la preuve en est dans le document officiel bulgare suivant, tombé entre les mains de l'armée serbe et qui constitue un aveu implicite du pillage et l'aveu de leur faute.

« IIe Division d'infanterie de la Thrace,
Intendance No 2228
Le 27 novembre 1915,
Stroumnitza.

Au Commandant du 21e régiment Sredniagora
(de Sofia) Nevrokop

« En vertu d'une dépêche reçue de la IIe armée (Direction des services de l'arrière) sous No 355, le Commandant de la Division ordonne de vous communiquer, mon Colonel, qu'il a été constaté de nombreux cas à Vélès, à Stip et dans les environs, où des unités et des soldats ne se conforment pas aux ordres prescrits pour la réquisition *et se livrent au pillage de la population, notamment de la population rurale, de sorte que c'est la confiance de la population dans les autorités bulgares qui en souffre et qui est sur le point d'être complètement anéantie.* Veuillez donc prendre les mesures les plus sévères et les plus promptes pour faire cesser au plus vite cette façon de procéder.

L'Intendant : le Colonel
Betcharoff. »

Ce colonel-intendant Betcharoff agissait au nom du commandant de la Division d'infanterie de la Thrace. C'était probablement un homme qui entendait faire la guerre honnêtement suivant les règles établies, au moins en ce qui concerne le traitement des biens de la population civile ennemie. Peut-être, aussi, n'avait-il en vue que de se concilier les bonnes grâces de cette population que ses compatriotes voulaient faire passer aux yeux du monde comme leur appartenant, et cela pour ne pas infliger aux prétentions bulgares un sanglant démenti. Il n'importe ! Toujours est-il qu'il s'est préoccupé de son sort d'une façon bienveillante. Malheureusement, comme le prouvent les témoins de ce chapitre et ceux des chapitres suivants, il paraît avoir été l'oiseau rare parmi les militaires et fonctionnaires bulgares qui se sont abattus sur la Macédoine serbe. Ceux-ci, ne voyant dans ce pays que la proie depuis

longtemps désirée, se sont appliqués par tous les moyens en
leur pouvoir à s'enrichir personnellement et à ruiner complètement les habitants, occupation qui leur a été d'autant
plus douce, qu'ils pouvaient assouvir en même temps leur
haine de tout ce qui est serbe. Qu'on se rappelle la déposition de ce sergent, du 10e régiment bulgare, qui raconte
que le lieutenant Koitcheff, du 9e régiment, organisait
avec ses hommes des massacres de civils pour pouvoir
tranquillement piller ensuite. Dans ce travail on trouvera
encore une quantité de preuves de la cupidité des Bulgares. Il va sans dire que l'exemple des chefs a été suivi
par les simples soldats. Cependant, j'ai parfois constaté
que ces derniers avaient des scrupules là où leurs supérieurs se comportaient en vrais brigands. Toutefois, en
règle générale, chefs et soldats ont pris part aux exactions
de toute sorte, avec cette différence pourtant que la culpa-
bilité des chefs, parce que chefs, est bien plus considérable que celle des subordonnés.

Comme je l'ai dit déjà, les soldats allemands ont participé au pillage absolument au même titre que ceux de
l'armée bulgare. Ces soldats de la « Kultur » ont laissé
chez les simples paysans macédoniens, traités avec tant de
mépris par eux, le souvenir de brutes.

Je discuterai dans le chapitre « Réquisitions », comme il
est mentionné plus haut, les conséquences pour le pays du
pillage et des réquisitions bulgaro-allemands. Ici, je me
contenterai de constater qu'on a enlevé sans aucun dédommagement et même sans utiliser la forme légale de la
réquisition, donc par le pillage, aux témoins entendus par
moi :

Bœufs, vaches, veaux, 294 ; moutons, 2.754 ; chevaux, 25 ;
porcs, 311 ; ânes, 123 ; mulets, 3 ; blé, 71.350 kilog. ; foin,
3.400 kilog. ; orge, 500 kilog. ; laine, 9.437 kilog. ; paille,
3.400 kilogr., etc.

Ce sont là des chiffres, mais la plupart du temps mes
témoins ne précisaient pas et me disaient simplement :
« on nous a tout pris », ou bien m'amenaient dans leurs
granges et leurs écuries, jadis pleines de céréales et de bestiaux, aujourd'hui presque toutes vides.

Ainsi qu'il résulte des dépositions citées, la façon des
soldats ennemis de s'approprier le bien d'autrui fut fort
simple : si les habitants ne donnaient pas de plein gré ce
qu'ils demandaient, ils employaient la force. A noter aussi
la méthode des Bulgares d'évacuer les habitants des villages pour pouvoir piller ensuite librement toutes les maisons abandonnées. Les soldats n'étaient, d'ailleurs, pas les
seuls à piller, beaucoup de mes témoins nous rapportent
que les comitadjis bulgares ne sont pas restés en arrière et
ont maintenu aussi, à cette occasion, leur vieille renommée
de pilleurs et d'assassins.

La ville de Bitolj n'a pas échappé au pillage, tout au
contraire. J'y étais aussitôt après sa reprise aux Bulgares
et j'ai parcouru toute la ville pour m'assurer de l'état dans
lequel se trouvaient les magasins. La très grande majorité
de ceux-ci étaient entièrement pillés. Connaissant leurs
hommes et prévoyant le pillage au moment du départ des
Bulgares, les commerçants avaient fermé les boutiques.
Mais cela n'a servi à rien. La soldatesque a fait sauter le
bas des volets en fer et a pris tout ce qu'elle pouvait emporter. Dans les grandes rues commerçantes, il n'y avait
presque pas de boutiques ne montrant pas des traces
d'effraction. Encore aujourd'hui, les volets en fer tordus
témoignent du zèle des pilleurs bulgares.

Je suis entré dans beaucoup de magasins pillés. Le spectacle y était navrant. Tous les rayons étaient vides et leur
contenu ou enlevé ou éparpillé, souillé, brisé, inutilisable
par terre. A plusieurs reprises j'ai fixé ce spectacle sur la
plaque photographique, notamment dans un magasin
d'horlogerie formant angle avec la rue du Roi Pierre et
vis-à-vis du Consulat d'Autriche-Hongrie, où la dévastation
était tout spécialement typique.

La déposition de Sotir Sekoulovitch nous dit que les
Bulgares, pour excuser leur pillage, prétextaient le besoin
de marchandises à Sofia, où on en manquait. Pour qu'on
puisse bien apprécier à sa valeur cette excuse, je dois dire,
à cette place, que M. S. Sekoulovitch, notable de la ville,
a été longtemps, du temps turc, membre du comité bulgare
de Bitolj et, comme tel, naturellement bulgarophile. Vis-

à-vis de cet ancien ami de leur cause, les Bulgares eux-
mêmes sentaient le besoin d'excuser en quelque sorte
leur conduite injustifiable. En tout cas, le pillage de la
ville de Bitolj est absolument en contradiction avec toutes
les lois et conventions de la guerre. La destruction des
objets qu'on ne pouvait emporter prouve qu'il est dû à
l'avidité des soldats de tout grade et au besoin de faire
du mal à une population qui échappait aux Bulgares.

Il faut aussi retenir des dépositions, le fait que l'Etat
bulgare a séquestré en sa faveur tous les biens des citoyens
serbes partis en fuyant l'invasion. En faisant cela, les
gouvernants de Sofia n'ont fait qu'appliquer les méthodes
de confiscation employées par eux en Serbie encore
occupée, comme je le démontrerai plus loin. Je discuterai
alors les causes de ces confiscations. Ici je me contenterai de fixer leur nature parfaitement illégale, nature que
tous les ergoteurs de Sofia et d'ailleurs ne pourront pas
changer.

Ces dépositions nous montrent également les fonctionnaires de Ferdinand de Cobourg, entre autres le préfet
Boyadjieff, fils du général du même nom, choisissant dans
ce butin provenant du pillage des maisons serbes les objets
les plus précieux pour se les approprier. Le reste fut
envoyé à Sofia ou vendu aux enchères. Le code pénal de
tous les pays qualifie un tel acte de vol, et celui qui
le commet, de voleur. Mais les fonctionnaires bulgares,
comme on le verra par la lecture de mes témoignages, ne
se sont pas embarrassés de telles considérations juridiques
et leurs chefs, qui ont été sûrement au courant de la
chose, non plus.

J'ai voulu connaître approximativement le dommage
supporté par les habitants monastiriotes du fait du pillage
bulgare. Les autorités serbes m'y ont aidé en mettant à
ma disposition tous les documents officiels. Mais cette
enquête est forcément incomplète, beaucoup de pillés, et
notamment les plus riches, ayant quitté la ville volontairement ou comme déportés par les Bulgares. Il ne m'a pas
été possible de les retrouver dans leurs lieux de refuge,
à Salonique, en Vieille Grèce, à l'étranger, etc., et cela

d’autant moins que, parmi eux et suivant le témoignage du
métropolite grec Chrisostomos, il y avait également un
certain nombre de Grecs.

L’enquête officielle a pu découvrir parmi les habitants
encore à Bitolj, 355 commerçants et artisans pillés. Je
répète que les plus riches ne sont plus à Bitolj. Le dommage subi par eux du fait du pillage est de 794.483 francs.
Parmi ces pillés, il y a : 61 commerçants, 42 fermiers,
88 épiciers, 16 cafetiers, 3 hôteliers, 6 cordonniers, 8 tail-
leurs, 9 marchands de tabac, 22 brocanteurs, 1 libraire,
8 marchands de fruits et légumes, 2 marchands de farine,
4 colporteurs, 4 pâtissiers, 5 marchands de bois et char-
pentiers, 4 charretiers, 3 bouchers, 12 teinturiers, quin-
cailliers, ciseleurs, couteliers, serruriers, ferblantiers,
3 marchands de vin, 1 fourreur, 3 horlogers, 3 boulangers, etc.

III

RÉQUISITIONS

Voici d'abord ce que disent les prisonniers bulgares à propos des réquisitions faites par leurs troupes et celles des Allemands.

N° 6, capitaine au 10° régiment : « Le témoin n'a passé que dans un seul village, et là on n'a pas fait de réquisitions. Cependant il a constaté que ce village était dans un état misérable et qu'il n'y avait presque plus d'habitants. »

N° 7, 21 ans, du 28° régiment d'infanterie : « Lorsque les soldats prenaient quelque chose, ils payaient. Il ne sait cependant pas ce qu'ont fait les commandants. »

N° 8, 40 ans, du 43° régiment : « Les biens de ceux qui sont partis pour la Serbie ont été employés par l'État, et on a déposé à la mairie des récépissés. »

N° 9, 20 ans, du 46° régiment : « Son régiment a pris le vin et l'eau-de-vie sans payer. Lorsqu'on prenait des vivres, on donnait des bons, mais il ne sait pas si ces bons ont été payés. »

N° 10, 26 ans, du 29° régiment : « A Prisren on a fait beaucoup de réquisitions. On a donné beaucoup de bons de réquisition et on a payé quand on avait de l'argent, mais on n'en avait pas souvent pour payer. »

N° 11, sergent du 2° régiment d'infanterie : « Les Bulgares réquisitionnent et les Allemands achètent aux Bulgares. Les Bulgares ne paient pas les réquisitions. Les Allemands accaparent tout en Bulgarie et paient très cher, mais en billets de banque. »

N° 12, 18 ans, du 2ᵉ régiment : « Les réquisitions sont faites par les Allemands, qui les paient. Ils paient en argent et donnent aux gens des récépissés pour qu'on ne réquisitionne pas une seconde fois. Même en Bulgarie les réquisitions sont faites par les Allemands, et il arrive que ceux-ci ne veulent pas payer ce qu'ils prennent. On a formé des comités allemands pour faire les réquisitions. Ils mettent tout en magasin et le distribuent ensuite. »

N° 13, 25 ans, du 3ᵉ régiment : « Les paysans des villages de Macédoine vivent très mal parce qu'on leur a tout réquisitionné. Ce sont les Allemands qui réquisitionnent, et la population se plaint très vivement d'eux. Les réquisitions ne sont pas payées. »

N° 14, 29 ans, caporal sanitaire au 2ᵉ régiment : « Partout où il y a quelque chose, l'armée le prend. On dit bien aux paysans qu'on payera, mais on ne le fait jamais. »

N° 15, 26 ans, sergent au 2ᵉ régiment : « Les paysans n'ont plus rien, on a tout réquisitionné. La commission de réquisition ne leur paie rien. »

N° 16, 32 ans, 21ᵉ régiment : « On a beaucoup réquisitionné. Parfois on paie. En Serbie, dans les contrées où a eu lieu la révolte, on a tout pris sans payer. »

N° 17, 20 ans, du 21ᵉ régiment : « Tout a été réquisitionné. On a bien donné des bons de réquisition, mais on ne les paie pas. Ce sont les Bulgores qui ont réquisitionné. »

N° 18, 29 ans, du 10ᵉ régiment : « Les Bulgares ont réquisitionné tout ce qu'ils pouvaient. D'ordinaire, ils donnaient au Kmet des « raspiske » (bons de réquisition), qu'ils ne payaient pas. »

Les dépositions des soldats ennemis ne concordent pas toujours. Nous avons d'abord les prisonniers qui affirment que tout s'est passé correctement. Parfois, peut-être même

souvent, ils disent la vérité. La conduite des soldats dépend
la plupart du temps de celle de leurs chefs. Si ceux-ci se
conduisent avec correction et loyauté, leurs subordonnés
sont forcés de se conduire de la même façon. Nier qu'il y ait
de tels chefs dans les armées ennemies serait absurde et
injuste, d'autant plus que mon enquête antérieure en
Serbie m'a montré que, même parmi l'armée des massa-
creurs austro-hongrois, il y avait des chefs qui étaient de
braves gens.

Toutefois cette affirmation de la correction des procédés
employés est souvent aussi inexacte et est le résultat d'un
calcul de la part du témoin. Celui-ci est prisonnier entre
les mains de ses ennemis. Sa situation n'est pas déjà très
agréable et il ne veut pas l'empirer encore en racontant ce
que les siens ont fait de répréhensible, car il mesure les
autres à sa propre mentalité et les Bulgares sont tout spécialement vindicatifs et très durs envers les prisonniers.

Le témoin n° 12 et d'autres que, faute de place, je n'ai
pas mentionnés ici, prétendent que ce sont les Allemands
qui procèdent aux réquisitions pendant que d'autres encore
disent que les réquisitions sont faites par les Bulgares.
L'ensemble des dépositions contenues dans mon dossier,
paraît me permettre de conclure que ces affirmations sont
toutes deux justes. Là où il y a beaucoup de troupes allemandes, même en Vieille Bulgarie, les Allemands semblent
avoir pris en main le ravitaillement des unités des deux
armées. Là où il n'y a que des soldats bulgares, les Bulgares s'occupent eux-mêmes de leur ravitaillement.

La grande majorité de mes témoins est d'accord pour
déclarer qu'on a beaucoup réquisitionné. On a ramassé
tout ce qu'on pouvait, et la conséquence de ce fait est,
comme le dit le capitaine du 10° régiment, que les villages
se trouvent dans un état misérable, observation que je ne
puis que confirmer pleinement d'après ce que j'ai vu dans
les villages délivrés.

La plupart des prisonniers disent qu'on a donné des
« raspiske », c'est-à-dire des bons de réquisition, mais beaucoup d'entre eux affirment aussi que ces bons ne furent
jamais payés ou que, comme le dit le le témoin n° 10, « ces

bons furent payés quand on avait de l'argent, mais on n'en avait pas souvent ». Ainsi qu'on le verra par ce qui suit, ce fait est absolument exact. A noter aussi, déjà à cette place, l'affirmation que les bons de réquisition, non payés naturellement, furent déposés à la mairie entre les mains du kmet (maire). Or, mon enquête m'a démontré que les Bulgares, dans presque tous les villages, ont destitué les kmets du temps serbe pour les remplacer par des habitants favorables à leur cause ou, même, par leurs comitadjis ou par des hommes amenés de Bulgarie. Beaucoup de ces kmets ont suivi l'armée bulgare en retraite, emportant avec eux les « raspiske », de sorte que les villageois sont aujourd'hui sans aucune preuve permettant de forcer les Bulgares à leur payer ce qu'ils ont réquisitionné.

Le témoin n° 8 parle aussi de la séquestration par l'État des biens de ceux qui sont partis. J'aurai encore à m'occuper des séquestrations dans ce travail. Pour le moment, je ne fais que noter l'aveu de la part d'un prisonnier bulgare de la réalité du fait.

Quelques dépositions de témoins civils de la région de Bitolj

Village de Pétalino. — « Les Bulgares ont réquisitionné les céréales, les bœufs et les moutons. D'abord ils ont payé quelque chose, ensuite ils ont tout pris sans payer. Les prix payés, pendant les premiers temps de l'occupation, étaient minimes : par exemple, 2 fr. pour un agneau, et 5 fr. pour un mouton. » — Ilia Traikovitch, kmet du village, 39 ans.

Village de Grounichte. — « Les Bulgares ont réquisitionné le blé, la laine, les opantzis (espèce de sandales), etc. Ils ont pris aux habitants tous les mulets, chevaux et vaches sans payer. Ils marquaient ces réquisitions dans un livre à la mairie, et donnaient un récépissé pour tout le village; mais les récépissés n'ont jamais été payés. » — Risto Mitar Nedelkovitch, 59 ans.

« Tous les réfugiés de Grounichte confirment que les
Bulgares leur ont pris toutes les céréales, les animaux, etc.
Ils n'ont presque jamais payé et, s'ils donnaient quelque
chose, c'était très peu. » — Les réfugiés de Grounichte,
interrogés à Pétalino.

Village de Boudimirtzi. — « Dès leur arrivée, les Bulgares ont pris tout le foin, les animaux, etc., en disant :
« On va vous payer », mais ils n'ont jamais exécuté cette
promesse. Ils ne donnaient même pas de bons de réquisition ou de récépissés, ils prenaient, simplement. » — Ilko
Sivevitch, 52 ans, et Dimitrie Vasiljevitch, 43 ans.

Village de Jivonja. — « Les Bulgares ont pris de la
paille, du foin, du blé, etc. Ils payaient parfois, mais fort
mal. La plupart du temps, ils ne payaient pas du tout.
Ainsi, lors de leur arrivée au village, ils ont ramassé tout
le foin et le blé sans dédommager les paysans. A la même
époque ils donnaient cependant encore parfois des récépissés ou bons qu'ils payaient, au moins partiellement,
quelques mois plus tard. Mais cet été ils ne donnaient plus
de récépissés et prenaient pourtant tout. Lorsqu'ils
payaient, ils donnaient pour un veau 12 à 17 fr., et pour un
agneau 2 à 4 fr. Le mouton fut payé 10 fr., pendant que les
villageois les vendaient ordinairement 40 fr. Le bœuf était
coté 100 fr., pendant qu'au marché on le vendait 400 fr.
Les Bulgares ont pris, sans la payer, toute la laine du
village. Le témoin Lazarevitch me montre deux bons de
650 kilos de blé et de 700 kilos de paille non payés. Les
bons que le kmet (maire), qui est parti avec les Bulgares, a
emportés sont d'une valeur, seulement pour le blé, dépas-
sant 4.000 francs. » — Vasilie Georgevitch, 56 ans ; Risto
Lazarevitch, 53 ans ; Georges Petritch, 38 ans, et Danas
Koulevitch, 60 ans.

« On m'a pris tout et on ne m'a pas donné une piastre. »
— Djelil Ibrahim, 60 ans.

Village de Sovitch. — « Les Bulgares prenaient tout ce
qu'ils voulaient sans donner de récépissés. Parfois ils
payaient, mais c'était rare. S'ils dédommageaient les gens,

ce n'était jamais que partiellement. Ainsi ils ont pris à Risto Gatchevitch, 180 moutons pour 180 fr. Risto ne voulait pas les donner à ce prix ridicule, mais les soldats les lui prirent de force. » — KOLE DELOFF, 70 ans; TALE CHRISTOVITCH, 55 ans; CHRISTO GATCHEVITCH, 68 ans; KRSTA NAOUMOVITCH, 30 ans; JORGI TACHEVITCH, kmet, 59 ans, et DIMITRIE DELEVITCH, 56 ans.

Village de Dobroveni. — « La plupart du temps les Bulgares ne payaient rien, et quand ils le faisaient c'était très peu; par exemple, un mouton, 3 fr. Parfois, ils donnaient des bons, pour les céréales par exemple, mais ils ne les payaient pas. C'est dans les maisons où il y avait des hommes que les Bulgares distribuaient des bons; dans les maisons où il n'y avait que des femmes, ils prenaient tout sans rien donner. » — JOVANKA NAIDANOVITCH, 38 ans; TODOR PETROVITCH, kmet du village, 68 ans; NAIDAN TODOROVITCH, 49 ans; NAOUM PETROVITCH, 41 ans; BOJIN NAIDEFF, 60 ans.

Village de Slivitza. — « Les militaires ne donnaient pas de récépissés, mais prenaient, sans payer, ce qu'ils voulaient. » — PETAR SERBOVITCH, 65 ans; ILIA GEORGEVITCH, 37 ans; GRIGOR TRAIKOVITCH, pope, 45 ans; YOVAN TRAIKOVITCH, 55 ans; LAZAR TRAIKOVITCH, 48 ans; NEDELKO TOLEVITCH, 40 ans.

Village de Batch. — « Parfois, rarement cependant, les Bulgares ont payé. Par exemple, pour un objet valant 40 fr. ils ont donné 4 fr. En général, ils n'ont rien payé. Ainsi, à Stoikovitch, ils ont réquisitionné sans dédommagement : un cheval, un âne, deux bœufs, une voiture, et ils ont emmené encore son garçon de 13 ans, qui n'est plus revenu. Ils ont raflé tout le blé et ont donné au kmet un récépissé de l'ensemble de ce qu'ils ont pris au village; le kmet est parti avec eux. A Traiko, ils ont pris 1.500 kilos de blé sans rien payer. » — TRAIKO YOVANOVITCH, 40 ans, et STOYAN STOIKOVITCH, 55 ans.

« Au témoin on a pris ses moutons, ses bœufs, son cheval, la paille et le foin. Seuls, ses moutons lui furent

payés, et encore à moitié prix. Pour le reste il n'a rien reçu,
pas même un récépissé. Les militaires donnaient parfois
de ces récépissés, les comitadjis jamais. » — KRSTA
NASEVITCH, 50 ans.

Village de Gnjilech. — « Les Bulgares ont passé une
année au village. Au commencement ils ont payé ce qu'ils
ont pris aux habitants, mais ils n'ont jamais donné la réelle
valeur des choses. Ils payaient le tiers ou, au plus, la
moitié du prix. Plus tard, ils ne payaient plus rien du tout
et ne donnaient que des bons de réquisition. Ces bons sont
entre les mains du maire du village. A Toloff on a pris
100 moutons, 4 bœufs et 2 chevaux. Le village comptait
40 hommes et 40 femmes. Le témoin ne connaît pas la perte
matérielle totale de tout le village. Seul, le kmet possède
les données nécessaires, mais il est parti avec les Bulgares.
Cependant, Toloff était l'homme le plus riche du village,
et il a aussi perdu le plus. » — BOIKO TOLOFF, 58 ans.

« Mitroff a perdu 50 moutons. Les Bulgares lui donnèrent pour le plus grand 10 lèves, pour les autres 3 à
4 lèves par tête. Ils lui ont également pris 2 bœufs et
un cheval. Les bœufs furent payés 20 lèves chacun, pour
le cheval il n'a rien reçu. » — ANDON MITROFF, 30 ans.

Village de Skotchivir. — « Pendant tout l'hiver les habitants ont dû nourrir les soldats. Ils ont été forcés également de couper le foin sur place et de l'amener directement
aux soldats. Ils ont ainsi coupé plus de 120 charrettes de
foin. Celui de l'année passée (1915) fut aussi pris. » —
STOITCHO RISTITCH, 65 ans; RISTO KOULEVITCH, 60 ans;
RISTO TCHEBLAGOVITCH, 62 ans, et RISTO KOTEVITCH, 39 ans.

Village de Kenali. — « La population fut forcée d'acheter, à Bitolj, une ocque de farine pour 4 francs et de la
revendre ensuite aux soldats à raison de 0 fr. 50, si ces derniers payaient. Souvent ils n'ont rien donné du tout. Tous
les chevaux, les bœufs, les vaches et les vivres furent réquisitionnés. Ce qui restait fut emporté par les Bulgares lors
de leur évacuation du village. Au kmet on a pris 2 bœufs,
1 vache, 5 brebis avec leurs agneaux. Une partie seulement

fut payée, très mal. Les Bulgares prenaient beaucoup de choses contre des récépissés dont très peu furent payés. Il y avait dans le village 207 (en réalité 310) paires de bœufs, forts et réputés dans toute la contrée. Il n'en reste plus que 10 paires (en réalité 20). Les Bulgares ne permettaient pas aux villageois de couper le foin de leurs prés. Les soldats le faisaient eux-mêmes. Plus de 5.000 charrettes de foin furent ainsi prises aux habitants sans payement. » — OMER OSMAN, 40 ans, kmet du village ; CHABAN AHMET, 45 ans ; MAHMOUD ALI, 40 ans, et ADEM CHÉRIFF, 50 ans.

Village de Medzidli. — « Au témoin on a pris sa paille et son foin, un veau et deux chevaux. Dans tout le village les Bulgares ont pris du bétail et des céréales. Ils ont payé un peu pour la paille et pour le reste ils ont donné des bons qui n'ont pas été payés. » — ARIF ABDULA, 47 ans. « Tous les bœufs, chevaux et moutons ont été pris sans payement. De plus, les Bulgares sont allés de maison en maison pour ramasser le blé, le foin, l'orge, etc... Il y avait une compagnie du 56ᵉ régiment bulgare dans le village, compagnie que les habitants ont dû nourrir. On leur prenait aussi tout leur blé et la farine. » — MOUSTAFA ROUCHAN, 40 ans ; IBRAHIM OSMAN, 45 ans ; ILIA IBRAHIM, 25 ans, et ABDOULA OSMAN, 12 ans.

Village de Sredeni Egri. — « Les Bulgares ont tout pris, vivres et bétail. Le premier bétail qu'on leur a enlevé fut payé par des récépissés, mais pour 100 ocques on y notait 40 ocques. Les récépissés n'ont d'ailleurs pas été payés. Ensuite on ne leur a plus rien donné du tout. Il y avait aussi des Allemands au village, des artilleurs. Ceux-ci ont ramassé tout ce qu'ils trouvaient et n'ont rien payé. Pour prendre les objets ils usaient de la force. Au kmet on a pris ainsi : 6 vaches, 6 chevaux, 4 bœufs, 7 porcs, toute la volaille, 1.200 kg. de blé, 40 chariots de foin, 10 tas de paille ; à Spase Toleff : 5 vaches, 11 porcs, le foin, la paille, 1.200 kg. de blé ; à Vasilievitch : 2 chevaux, 2 veaux, 10 porcs, le foin, la paille, le blé ; à Nedelkovitch : 3 chevaux, 3 bœufs, tout le foin et la paille ; à Stoyanovitch : 10 vaches et veaux, 2 bœufs, 10 porcs, 16 moutons, 1.600 kg.

de blé, le foin et la paille ; à Petkovitch : 1.400 kg. de blé,
1 bœuf, tout le foin et la paille, de sorte qu'il n'a plus rien ;
à Hoff : 1.000 kg. de blé, 1 bœuf et tout ce qu'il avait encore.
Les Bulgares n'ont pas permis de couper le foin. Ils l'ont
coupé eux-mêmes. » — ATHANASE DIMITRIEFF, 58 ans, kmet
du village ; SPASE TOLEFF, 32 ans ; NEDELKO VASILIEVITCH,
40 ans ; TRAJAN NEDELKOVITCH, 40 ans ; DIMITRIE STOYANO-
VITCH, PAVLE PETKOVITCH, 40 ans, et ANGEL HOFF, 16 ans.

Village de Negotine ou Negotchani. — « Les Bulgares
ont pris tout ce dont ils avaient besoin. Une partie des marchandises fut payée, cependant la plupart du temps ils
n'ont rien payé du tout. Ils ont donné quelquefois des
bons, mais ceux-ci n'ont pas été payés. A Kitanoff les Bulgares ont pris 5 bœufs, 60 moutons, la paille et le foin. Les
Allemands, en passant sur la route, lui ont enlevé encore
une paire de bœufs, naturellement sans payer. C'est le
kmet, Mitre Athanasoff, nommé par les Bulgares, qui a
procédé aux réquisitions. Le témoin Dimo a perdu sa paille,
son foin et son blé, 1 bœuf, 11 ruches, 23 moutons et on ne
lui a rien donné pour tout cela. Les paysans ont coupé le
foin et les Bulgares l'ont enlevé. » — ZVETKO DIMO, 55 ans,
et TRAÏTCHE KITANOFF, 56 ans.

Village de Lajetz. — « Les soldats prenaient tout le blé
et les céréales et ne les payaient pas. Très rarement ils
donnaient des récépissés, qui ne furent pas payés. On a
pris au village 100 bœufs et 540 moutons, tout ce qu'il y
avait. Parfois ils payaient pour ces animaux, mais très peu :
10 francs pour un grand mouton, etc... Le foin a été coupé
pour les soldats. » — NIKOLA TODOROVITCH, 36 ans, kmet du
village, et ANDRIA ILIÉVITCH, 38 ans.

Village de Velouchina. — « Dans le village il y avait des
soldats bulgares du 11e régiment et des soldats allemands
(1 compagnie). On a réquisitionné. Les premiers temps,
ils réquisitionnaient proportionnellement à la fortune des
villageois, mais ensuite, ils prenaient tout. D'abord on
payait un peu, ensuite on ne donnait plus rien. Au kmet
on a pris sans payer 500 kg. de maïs, 1 bœuf, 3.000 kg. de

foin et 4.000 kg. de paille. A Kotcho Petrovitch on a enlevé un hangar plein (avec le bâtiment), où il y avait jusqu'à 10.000 ocques de foin et 5.000 ocques de paille. En général on a pris tout le foin, la paille et les céréales sans payer. On a également pris sans payement environ 500 moutons et 20 bœufs. Il n'y a plus de moutons au village.» — Pavle Georgevitch, 50 ans, kmet du village.

Village de Dragoch. — « Les soldats ont fait des réquisitions dans le village. La plupart des choses réquisitionnées furent payées, mais à des prix très bas. Deux buffles, un veau et 1.000 kg. de foin furent ainsi payés ensemble 200 lèves. Toutefois le foin, la paille, les vivres furent très souvent pris sans même être payés à des prix dérisoires. On leur payait le blé 30 centimes l'ocque, et quelques jours plus tard les villageois étaient forcés de le racheter à 3 fr. ou 3 fr. 50 l'ocque. On a donné des bons de réquisition, qui furent déposés chez le kmet, mais jamais payés. La plus grande partie du foin fut coupée par les Bulgares. » — Pavle Ristitch, 55 ans, et Athanase Stoyanovitch, 37 ans, kmet du village.

Village de Gradechnitza. — « Le foin et la paille ont été pris par les Bulgares sans payement. Il en fut de même avec le bétail, les bœufs, les moutons, etc. Pour le blé on a donné quelque chose, mais très peu. De plus, les villageois ont dû nourrir pendant 2 mois les soldats. Les Bulgares ont ainsi pris sans payer : 200 moutons, 60 bœufs, 25 vaches et veaux, 16 cochons. On a permis aux paysans de travailler leurs champs. A ceux qui ont coupé le foin, on leur a donné la moitié de la récolte, aux autres on a tout pris. » — Riste Dimitrieff, 60 ans, kmet pendant l'occupation bulgare ; Yovan Petrovitch, 73 ans ; et Nikola Stoyanoff, 68 ans.

« Il y avait aussi des Allemands au village. C'étaient des téléphonistes au nombre de dix environ. Ceux-là payaient ce qu'ils prenaient. Le témoin avait caché ses bœufs. » — Panta Naoumovitch, 56 ans, kmet du village.

Village de Kanina. — Les Bulgares ont beaucoup réqui-

sitionné. Leurs réquisitions furent quelquefois payées,
mais la plupart du temps elles restaient impayées. Le foin,
la paille, le blé, par exemple, ne furent jamais payés. Les
prix qu'on donnait étaient absolument insuffisants :
10 francs un mouton. « Ils payaient un mouton et en prenaient 10 sans payer », disent les témoins. Environ 20 bœufs
et 8 chevaux furent pris sans payement. » — Dimitrie Ivanovitch, 39 ans, kmet du village ; Stevan Nikolevitch,
62 ans, kmet du temps des Bulgares ; Petar Spasevitch,
36 ans ; Marko Yovanovitch, 65 ans ; Kosta Risteff, 70 ans,
et Spase Boyeff, 60 ans.

Village d'Ostretz. — « Les Bulgares ont tout réquisitionné sans payer les réquisitions. Ainsi ils ont pris
40 bœufs, environ 200 moutons et environ 100 vaches et
veaux. Au témoin ils ont pris 4.000 ocques de foin,
2.000 ocques de paille, 300 ocques de maïs, 1 vache. Il ne
lui reste qu'une vache. Partout dans le village ils ont ainsi
pris les biens sans rien payer. « Ils nous ont ruinés »,
ajoute Chalim ». — Chalim Hassan, 60 ans, et Risvan
Redjeb, 72 ans.

Village de Holleven. — « Il y avait dans le village des
soldats allemands et bulgares qui ont beaucoup réquisitionné sans payer. Pour le foin, ils donnaient quelquefois
des bons de réquisition, qu'ils ne payaient pas. Au témoin
on a pris : des bestiaux pour une valeur de 400 napoléons,
80 charrettes de foin, un tas de paille de 15 mètres de longueur, 6 mètres de hauteur et 5 mètres de largeur, 2 bœufs,
1 vache, 3 chevaux, 12 cochons, 15 moutons, 50 poules.
Tout cela fut pris sans payer. De plus, on a enlevé aussi au
témoin 200 kg. d'avoine et 100 kilos de haricots. Dans
toutes les maisons on a ainsi pris tout ce qu'il y avait. Il ne
reste plus un mouton ni un porc au village. » — Tole
Bogoievitch, 54 ans.

Village de Zabjani. — « Les Bulgares ont tout enlevé :
comestibles, bestiaux et céréales, toujours sans payer.
Ainsi on a pris : 50 bœufs, 30 vaches, 100 chevaux, 15 ânes,
tous les porcs et toute la volaille, 25.000 ocques de paille et

de foin, 20.000 ocques de blé, 100 ocques de laine. Le reste
de la laine était caché, enterré dans la terre. Il y avait
aussi des soldats allemands au village. Ni Bulgares, ni
Allemands n'ont payé quoi que ce soit. Ils n'ont même pas
donné de bons de réquisition. Les soldats disaient aux villageois : « Vous mourrez avant nous puisque nous-mêmes
nous n'avons rien à manger, nous mourrons ensuite. »
Lorsque les Allemands arrivaient il n'y avait plus rien à
prendre, parce que les Bulgares avaient déjà fait disparaître presque tout ce qu'il y avait. A l'heure actuelle cinq
ou six maisons seulement ont encore un peu de bétail
qu'elles ont pu cacher. A Yovanovitch les Bulgares ont
pris sans payer : 12 chevaux, 4 bœufs, 2 veaux, 10 moutons,
1.000 ocques de blé, 5.000 ocques de foin, 4.000 ocques de
paille. » — Spasoye Yovanovitch, 40 ans, kmet du village;
Apostol Sekoulovitch, 45 ans, et Petkana Risteff, 50 ans.

Village d'Ivén. — « Les Bulgares ont beaucoup réquisitionné. Il n'y avait pas d'Allemands. Sur cinq choses
ils en ont payé une au prix qu'ils voulaient. Ainsi on a
payé un mouton 4 francs. Ils n'ont pas donné de bons de
réquisition, A la fin ils n'ont plus rien payé. Furent pris
dans le village sans payement : 200 bœufs, plus de
2.500 moutons, 50 chevaux, 15 ânes, 5.000 ocques de
céréales, plus de 20.000 ocques de foin, plus de 2.000 ocques
de paille, 400 ocques de laine. Il reste au village : 30 bœufs,
150 moutons; il ne reste plus de porcs, car les Bulgares en
ont pris plus de 200, ni de volaille. Les militaires sont
restés du mois de novembre 1915 jusqu'au mois de
juillet 1916 et pendant tout ce temps la population a dû les
nourrir à ses frais. Le témoin Seveïtch a perdu : 120 moutons, 15 bœufs et vaches, 4 chevaux, 7 porcs, plus de
30 poules, 1.500 ocques de blé et 2.000 ocques de foin. Le
foin fut coupé par les Bulgares. » — Bojin Seveïtch, 50 ans;
Georges Petrovitch, 67 ans; Traiko Ristevitch, 50 ans,
et Riste Stoyanovitch, 45 ans.

Village de Souvodol. — « Les Bulgares ont pris
presque tout le bétail et beaucoup de céréales. Parfois ils
payaient, mais la majeure partie des marchandises enle-

vées ne furent pas payées. Les prix donnés étaient à peu près un quart ou un cinquième des prix réels. Le blé, le foin, la paille ont été enlevés sans payement. Les soldats ont ainsi pris au village : 70 bœufs et vaches dont la plupart sans dédommagement, 1.000 moutons dont 200 payés au cinquième du prix, 60 porcs sans payer, 70 occues de laine sans payer, 60 chevaux sans payer, de même que 6 ânes, 13.000 kilos de blé, 100.000 kilos de foin et 140.000 kilos de paille. » — Stoyan Ristevitch, 45 ans, kmet du village du temps serbe, et Naoum Vesdinovitch, 58 ans.

Village de Paralovo. — « Il y avait des Bulgares et des Allemands au village. Les Allemands ont pris 50 bœufs, dont 10 seulement furent payés à raison de 20-25 francs pièce. En outre, ils ont pris sans payer : 50 cochons et 20.000 occues de foin. De leur côté, les Bulgares ont enlevé 700 moutons payés à raison de 6 francs pièce. Bulgares et Allemands se sont approprié, sans payer, 300 chevaux, 9 ânes, 50.000 occues de paille et 50 occues de laine. » — Mitzo Ilitch, 45 ans, kmet du village, et Mitzo Yochevitch, 61 ans.

Village de Dupeni. — « Bulgares et Allemands étaient au village. Les Bulgares ont beaucoup réquisitionné. Ces réquisitions furent payées, seulement en partie, à très bas prix, beaucoup ne furent pas payées du tout ; 150 moutons furent saisis sans dédommagement, 1.000 moutons furent payés à raison de 3 à 4 francs pièce, 10 chevaux furent pris sans payer, de même que 50 vaches et veaux, 5 paires de bœufs, 80.000 occues de foin, 2.800 occues de blé, 130 occues de laine. Les Bulgares ont fait payer la dîme en plus de toutes les réquisitions, la plupart du temps impayées. » — Vasilie Popovitch, 45 ans, kmet du village ; Krste Popovitch, 46 ans ; George Ristevitch, 40 ans, et Kosta Todorovitch, 46 ans.

Village de Loubojna. — « Il y avait des troupes bulgares et allemandes au village. Les Bulgares ont beaucoup réquisitionné. Parfois ils payaient, très mal, parfois ils ne payaient rien du tout. Ils ont pris sans payer : 30.000 kilos de foin, 15.000 kilos de paille. Le blé fut pesé, et sur 100 kilos ils en payèrent 50 à des prix très inférieurs. 15.000 kilos ne furent pas payés du tout. On paya 400 moutons à raison de 3 fr. le mouton. 35 paires de bœufs n'ont pas été payées. On donna, pour 80 bœufs et vaches, 40 fr. par tête. Les Allemands payaient un peu mieux que les Bulgares. Ainsi, ils donnèrent pour 60 porcs de 60 à 80 kilos, 20 à 25 fr. par pièce. La laine, comme partout, fut enlevée sans payement et ils prenaient même la laine en fil. 30 chevaux et 10 à 15 ânes furent emmenés sans avoir été payés. » — Spiro Lazarovitch, 55 ans, kmet du village; Nikola Lazarovitch, 64 ans; Mitre Yankovitch, 65 ans, et Sekoula Lazarovitch, 45 ans.

Village de Harvati. — « Ont été pris sans payer : 5.000 ocques de foin, 5.000 ocques de paille, 8 paires de bœufs et environ 100 ocques de laine. Les Bulgares prenaient la dîme du blé. 200 moutons furent payés à raison de 6 fr. la pièce, 6 vaches à raison de 25 fr. la pièce. Il y avait aussi des troupes allemandes, mais c'étaient les Bulgares qui traitaient avec la population. » — Zvetko Krstinoff, 58 ans; George Lazar, 60 ans, et Abedin Chaban, 47 ans.

Ville de Bitolj. — « Les Bulgares ont beaucoup réquisitionné. Les bons de réquisition ont été payés, mais bien au-dessous du prix réel des marchandises. A la campagne ils ne payaient rien. Le kilo de foin fut payé 15 centimes, pendant que le prix du marché était de 25 à 30 centimes. » Mihailo Belitch, 53 ans, commerçant, et Gortcha Kourtevitch, 42 ans, hôtelier.

« Les troupeaux et les céréales, très abondants en temps de paix, ont été tous réquisitionnés par les Allemands et les Bulgares. En partant, ces derniers ont enlevé le reste. Très peu fut payé. » — Mihailo Belitch, 53 ans, déjà entendu.

Tous ces témoignages et les multiples autres, que j'ai encore dans mon dossier, prouvent d'une façon certaine et indiscutable que Bulgares et Allemands ont réquisitionné tout ce qu'ils pouvaient réquisitionner. Évidemment les réquisitions des Bulgares sont bien plus nombreuses que celles des Allemands, mais les troupes bulgares, au moins dans la partie de la Macédoine où j'ai fait mon enquête, ont été également beaucoup plus nombreuses que celles de leurs alliés. En partie, les soldats paraissent avoir été forcés par le manque de ravitaillement de la part de leurs armées, à faire ces réquisitions qui enlevaient tous les vivres aux habitants : « Vous mourrez avant nous puisque nous-mêmes nous n'avons rien à manger, nous mourrons ensuite », disent les soldats aux paysans de Zabjani. Mais dans d'autres endroits les vivres, bestiaux, etc., pris aux habitants, ne furent pas consommés sur place, mais transportés ailleurs comme le prouvent certaines dépositions contenues dans le chapitre précédent. Ainsi le kmet de Sredeni Egri, Athanase Dimitrieff, et les paysans de ce village disent : « Pourtant, les soldats avaient leur nourriture, mais ils ont transporté ailleurs les vivres pris aux habitants. » Nikola Todorovitch, etc., de Lajetz, déposent : « Une partie du pillage fut transportée à Bitolj, le reste fut gardé par les soldats et les comitadjis. » Yachaï Ali, de Lajetz, ajoute : « À la fin, on nous a chassés de nos maisons et les soldats ont chargé sur des voitures tout ce qu'ils trouvaient. » A Kanina il y avait beaucoup de pommes de terre au village, environ 5.000 à 6.600 ocques. Les Allemands ont défendu aux paysans d'y toucher et les ont enlevées dans des charrettes. Ces pommes de terre auront-elles pris le chemin de l'Allemagne? D'après ce que nous connaissons de la façon qu'ont les Allemands d'exploiter illégalement les territoires occupés provisoirement, cette supposition paraît très vraisemblable.

Les dépositions prouvent également qu'une très grande partie des réquisitions furent faites sans délivrer de bons de réquisition, de sorte que, même si les États bulgare et allemand ont l'intention de faire honneur à la signature de leurs chefs militaires responsables, les paysans ne peuvent apporter la preuve légale des fournitures faites par eux. Les réquisitions exécutées de cette façon ne sont rien d'autre que du pillage.

Lorsque les militaires ennemis délivraient des bons ou

récépissés des marchandises reçues, la concordance parfaite des très nombreuses dépositions recueillies dans des endroits différents, où les divers témoins ne pouvaient pas se concerter pour donner des réponses identiques, montre que la grande majorité de ces bons ne fut jamais payée. J'en possède personnellement un certain nombre dans mon dossier et j'en ai vu beaucoup entre les mains des villageois qui ne possèdent aujourd'hui pour toute fortune que ces papiers sans valeur. Évidemment, les Bulgaro-Allemands prétendront qu'ils avaient l'intention de les payer ultérieurement, peut-être après la guerre, et que c'est seulement l'arrivée des troupes alliées qui les en a empêchés. Cette intention me paraît tout à fait douteuse, car j'ai vu beaucoup de bons datant de la fin de 1915 et qui, malgré les réclamations des intéressés, étaient restés impayés jusqu'au mois d'octobre ou novembre 1916, c'est-à-dire jusqu'à l'évacuation de la région par l'ennemi. Si vraiment on avait eu l'intention de rembourser, on aurait remboursé plus vite, comme on l'a fait, suivant mes témoins, pour une partie des bons. La volonté de rembourser paraît aussi problématique d'après la forme même de beaucoup de ces bons. Ce n'étaient pas des reçus réguliers portant la signature de l'officier chargé des réquisitions, mais des bouts de papier couverts d'une écriture au crayon et munis d'une signature quelconque, fréquemment illisible, sans indication du grade et, souvent, de la date. A ce propos, j'attire aussi l'attention sur les procédés mis en œuvre à maints endroits et qui consistent à remettre ces bons, appartenant à des particuliers, au kmet bulgarophile qui part ensuite en même temps que l'armée ennemie, emportant avec lui les récépissés. Il sera difficile de faire croire que ces kmets avaient l'intention de les rapporter, après la guerre, à leurs anciens administrés.

Les prix payés pour les réquisitions, lorsque celles-ci furent payées, sont si bas, qu'ils deviennent souvent ridicules. Que dire par exemple des 180 moutons de Gatchevitch, de Sovitch, payés 180 francs. Le mouton à 1 franc ! D'ailleurs, les moutons n'ont jamais été payés à un bon prix, mais 2, 3, 4 francs par tête. Quelques témoins indi-

quent comme prix maximum pour les moutons les plus gros
10 francs. A Jivonja, le veau fut payé 12 à 17 fr., le bœuf
100 fr., l'agneau 2 à 4 fr., et c'étaient encore de bons prix.
A Andon Mitroff, de Gnjilech, on a donné pour un bœuf
20 lèves, c'est-à-dire 20 francs. Yovanovitch et Stoikovitch,
de Batch, disent que les Bulgares payaient pour un objet
valant 40 francs, 4 francs. C'est le dixième et ce taux paraît
avoir été appliqué très souvent, et encore le paysan devait
s'estimer heureux qu'on ne lui prenne pas tout simplement
ses moutons, ses bœufs, son blé, etc., contre un bout de
papier sans valeur ou contre rien du tout.

A relever également ce que disent les habitants de Dobroveni : « C'est dans les maisons où il y avait des hommes
que les Bulgares distribuaient des bons. Dans les maisons
où il n'y avait que des femmes, ils prenaient tout sans rien
donner. »

Parfois les villageois ont dû nourrir à leurs frais les soldats qui occupaient le village. Ainsi ceux du village de
Gradechnitza « ont dû nourrir 200 soldats pendant deux
mois. » Au village d'Iven, « les militaires sont restés du mois
de novembre 1915 jusqu'au mois de juillet 1916 et, pendant
tout ce temps, la population a dû les nourrir à ses frais. »
A noter aussi que les habitants de Kenali ont été forcés
d'acheter à Bitolj leur farine à raison de 4 francs l'ocque et
de la céder ensuite aux soldats pour 0 fr. 50. A Dragoch,
les Bulgares réquisitionnent tout le blé et le paient 0 fr. 30
l'ocque. La population, n'en ayant plus, est obligée d'en
racheter, mais on le lui fait payer de 3 à 3 fr. 50 l'ocque !

En beaucoup d'endroits, les paysans n'ont pas même pu
couper le foin et l'utiliser pour nourrir les quelques têtes
de bétail que réquisitions et pillages leur ont laissées. Ce
sont les soldats qui le coupaient ou qui le faisaient couper
par les habitants pour le réquisitionner ensuite. A Gradechnitza, ils ont donné pourtant aux villageois la moitié de
leur foin coupé par eux.

Enfin, les Bulgares ont imaginé dans certains endroits,
à Dupeni par exemple, de réintroduire, en plus de toutes
les réquisitions, l'ancienne dîme turque.

De tout cela il résulte avec évidence que les Bulgares,

aidés souvent par les Allemands, n'avaient qu'une chose en vue : tirer de la malheureuse population de la région de Bitolj le plus possible sans se préoccuper de savoir si celle-ci mourrait ensuite de faim ou non. Les moyens employés varient parfois un peu, mais le but reste le même partout.

Mes témoins serbes, évadés de chez les Bulgares, confirment pleinement ce que m'ont dit les paysans de la région de Bitolj, en montrant que dans la partie de la Macédoine encore aujourd'hui occupée par l'ennemi les Bulgaro-Allemands ne procèdent pas autrement que dans la contrée où j'ai pu faire une enquête personnelle.

Ainsi Vasilie Trbitch, 35 ans, dépose : « Dans les villages, les Bulgares ont prélevé d'abord une sorte de taxe par tête de mouton, ensuite ils ont enlevé toute la laine et, finalement, tous les moutons sans les payer. L'orge, l'avoine et le foin ont été pris sans payer. Pour le blé ils procédèrent de la façon suivante : d'abord ils prélevaient le dixième comme dîme. Ensuite ils choisissaient sur le tas la plus grande gerbe, pesaient les grains et, se basant sur cette mesure, laissaient aux paysans autant de gerbes qu'il fallait pour donner 210 kg. de blé par personne et par année. Seulement comme ils avaient choisi la plus grande gerbe, la mesure n'a jamais été juste. Le reste du blé fut confisqué par l'État. Plus tard on prenait aussi la paille et le foin et, lorsque les paysans protestaient et invoquaient leur bétail à nourrir, les Bulgares répondaient qu'il ne fallait pas s'en préoccuper, car ils prendraient aussi ce bétail.

« Et, en effet, on a commencé à prendre les bêtes. »

Vélia Mantchitch, de Fariche, 22 ans, dit : « Les autorités bulgares n'ont pas même donné de « raspiskés » (bons de réquisition). Lorsque les Allemands sont arrivés, ils ont commencé à distribuer des raspiskés, mais ils ne les ont jamais payés. »

Bojidar Mladenovitch, de Skoplié, 24 ans, ancien soldat serbe et déserteur du 11ᵉ régiment d'infanterie bulgare, donne quelques détails sur la façon de réquisitionner des Bulgaro-Allemands à Skoplié : « Pour pouvoir moissonner leurs champs, les habitants ont dû donner à Bairoff (voir chapitre « Emprisonnements et extorsions » et « Organisation ») la moitié de la récolte. Les Allemands ont envoyé en Allemagne tous les objets en cuivre, la laine, le bétail, etc. Ils ont payé ces objets. Sur le territoire, qui est considéré comme bulgare, ils paient, les Bulgares ne paient pas. »

A rapprocher de cette dernière déposition celle de Mihaïlo Belitch et Gortcha Kourtevitch, de Bitolj : « Les bons de réquisition furent payés (à Bitolj), mais bien au-dessous du prix réel des marchandises. A la campagne ils ne payaient rien. » Comme les Bulgares, les Allemands paraissent ménager aussi un peu les habitants des villes en payant les objets réquisitionnés. Ils paient même, d'après les dires de Mladenovitch, les marchandises réquisitionnées chez les paysans des environs de Skoplié, mais nous avons vu que ceux de la région de Bitolj étaient moins heureux, car la plupart du temps les Allemands se servaient chez eux sans même donner des « raspiskés » destinés à rester impayés.

Enfin, le docteur grec ATHANASIADÈS, médecin au service de l'État serbe, raconte au Ministère de l'Intérieur serbe ce qui s'est passé à Prichtina, où il y avait des troupes austro-bulgaro-allemandes : « Le premier jour ils ont exigé de la commune une petite quantité de vivres et, ayant immédiatement tout obtenu sauf 500 kg. de cacao, 500 kg. de café et 1.000 kg. de sucre, qui n'existaient pas, ils ont augmenté leurs exigences et, ayant été satisfaits de nouveau, ils ont demandé plus de 100.000 kg. de maïs du département et se sont mis à réquisitionner de force. Ils ne payaient rien en argent, mais en bons de réquisition qui, parfois, étaient réguliers, mais qui très souvent aussi portaient ces simples mots en allemand : « Quand le roi Pierre reviendra, il te payera ». Ils donnaient ces billets à des gens qui ne savaient pas un mot d'allemand, et, je précise, ce sont les Allemands qui procédaient de la sorte. Le Conseil municipal et le président Hamdi bey furent retenus à la mairie comme otages. Le commandant de la place menaçait de les faire tuer, si on n'apportait pas les vivres exigés. Ils ont pris tous les lits de l'hôpital et ont chassé même les soldats grièvement blessés dont les plaies n'étaient pas guéries. Les lits furent envoyés en Autriche. Quant à moi, ils m'ont pris un cheval et 5 ou 6 charrettes de foin en me donnant un bon de réquisition. »

Le témoignage de ce médecin grec, qui était encore neutre au moment de l'entrée des Austro-Bulgaro-Allemands sur territoire serbe et qui fut traité comme un prisonnier par eux, bien que son pays ne fût pas encore en guerre avec les Centraux et leurs alliés, est intéressant. D'abord il nous démontre la nature peu sérieuse des bons de réquisition allemands. En cela il confirme mes propres observations faites sur territoire aujourd'hui délivré. En effet, à plusieurs reprises, les paysans des environs de Monastir m'ont montré des bons de réquisition d'origine bulgare ou allemande aussi peu sérieux que celui mentionné dans la déposition Athanasiadès. Ensuite le docteur décrit également la façon peu amicale dont furent traités les membres turcs du conseil municipal de Prichtina, bien que leur nationalité turque — les Turcs étant les alliés des Bulgaro-Austro-Allemands — eût dû leur assurer un traitement de faveur. Mais les habitants de nationalité turque, comme me l'a prouvé une enquête sur place et comme on pourra le constater par les témoignages contenus dans ce travail, n'ont pas été protégés par cette nationalité contre les excès des adversaires des Serbes. Ce point sera traité avec plus de détails dans le chapitre consacré aux sentiments des habitants du pays délivré envers les occupants temporaires et envers les Serbes.

—J'arrive à la discussion générale des deux chapitres « Pillages » et « Réquisitions » concernant le dommage subi par le pays du fait de l'occupation temporaire bulgaro-allemande de la région aujourd'hui rendue aux Serbes.

Il y a, à l'heure actuelle, 67 villages et hameaux et une ville repris par les armées alliées. Un certain nombre de ces villages et hameaux sont actuellement évacués. Ce sont quelques-uns de ceux qui sont directement dans la zone du feu. Quelques villages et hameaux, comme Grdilovo par exemple, n'existent plus. Les évacués, ainsi que les habitants des lieux détruits, sont hospitalisés dans les autres villages délivrés ou dans des villes ou villages du territoire grec.

Le nombre actuel des habitants évacués, etc., y compris ceux des villages suivants, est de 5.690 : Kenali, Medzidli, Sredeni Egri, Dobroveni, Jivonja, Sovitch, Gorni et Doni Krémian, Brod, Slivitza, Skotchivir, Polog, Gnjilech, Veleselo, Baldosintzi, Tepavtzi, Négotine, Petalino, Grounichte, Budimirtzi, Orehevo, Souvodol, Paralovo, Vranjevtzi, Makovo, Brnik, Rapech, Iven, Boukovo, Orahovo, Christifor, Bistritza, Lajetz.

Ces mêmes villages avaient avant la guerre européenne 10.132 habitants.

Pour 32 villages, la plupart petits ou des hameaux, on ne connaît pas encore le chiffre officiel des habitants avant et après la guerre.

Toutefois, en estimant à 20.000 le chiffre total avant la guerre pour les villages du territoire libéré, Bitolj non compris, je dois être tout près de la réalité.

La différence entre le chiffre de 10.132 et le chiffre actuel de 5,690 provient des évacuations en territoire grec ou dans les villages qui ne sont pas encore recensés, du recrutement dans l'armée serbe et dans l'armée bulgare, du départ volontaire avec l'armée ennemie ou de la déportation par force, du départ comme travailleurs payés des armées d'Orient d'un certain nombre d'habitants (en tout 910) et de la mortalité augmentée pendant les années de guerre.

Dans certains villages, le nombre des habitants a augmenté par suite de l'arrivée des évacués.

Les interrogatoires de mon enquête m'ont donné les chiffres suivants comme pertes subies par mes témoins et par les autres, des pertes de qui ils avaient connaissance :

Pillé et réquisitionné sans paiement :

Bœufs, vaches et veaux	2.131
Moutons	15.359
Porcs	2.253
Blé	188.450 kg.
Foin	1.317.375 kg.
Paille	437.350 kg.

Ces chiffres sont loin de représenter le total des pertes subies par les villages du territoire libéré du fait des réquisitions et pillages bulgaro-allemands. Beaucoup de témoins,

ne connaissant pas le chiffre exact des objets enlevés, se
sont contentés de l'indication : « On nous a tout pris. » De
plus, en me donnant les renseignements demandés, ils se
sont surtout occupés de leur propre perte et de celles des
gens de leur intimité. Les pertes subies par les autres, ils
ne les connaissaient pas ou ils ne jugeaient pas nécessaire
d'en parler.

J'ai cependant à ma disposition un document qui me
permet d'apprécier encore plus justement les dommages
qu'a causés à ce petit coin de terre serbe l'invasion bulgaro-allemande. C'est la statistique dressée à l'aide du
recensement de tout ordre effectué par les soins du Ministère de l'Intérieur serbe. Cette statistique n'est pas com-
plète, puisqu'il y manque encore les chiffres pour une
trentaine de villages et hameaux. Mais telle qu'elle est, elle
nous fournit déjà des chiffres fort intéressants.

Pour les villages indiqués ci-dessus, les chiffres sont les
suivants :

	AVANT LA GUERRE	ACTUELLEMENT	PERTE
Bœufs.	3.776	998	2.778
Vaches et veaux	6.033	568	5.465
Chevaux.	2.248	174	2.074
Anes	1.666	353	1.313
Moutons.	84.980	3.154	81.826
Porcs	1.640	53	1.587
Voitures ou chariots	1.749	79	1.670

On voit par cette statistique que les pertes subies par
les villageois sont énormes. Pour illustrer ces pertes, je
donnerai encore quelques exemples typiques de villages.
Ainsi le village de Kenali, le plus important des villages
délivrés, était connu avant la guerre pour la quantité et la
qualité de ses bœufs. Avant la guerre, il comptait 620 bœufs
et 2.500 vaches. Aujourd'hui il compte 40 bœufs et 300 vaches. A Scotchivir, où l'on s'occupait surtout de l'élevage
des moutons, il y avait 10.000 moutons, aujourd'hui il n'en
reste que 200. A Rapech, les villageois possédaient 20.000
moutons, aujourd'hui il y en a une douzaine qui ont été
emmenés avec les habitants évacués. A Tepavtzi se trouvaient avant la guerre 3.000 moutons, à l'heure actuelle il

n'y en a plus un seul. A Batch il y avait 600 porcs, il n'y en reste que 3. Je pourrais continuer cette énumération, mais c'est inutile. Partout c'est la même chose, déjà suffisamment démontrée par la statistique générale : les soldats et comitadjis occupants ont enlevé tout ce qu'ils pouvaient à la population macédonienne.

Par les témoignages contenus dans ce chapitre et dans celui consacré au pillage, de même que par ce qui a été dit antérieurement, on a déjà pu voir que la perte était la plupart du temps une perte sèche pour les habitants, parce que les objets ont été ou bien pillés, ou bien réquisitionnés sans paiement.

Les témoignages reçus par moi me permettent de donner les chiffres suivants pour les réquisitions en général, chiffres incomplets comme il est expliqué plus haut.

	TOTAL DES RÉQUISITIONS	PAYÉES	NON PAYÉES
Bœufs, vaches, veaux .	2.227	390	1.837
Moutons.	17.785	5.180	12.605
Porcs	2.007	65	1.942
Blé	119.875 kg.	2.775 kg.	117.100 kg.
Foin.	1.314.975 kg.	1.000 kg.	1.313.975 kg.
Paille	640.950 kg.	207.000 kg.	433.950 kg.
Laine	2.137 kg.	—	2.137 kg.

Dans les réquisitions non payées sont compris les bons de réquisition qui n'ont pas été payés.

J'ai déjà parlé plus haut des prix minimes payés pour les réquisitions. Je ferai suivre ici les prix maxima et minima :

Pour les bœufs furent payés	20 à 100 fr.
Pour les vaches.	15 à 35 fr.
Pour les veaux.	12 à 17 fr.
Pour les moutons.	1 à 11 fr.
Pour le foin	0,15 fr. par kg.
Pour le blé.	0,07 à 0,30 fr. par kg.

Les chiffres qui viennent d'être cités prouvent à l'évidence que la presque totalité des ressources en bétail, céréales, vivres, etc. de cette population d'environ 20.000 âmes des villages à l'heure actuelle délivrés des envahisseurs, a été enlevée par le pillage et par des réquisitions

payées à des prix minimes, la plupart du temps point
payées du tout. Le pays à droite de la Tzerna, naturellement riche, n'était nullement très fortuné ensuite de la
mauvaise administration du long régime turc et de l'acti-
vité des comitadjis. Les régions à gauche de la Tzerna sur
les montagnes rocheuses et dénudées par la hache du Turc
n'ont jamais été prospères.

Toute la contrée à droite et à gauche de la Tzerna est
aujourd'hui ruinée par l'invasion bulgaro-allemande
accompagnée de pillage et de réquisitions, la plupart du
temps irrégulières, en tout cas toujours exagérées. En
parcourant le pays, j'ai pu me convaincre personnellement
de ce fait et j'ai acquis aussi la conviction qu'il faudra de
longues années d'une bonne administration pour réparer
les dommages.

IV

MAUVAIS TRAITEMENTS DE LA POPULATION

La population macédonienne avait à supporter toute sorte de mauvais traitements de la part des envahisseurs. Le terme « mauvais traitements » peut comprendre : les emprisonnements, les viols, les châtiments corporels, les extorsions, etc. Pour ne pas trop encombrer cette rubrique, j'ai cru utile de la diviser en plusieurs chapitres. Ainsi je ne parlerai dans ce chapitre IV que du traitement proprement dit de la population et je réserverai aux extorsions, aux emprisonnements, au travail forcé et aux déportations, des chapitres spéciaux. Les mauvais traitements qu'ont subis les femmes, comme viols, etc., formeront également un chapitre à part.

Examinons d'abord ce que disent du traitement de la population les prisonniers bulgares et allemands.

En général, les soldats ennemis se tiennent sur leurs gardes. Ils ne veulent pas se compromettre. Ils prétendent ou bien que la population a été convenablement traitée ou bien qu'ils ne savent rien de ce traitement, n'ayant pas été en contact direct avec elle.

Ainsi le *n° 19, 23 ans, sous-officier au 42ᵉ régiment d'infanterie prussien*, dit : « Je n'ai pas remarqué que la population ait été maltraitée par les Bulgares. »

Le *n° 20, 21 ans, du 42ᵉ régiment prussien, 7ᵉ compagnie :* « Je n'ai pas vu que les Bulgares maltraitent la population. Je n'ai d'ailleurs pas été en contact avec cette population. Je n'ai rien vu, soit de la part des Bulgares, soit de la part des Allemands, qui n'ait pas été correct.

Le n° 21, 22 ans, du 12° régiment d'infanterie bulgare : « Je n'ai rien vu d'anormal en ce qui concerne la population. Les vieillards, les femmes et les enfants n'ont pas été molestés. »

Le n° 22, 30 ans, du 12° régiment bulgare : « Je n'ai pas eu l'occasion de voir que la population civile ait été maltraitée. »

Cependant quelques témoins sont plus francs et ont moins peur de se compromettre, mais ils accusent leurs officiers ou, les Bulgares, rejettent la faute sur les Allemands.

N° 23, sergent au 2° régiment d'infanterie bulgare : « La population se plaint beaucoup des mauvais traitements et les paysans le disent aux soldats et demandent à ceux qui paraissent pouvoir le faire, de les protéger contre les officiers. »

N° 24, 25 ans, caporal au 3° régiment d'infanterie bulgare : « Les Allemands qui réquisitionnent, maltraitent par-dessus le marché les habitants des villages en Macédoine et ces derniers se plaignent très vivement d'eux. Je sais qu'on a maltraité des villageois. On leur prend tout. »

N° 25, 20 ans, caporal au 21° régiment bulgare, 2° bataillon, 5° compagnie : « Ceux qui restent tranquilles ne sont pas maltraités. Il y a beaucoup d'Allemands en Serbie. Ils sont très cruels avec la population. Ils agissent en bêtes fauves envers elle et la traitent très mal. »

Voici maintenant une série de dépositions d'habitants des contrées délivrées.

Village de Boudimirtzi. — « Pendant leur occupation, les Bulgares ont maltraité les villageois. Ils les battaient à tout propos. Ainsi ils arrivaient chez un paysan et lui demandaient un bœuf. Ce paysan voulait être payé. Alors les soldats le battaient et lui prenaient son bien. Le 24 avril (St-Georges), ils demandèrent aux gens de Boudimirtzi de

leur liver des fusils, prétextant que les Serbes leur avaient
laissé des fusils. Les paysans ne pouvant pas en livrer,
pour la bonne raison qu'ils n'en avaient pas, furent battus.
Yovan Peyovitch, 45 ans, Petar Kolevitch, 37 ans, Petko
Kolevitch, 34 ans, furent tellement battus qu'ils ont dû
rester un mois au lit. Les soldats enlevaient aux gens leurs
opankes (sorte de sandales) et les frappaient sur la plante
du pied avec de forts bâtons. » — ILKO SIVEVITCH, 52 ans ;
et DIMITRIE VASILJEVITCH, 43 ans.

Village de Jivonja. — « Les soldats qui étaient au
village n'étaient pas mauvais et ne volaient pas. Ils appartenaient aux 11e et 15e régiments d'infanterie. Comme les
villageois leurs donnaient tout ce qu'ils demandaient, les
soldats ne les battaient pas ». — VASILJE GEORGEVITCH,
56 ans ; RISTO LAZAREVITCH, 53 ans ; GEORGES PETRITCH,
38 ans ; et DANAS KOULEVITCH, 60 ans.

Village de Dobroveni. — « Le kmet a été frappé de
15 coups de bâton pour la raison suivante : il avait un fils
qui servait dans l'armée serbe et qui fut tué. En signe de
deuil le père a laissé pousser sa barbe. Les Bulgares lui
demandèrent la raison de ce deuil et lorsqu'ils la surent,
ils lui dirent : « Tu attends le retour des Serbes et tu t'en
réjouis ! » et ils le condamnèrent à la bastonnade. C'était au
mois de mai. Ils l'ont battu d'abord avec un bâton et ensuite
ils lui ont donné 7 gifles. Celui qui le frappa était un lieutenant, commandant la compagnie. Stavre Riste, environ
30 ans, fut également battu parce qu'il avait refusé d'amener
ses brebis dans la montagne aux soldats qui voulaient les
traire. C'est encore le même lieutenant qui avait frappé le
témoin, qui a cassé sa canne sur le corps de Riste. » —
TODOR PETROVITCH, 68 ans, kmet du village, déposition
confirmée par NAIDAN TODOROVITCH ; NAOUM PETROVITCH,
41 ans, et BOJIN NAIDEFF, 60 ans.

Village de Slivitza. — « Beaucoup de personnes du village
ont été maltraitées, emprisonnées et mises à l'amende.
Pour la moindre chose les soldats et, surtout, les deux
médecins de l'ambulance battaient les villageois. » —

Petar Srbinovitch, 65 ans ; Ilia Georgevitch, 37 ans ; Grigor Traikovitch, pope, 45 ans ; Yovan Traikovitch, 55 ans ; Lazar Traikovitch, 48 ans ; Nedelko Tolevitch, 40 ans.

« Presque tout le village a passé sous le bâton et c'est surtout le président de la commune qui distribuait les coups, dit le témoin. Lorsqu'on demandait quelque chose aux villageois et que ce n'était pas livré sur le champ, on battait le kmet. » — Ilia Georgevitch, 37 ans, kmet du village depuis 8 mois ; déposition confirmée par tous les autres témoins du village.

« Les Bulgares, en arrivant, m'ont battu « à mort » et ont même voulu m'égorger. Ce sont les paysans qui m'ont sauvé. » — Grigor Traikovitch, 45 ans, pope du village.

Village de Batch. — « Les Bulgares battaient les habitants quand ceux-ci ne donnaient pas tout de suite ce qu'ils demandaient. Ils ont ainsi battu la femme de Naze Kotevitch de telle façon qu'elle en tomba malade. » — Traiko Yovanovitch, 40 ans ; et Stoyan Stoikovitch, 55 ans.

« Lorsque les Bulgares sont arrivés, ils ont appelé mon mari Délo, un notable du village, et lui ont demandé des renseignements. Ne pouvant pas en obtenir, ils lui dirent qu'il était Serbe et il fut battu et serré à la gorge. Le 18 janvier 1916, il fut battu de nouveau de telle façon par le kmet, Délo Taleff, et ses comitadjis que, rentrant chez lui, il s'est couché aussitôt et que, deux jours après, il est mort. Il avait à peu près 60 ans. Moi aussi je fus battue à plusieurs reprises par les comitadjis qui vinrent chez moi et me serrèrent à la gorge. » — Mitra, femme de Délo Vragovitch, 66 ans.

« Le témoin a été battu par les Bulgares à tel point « qu'il a été forcé d'égorger une brebis pour en mettre la peau saignante sur son dos afin de calmer ses souffrances ». Il est resté couché 6 semaines. C'est Délo Taleff avec ses comitadjis qui l'ont battu. Deux le tenaient et un troisième le frappait de toutes ses forces sur le dos. Il ne sait pas pourquoi on l'a ainsi battu, peut-être parce que son beau-frère est soldat serbe. Beaucoup de villageois

ont été battus : Vasilie Talevitch, 35 ans ; Alexo Koste-
vich, 30 ans ; Stoïko Dafovitch, 35 ans ; etc. Kostevitch
et les trois autres furent battus le même jour. » — Alexo
Kostevitch, 50 ans, kmet du village.

« Le témoin fut battu par Délo Taleff et ses comitadjis.
On lui a pris 400 francs, tout son bétail, sa voiture, etc...
C'était toujours Taleff qui exécutait ces vols et le témoin a
donné son argent à Délo même. On lui a dit : « Donne ton
fusil », mais il n'en avait pas. Alors il fut battu tellement
qu'il ne pouvait plus marcher. Quelques femmes ont également été battues. ». — Alexo Tolevitch, 60 ans, garde-
champêtre du village.

« Le témoin et son frère furent battus » tant qu'ils ne
pouvaient plus se tenir sur leurs jambes. Délo leur a dit :
« Vous êtes des Serbes, maintenant je veux vous montrer
comme on les traite ! » — Petar Yankovitch, 62 ans.

« Lorsque les Serbes sont partis, Papailjevitch est parti
avec eux. Il est resté une année à Florina. Sa femme,
Georgia, qui était restée au village, a été battue de telle
façon que sa main droite a été estropiée. Elle fut battue
parce que son mari était parti avec les Serbes. » — Koste
Papailjevitch, 60 ans.

Village de Tepavtzi : — « Les Bulgares et les Allemands
demandaient toutes sortes de choses aux villageois et, si
ceux-ci ne voulaient pas les donner, ils les frappaient à
coups de bâton. C'étaient surtout les Allemands qui frappaient la population. » — Bogoje Troianovitch, 53 ans,
kmet du village ; et Yovan Petrovitch, 86 ans.

« Deux ou trois soldats allemands et d'autres avec des
bâtons sont entrés dans les maisons pour prendre les effets.
Lorsque les habitants s'y opposaient, les soldats disaient :
« Nichts, nichts ! » et les uns les bâtonnaient pendant que
les autres braquaient leur fusil sur eux. » — Thanas Dimovitch, 38 ans ; et Yovan Petrovitch, 86 ans.

Village de Skotchivir. — « Partout dans le village on a
battu des femmes et des enfants et surtout ceux dont les
maris et pères étaient en prison. C'est le capitaine Dimi-

trieff qui faisait tout le mal, volait les moutons, battait les femmes, etc. Philippe Athanasevitch, 36 ans, du village de Hassanova, et Vane, de Tcheganj, étaient à la mairie de Brod comme garde-champêtre et « pandour ». Ils venaient au village et, avec Dimitrieff, faisaient beaucoup de mal aux habitants et leur extorquaient de l'argent. » — STOICHO RISTITCH, 65 ans; RISTO KOULEVITCH, 60 ans; RISTO TCHE-BLAGOVITCH, 62 ans; et RISTE KOTEVITCH, 39 ans.

Village de Veleselo. — « Petkoff et Antoine Yaneff ont été fortement battus. Le fils de Petkoff fut aussi tellement battu qu'il en est tombé malade. Petkoff fut battu parce qu'il n'avait pas pu trouver le nombre d'ânes dont les Bulgares avaient besoin pour le transport des vivres. Trajan Traikoff fut battu parce qu'il avait refusé de payer la dîme. C'était le président de Brod avec ses hommes qui procédait au châtiment des villageois. Bojin Markoff a également été battu entre Bitolj et le village lorsqu'il allait au marché. Il fut rencontré en route et les Bulgares lui demandèrent où il allait. Sur sa réponse, ils lui dirent qu'il n'était qu'un Serbe et le battirent. » — TRAJAN RISTITCH, 60 ans, kmet du village; BOJIN MARKOVITCH, 70 ans; ANTOINE PETROFF, 60 ans; et TRAJAN TRAIKOFF, 17 ans.

Village de Kenali. — « Les officiers bulgares ont fait beaucoup de mal à la population. On n'a pas maltraité les habitants au village même, mais lorsqu'on les attrapait hors du village, dans les environs des ouvrages militaires, on les battait à mort. » — OMER OSMAN, 40 ans, kmet du village; CHABAN AHMED, 45 ans; MAHMOUD ALILE, 46 ans; et ADEM CHÉRIFF, 50 ans.

« L'oncle du témoin fut battu de telle façon qu'il a dû garder le lit pendant 4 semaines. Ce sont des comitadjis qui l'ont battu. » — OMER RACHID, 35 ans.

Village de Medzidli. — « Cheriff Ibrahim, 25 ans, fut battu à tel point qu'il en faillit mourir. » — ARIFF ABDOULA, 47 ans.

Village de Velouchina. — « Les soldats battaient la population. Ainsi Kotcho Petrovich, 62 ans, fut tellement

battu qu'il ne pouvait plus se tenir sur ses jambes. C'est
pour avoir protesté contre le vol de son blé qu'il fut ainsi
frappé. Spase Stanoïlovitch, 80 ans, fut battu et blessé
d'une balle par les soldats bulgares, parce qu'il n'a pas
voulu qu'on lui vole ses cochons. Les soldats allemands
étaient comme les Bulgares; ils donnaient des coups de
crosse de fusil si on leur refusait ce qu'ils voulaient
prendre. » — PAVLE GEORGEVITCH, 50 ans, kmet du village.

« Les Allemands sont venus chez elle et lui ont demandé
son unique porc. Lorsqu'elle a refusé de le donner, elle fut
tellement battue par eux qu'elle tomba par terre. Les soldats ont pris le porc sur leurs épaules et sont partis. » —
KRSTA KOUSMANOVA (femme), 50 ans.

« Il était à la maison lorsque les Bulgares sont venus et
ont voulu prendre ses porcs. Il a tant « crié » qu'ils sont
partis, mais ils sont revenus à la mi-octobre, et comme il
défendait de nouveau son bien, un soldat lui a tiré un coup
de fusil dans le bras droit. » (Blessure vérifiée par moi :
bras droit, face postérieure à environ 8 cm. de l'humérus,
cicatrice irrégulière d'un coup de feu tiré à bout portant
à travers les muscles.) — SPASE STANOÏLOVITCH, 80 ans.

Village de Porodine. — « On a voulu faire travailler le
témoin aux routes et, comme il ne pouvait le faire, étant
trop âgé, un soldat l'a frappé à coups de crosse de fusil de
telle sorte qu'il n'est pas encore rétabli aujourd'hui des
blessures reçues. Cela se passait un peu avant le départ
des Bulgares. » — DALIB OMER, environ 80 ans.

Village d'Iven. — « Lorsque les villageois faisaient des
difficultés pour donner ce que les soldats exigeaient,
ceux-ci tiraient leur baïonnette et les forçaient ainsi à se
dépouiller de tout ce que ces mêmes soldats désiraient. »
— BOJIN SEVEITCH, 50 ans; GEORGES PETROVITCH, 67 ans;
TRAIKO RISTEVITCH, 50 ans; et RISTE STOYANOVITCH, 45 ans.

Village de Makovo. — « Nikola Damianovitch, 60 ans,
a été battu très fortement par le comitadji Yovan, de Polt-
chiste : « Il lui a fourré sa baïonnette dans la bouche en lui
déclarant : « Si je pousse un peu, tu es mort, » disent les

témoins. Nikola, à la suite de cette bastonnade, est resté plus de 20 jours au lit. La femme Mitra Risteva a aussi été battue très souvent par ce même Yovan qui cherchait des fusils de chasse dans sa maison. » — Dimo Zvetkovitch, 55 ans, kmet du village ; Yovan Koïtovitch, 65 ans ; Tale Kolevitch, 65 ans ; Riste Krstevitch, 62 ans ; et Nikola Damianovitch, 60 ans.

Village de Dupeni. — « Au moment de l'évacuation, les Bulgares battaient les habitants et venaient d'incendier une maison, celle de Spiro Koleff. En général, les soldats bulgares battaient beaucoup la population. Lorsque les villageois ne voulaient pas donner tout de suite ce qu'ils demandaient, ils les battaient. « Vous parlez serbe, c'est défendu », disaient-ils et ils battaient les gens. Jele Navat-cheff a été battu de telle façon qu'il avait de sérieuses blessures sur la tête. Yovan Ristovitch fut tellement maltraité qu'il a boité longtemps par suite de la bastonnade. Georges Ilievitch est resté couché tant il fut battu. » — Vasilie Popovitch, 45 ans, kmet du village ; Krste Popovitch, 46 ans ; George Ristovitch, 46 ans ; et Krste Todorovitch, 46 ans.

Village de Loubojna. — « Lorsque les villageois défendaient leurs biens, les soldats bulgares et allemands les battaient. Au moment du départ, ils frappaient encore beaucoup plus. » — Spiro Lazarovitch, 55 ans, kmet du village ; Nikola Lazarovitch, 64 ans ; Mitre Yankovitch, 65 ans, et Sekoula Lazarovitch, 45 ans.

Ville de Débar (pas encore délivrée). — « Les soldats qui gardaient le témoin à l'hôpital de Débar, lui disaient moyennant pourboire ce qui se passait en ville. Il a su ainsi combien la population a été maltraitée. On lui prenait tout... Une patrouille est entrée dans la maison du gendre de Seifedin effendi, lui a extorqué de force 300 livres turques et les soldats l'ont blessé avec leurs baïonnettes après l'avoir menacé de mort. » — Nikola Blachitch, 48 ans, de Débar, attaché à la station militaire de Bitolj.

Ville de Bitolj. — « Quand Velika a été libérée de la

prison, elle a dû se présenter tous les jours aux comitadjis. Les enfants dans la rue criaient lorsqu'elle passait : « Vélika est une Serbe » et ils lui jetaient des cailloux. Les passants crachaient sur elle, par exemple Dimitrié, kmet du village de Tcharlia, et Yankoula, garde-champêtre de Bitolj. » — Velika, femme de Kosta Ristitch, et Vasilia, femme de Rista Dimitrievitch.

« Quelques jours après que Boyatchitch eut fait rendre l'argent à Tchoumandrovitch et Sarovitch, c'était le 26 octobre, il fut attaqué à la sortie de l'église et battu par Nikola Dime Smolanezot et Taki Ilov Yanakioski demeurant à Bitolj dans le quartier Jechir Baïr, Debarska Ulitza, 98. Les membres du comité sont venus ensuite s'excuser : il y aurait eu méprise, et c'est un autre qui aurait dû être battu. Le comité envoyait des émissaires chez les gens pour leur dire que, s'ils continuaient à agir comme ils l'avaient fait jusque-là ou s'ils parlaient mal des occupants, ils seraient battus. Ainsi le comité terrorisait la population. » — Petar Boyatchitch, 64 ans, commerçant.

« Lorsque son mari Kousman était en liberté, il fut molesté dans la rue par les soldats et les gendarmes qui se moquaient de sa nationalité serbe. » — Vasilka, femme de Kousman Zvetkovitch, 30 ans.

« En prison, à Bistritza, on a battu le témoin très souvent en lui demandant où se trouvaient les uniformes serbes. C'étaient des officiers qui l'ont battu. » — Krsta Ilitch, 34 ans, kmet de Velouchina.

De toutes ces dépositions il résulte nettement que les soldats ennemis ont largement usé des châtiments corporels. Et ce ne sont pas des cas isolés, comme le prouve la série de témoignages que je viens d'énumérer et que j'aurais pu multiplier à volonté. Bulgares et Allemands ont érigé en système la bastonnade et les mauvais traitements corporels pour forcer la population macédonienne à se plier à leurs exigences et pour pouvoir, en même temps, la dépouiller de ses biens.

Et les soldats n'y allaient pas de main morte quand ils frappaient les villageois. A Batch, la femme de Nase Kote-

vitch est malade par suite des coups reçus. Délo Vragovitch
en meurt. Alexo Kostevitch est forcé de garder le lit et
« d'égorger une brebis pour s'en mettre la peau saignante
sur le dos afin de calmer ses souffrances ». La femme
Georgia Papailjevitch a eu la main droite estropiée.
Dans d'autres villages aussi la bastonnade appliquée aux
paysans fut si forte que la santé des gens frappés en fut
altérée : à Veleselo, à Kenali, à Medzidli, à Porodine, à
Dupeni, etc.

A Velouchina, un vieillard de 80 ans, Spase Stanoïlovitch,
fut blessé à coups de fusil, et au village de Makovo le comitadji Yovan de Poltchichte fourre sa baïonnette dans la
bouche du vieux Nikola Damianovitch. Parfois, les bastonnades sont exécutées avec raffinement. A Boudimirtzi, par
exemple, « les soldats enlevaient aux gens leurs opankes
(sandales) et les battaient sur la plante du pied avec de
forts bâtons. »

La cause principale de ces mauvais traitements qu'ont
subis les habitants, était leur désir bien compréhensible et
légitime de protéger leurs biens contre les exigences exagérées et la cupidité des envahisseurs. La phrase : « Les
Bulgares ou les Allemands battaient les villageois quand
ceux-ci ne donnaient pas tout de suite ce qu'ils demandaient », revient dans presque chaque interrogatoire.

Mais Bulgares et Allemands frappaient aussi la population par haine de tout ce qui est serbe : le kmet de Dobroveni avait perdu son fils, un soldat serbe, et, en signe de
deuil, il se laissait pousser la barbe. « Tu attends le retour
des Serbes et tu t'en réjouis », lui disent les Bulgares et ils
le condamnent à la bastonnade. Le kmet du village de
Batch attribue le mauvais traitement dont il fut victime, au
fait que son beau-frère est soldat serbe. A Dupeni, les soldats disent aux villageois : « Vous parlez le serbe, c'est
défendu », et ils les battent. Velika Kistitch et Kousman
Zvetkovitch sont molestés dans les rues de Bitolj « parce
qu'ils sont Serbes ». On ne peut s'empêcher de trouver singulière cette conduite des Bulgares envers des Macédoniens
puisqu'ils ont toujours essayé de faire passer aux yeux du
monde cette population pour entièrement bulgare. N'est-ce

pas là un aveu qu'eux-mêmes ne croient pas aux théories ethniques répandues par leurs propagandistes ?

A. relever aussi la déposition de Petar Boyatchitch, de Bitolj, qui est « battu par méprise » à la place d'un autre. La démarche du fameux « comité » dont il sera parlé plus tard, montre que ces bastonnades étaient un des moyens employés par les autorités bulgares pour terroriser la population.

Bulgares, Allemands et comitadjis usaient indistinctement de ce moyen, contraire à toutes les lois de la guerre et de l'humanité. Les Allemands paraissent même avoir dépassé parfois leurs alliés bulgares en brutalité et sauvagerie. Ainsi, par exemple, les paysans de Tepavtzi accusent surtout les Allemands d'avoir frappé la population.

Et ce ne sont pas seulement les simples soldats qui se conduisent si indignement. Les officiers aussi s'en mêlent. Le kmet de Dobroveni est battu par un lieutenant qui exerce ensuite sa main sur Stayre Riste, sur le dos duquel il casse sa canne. A Slivitza, ce sont surtout les deux médecins de l'ambulance qui maltraitent les villageois. Etre bourreaux de pauvres civils, c'est un joli métier pour des médecins ! A Skotchivir, c'est le capitaine Dimitrieff qui ordonne et dirige les persécutions contre les habitants. Au village de Kenali, « les officiers bulgares ont fait beaucoup de mal à la population ».

Les affirmations des habitants du territoire libéré sont entièrement confirmées par les témoins serbes et autres qui ont déposé devant moi ou devant les autorités serbes.

Ainsi Vasilie Trbitch, 35 ans, dit : « Pendant tout le temps que j'étais sur la place, la population fut maltraitée, emprisonnée et battue. »

« Mes parents m'ont raconté que, au moment du départ des troupes serbes, en 1915, beaucoup de Serbes de Vieille Serbie sont restés à Skoplié. Tant que lady Paget (la femme de l'ancien ministre d'Angleterre à Belgrade) était là, elle a secouru tout le monde. Après son départ, ces fugitifs sont retournés en Serbie dans leurs villes et villages respectifs. La femme malade du colonel Uzoun Mirkovitch, restée à Skoplié, fut complètement isolée par les Bulgares

et est morte du manque de soins. Elle était toujours sur-
veillée par des agents de police. En général, la population
fut fort maltraitée et les Bulgares défendaient de venir en
aide aux Serbes. Les villages dans les environs de Golo
Bilo sont vides. Les Turcs de Skoplié, qui étaient restés
pendant le régime serbe, sont partis pour la Turquie parce
que les Bulgares les maltraitaient. Dans toute la Macédoine,
c'est la même chose. » — BOJIDAR MLADENOVITCH, de Skoplié, ancien soldat serbe, du 11e régiment d'infanterie bulgare.

« D'autre part, les villages étaient mis à sac et livrés aux
flammes (automne 1915), alors que des théories interminables de vieillards, femmes et enfants persécutés, chassés,
traqués par les hordes bulgaro-albanaises fuyaient de tous
les côtés, affamés, exténués de fatigue et transis de froid. »
— ANDJELKO DJ. TSVETKOVITCH, de Draitchika, du 24e régiment serbe, déserteur du 45e régiment bulgare.

La volonté des Bulgares de se venger des Serbes ressort
très nettement du traitement ignoble subi par la femme
malade du colonel Uzoun Mirkovitch. En effet, ce colonel,
un des plus valeureux de l'armée serbe et qui se bat actuellement sur le front de Salonique, a infligé, en 1913, une
grave défaite aux troupes de Ferdinand de Cobourg. C'est
sur une femme malade que se vengent ces hommes et ils
la font mourir en empêchant de lui donner des soins. Les
enfants de cette pauvre femme auraient péri comme leur
mère, si un médecin militaire allemand — il y a encore des
Allemands compatissants — n'était pas intervenu et ne les
avait pas personnellement remis entre les mains de leurs
parents restés en Vieille Serbie.

J'ajouterai encore la déposition d'un neutre, au moins à
cette époque, celle du médecin grec Dr ATHANASIADÈS, telle
qu'il l'a faite au Ministère de l'Intérieur serbe le 3 août,
déposition qu'il m'a confirmée oralement depuis :

« Les Turcs de Prichtina qui, avant l'arrivée des Allemands et des Bulgares, étaient tout heureux de les voir
approcher de la ville, parce qu'ils étaient les alliés de la
Turquie, regrettaient maintenant les Serbes, car ils n'auraient jamais pu croire que les Allemands et les Bulgares

se conduiraient de la sorte. Hamdi bey même, le président de la municipalité, m'a dit qu'ils regrettaient les autorités serbes car il ne leur était jamais arrivé de subir un traitement pareil à celui que leur infligeaient les Germains et leurs vassaux. »

Cette déposition est intéressante, car elle confirme pleinement ce que j'avais déjà constaté au cours de mon enquête personnelle dans les contrées libérées, à savoir que les Macédoniens de nationalité turque, bien que la Turquie soit l'alliée des Bulgares et des Allemands, avaient, paraît-il, autant à souffrir des envahisseurs que les Macédoniens slaves. Je rappelle ce que dit le témoin Mladenovitch à ce propos : « Les Turcs de Skoplié, qui étaient restés pendant le régime serbe, sont partis parce que les Bulgares les maltraitaient. »

Il y aura également à noter à cette place le passage suivant d'une lettre de Svétozar Popovitch, ancien instituteur en Serbie envahie et commandant d'un bataillon d'insurgés pendant la révolte serbe du printemps 1917 :

« Les Bulgares ont donné ordre à toute la population de venir se faire vacciner contre la variole, mais au lieu de cela ils inoculaient des maladies aux gens. Quand on a appris ce fait par un médecin tchèque, la population n'a plus voulu y aller et tout le monde s'est sauvé dans les montagnes avec les enfants. Les Bulgares travaillent systématiquement à la destruction de notre race. »

La lettre de Popovitch, adressée au capitaine Tchéda Tomitch de la division de la Morava (tombé au champ d'honneur), est datée du 10 mai 1917. Elle a été remise par un soldat bulgare au soldat serbe Petar Ilitch, du 3e régiment, 1er bataillon, 1re compagnie, aux avant-postes près de Boudimirtzi à la fin de juin 1917. J'ai fait personnellement et sur place une enquête relative à l'authenticité de la lettre même et cette enquête m'a démontré que cette lettre est bien authentique et de la main de Popovitch. Ce dernier, très connu des gens de sa région, est décrit par toutes ses relations comme un homme très sérieux et véridique. D'autre part, l'accusation portée par lui contre les Bulgares est tellement horrible qu'on a de la peine à l'accepter comme correspondant à la réalité. Popovitch n'aurait-il pas été abusé par des racontars populaires, tels qu'il s'en forme toujours en temps de guerre ? Il est vrai que les Allemands ont, paraît-il, essayé d'empoisonner la population roumaine par des bonbons préparés. Le témoignage de cette lettre est le seul indice de ce fait que je possède. J'enregistre donc l'accusation sans pouvoir affirmer si elle est bien fondée ou non.

Dans ce chapitre rentre également le fait, constaté par moi-même et confirmé par les dépositions de mes témoins, de la destruction des maisons par les Bulgares pour en utiliser le bois de la charpente afin de se chauffer. A Bistritza, par exemple, seulement 7 maisons furent touchées par les obus. La grande majorité de celles qui étaient restées intactes furent démolies par les soldats et leur bois utilisé pour le chauffage. A Zabjani, les Bulgares ont démoli des maisons et dans d'autres ils ont coupé les poutres supportant le toit. A Brod et dans d'autres villages, ils ont arraché les fenêtres et leurs encadrements pour les brûler.

En résumé, les Allemands et les Bulgares n'ont nullement été corrects avec la population civile macédonienne. Tout au contraire, ils lui ont infligé un traitement qu'on ne peut qualifier que de barbare. Par cela ils se sont mis en dehors des règles et lois de la guerre que leurs représentants avaient signées et qui ont pour but de protéger les habitants civils des pays passagèrement occupés, ainsi que leurs biens.

V

MAUVAIS TRAITEMENTS DES FEMMES (VIOLS)

La tâche de l'enquêteur en ce qui concerne les viols, etc., des femmes est toujours difficile et délicate. En effet, les gens, et spécialement les paysans, n'aiment pas à rendre public le malheur qui a frappé l'une ou l'autre de leurs familles et à enlever aux victimes, par la publicité de ce qui s'est passé, la possibilité de se marier honorablement, s'il s'agit de jeunes filles. Ils préfèrent donc ne point toucher à ce chapitre-là ou se dérober par quelques indications vagues.

Cependant, avec de la patience, et en interrogeant beaucoup de monde, on arrive à connaître la vérité. La série de dépositions de témoins civils des territoires macédoniens libérés fera déjà comprendre au lecteur ce qui s'est passé à ce point de vue dans les villages et la ville serbes occupés par les Bulgaro-Allemands.

Village de Slivitza. — « Les femmes ont été malmenées et frappées. » — Ilia Georgevitch, 37 ans, kmet du village et les autres témoins de l'endroit.

Village de Batch. — « Les Bulgares ont essayé de marier les jeunes filles avec leurs hommes, mais les villageoises ont résisté. » — Alexo Kostovitch, 50 ans.

Village de Brod. — « Des officiers bulgares forçaient des jeunes filles à se marier contre leur gré avec des villageois de Brod. Ainsi Zveta Athanasovitch a dû épouser Bogoji Kotevitch, qui a été tué par un obus. » — Stoyan Donevitch, 50 ans, kmet du village; déposition confirmée par :

Kosta Mihailovitch, 53 ans; Lazar Stalenitch, 65 ans; Stoiko Dimitrievitch, 64 ans; Yane Moyanovitch, 35 ans; Velika Trajanovitch, environ 50 ans, et Mile Bogojevitch, 16 ans.

Voilà maintenant la déposition de Zveta elle-même :

« Je ne voulais pas me marier avec un nommé Kotevitch qui était le « pandour » (agent de police) d'Indoff (le président de la commune de Brod, un comitadji bulgare). Je me cachais partout et, enfin, je creusai un trou pour pouvoir mieux me dissimuler. Des officiers et des soldats sont venus. Ils étaient 20 à 30, Bulgares et Allemands. Ils m'ont tirée du trou et m'ont menée chez Kotevitch où je dus rester 2 jours. Le troisième jour, je fus mariée avec lui par le pope bulgare. Tous les assistants de la noce étaient des Bulgares. Kotevitch, qui s'est enfui à Négotine, y a été tué par un obus. » — Zveta Athanasovitch, femme Kotevitch, 26 ans.

Village de Lajetz. — « Une femme, Roumena Ristevitch, dont le mari est en Amérique, fut réveillée la nuit et amenée chez le commandant. C'est un lieutenant qui est venu la chercher. Elle fut violée par ce militaire supérieur. — Nicola Todorovitch, 36 ans, kmet du village, et Andria Ilieyttch, 38 ans.

Village de Velouchina. — « Un officier bulgare a enlevé Stoyanka, femme de Valsilie, qui est en Amérique, et l'a amenée à Tirnovo. Elle est revenue au village. » — Pavle Georgevitch, 50 ans, kmet du village.

Village de Gradechnitza. — « Les soldats bulgares ont violé les femmes du village. » — Panta Naoumovitch, 56 ans, kmet actuel du village; Yovan Petrovitch, 73 ans, et Nikola Stoyanoff, 58 ans.

Village de Bistritza. — « Les femmes du village ont été violées sous prétexte que c'était un village serbe. » — Riste Georgevitch, 21 ans; Zvetan Talevitch, 59 ans, kmet du village; et Dime Ristevitch, 67 ans.

Village de Zabjani. — « Les villageois ont envoyé leurs femmes à Bitolj, parce que les soldats les inquiétaient ».

— Spasoye Yovanovitch, 40 ans, kmet du village ; Apostol Sekoulovitch, 45 ans, et Petkana Risteff, 50 ans.

Village de Souvodol. — « Il y avait aussi des soldats allemands au village qui s'attaquaient beaucoup aux femmes et cela à un tel point que les villageois ont été forcés de cacher leurs femmes dans les villages où il n'y avait pas de troupes allemandes, et à Bitolj. » — Stoyan Ristevitch, 45 ans, kmet du village du temps serbe, et Naoum Vesdinovitch, 58 ans.

Village de Paralovo. — « Les soldats allemands se sont attaqués aux femmes, de sorte que les paysans ont dû mettre ces femmes en sûreté à Bitolj. » — Mitzo Ilitch, 45 ans, kmet du village, et Mitzo Yochevitch, 61 ans.

Village de Vranjevtzi. — « Les soldats allemands se sont attaqués aux femmes et les villageois ont emmené ces dernières à Bitolj pour les protéger. » — Gruyo Veljanovitch, 47 ans, kmet du village, et Todor Georgevitch, 70 ans.

Village de Dupeni. — « Les soldats bulgares se sont attaqués aux femmes et les Allemands encore plus. Il y a eu des viols assez nombreux. » — Vasilie Popovitch, 45 ans, kmet du village ; Kosta Popovitch, 46 ans, George Ristovitch, 40 ans, Krsta Todorovitch, 46 ans.

Ville de Bitolj. — « Les Bulgares se sont très mal comportés avec les femmes turques. » — Mehmet Naïli, moufti de Bitolj, et Hadji Ahmet Mouderis.

« Les soldats et le préfet Boyadjieff attaquaient les femmes. Ainsi la femme de Rista Zvetkovitch, deuxième maire de Bitolj, fut appelée à plusieurs reprises chez Boyadjieff, mais le témoin et ses amis réussirent à la sauver. » — Petar Bojadjitch, 64 ans, commerçant.

« Dix jours après l'arrivée des Bulgares je fus invitée à la station militaire, où un officier à trois étoiles m'a demandé qui j'étais. Je lui ai répondu que j'étais Macédonienne, mais que j'étais mariée avec un gendarme serbe. L'officier m'a reproché ce mariage et m'a dit que, sûrement, mon mari était déjà mort. On m'invita ensuite à épouser un Bulgare. Je refusai, disant que j'avais un enfant et une vieille mère. « Cela ne fait rien, tu dormiras avec un Bulgare », me fut-il répondu. C'étaient deux officiers à épaulettes pleines, l'un à deux, l'autre à quatre étoiles, qui me parlaient ainsi. On m'a dit aussi qu'on me transporterait en Bulgarie par Velès et que là, j'épouserais un Bulgare. Ma mère avec l'enfant est venue pour demander ma libération. On m'a relâchée et je me suis enfuie à Dihovo chez mon oncle avec ma belle-sœur, mon enfant et ma mère. Le lendemain les Bulgares sont venus dans notre appartement et, n'y trouvant qu'un pope grec qui leur a dit que j'étais partie pour Dihovo, ils ont enfoncé la porte de notre chambre. Je suis revenue le soir même et le lendemain on m'a de nouveau cherchée à la station où je me trouvais avec d'autres femmes serbes. Pendant trois semaines, chaque samedi et chaque mardi, j'ai dû me présenter à la police. D'abord, je devais me présenter chaque jour. Ensuite, Boyadjieff nous a dit que toutes les femmes serbes allaient être internées et forcées d'épouser des Bulgares. On établissait leur état-civil; mais, parce que je suis Macédonienne, on m'a permis de rester. Les autres ont dû préparer leurs effets et ont été emmenées à Prilep. Je ne sais pas ce qu'elles sont devenues. Une d'elles, nommée Zorka, a écrit de la frontière bulgaro-roumaine. La femme d'un lieutenant serbe a été violée par les officiers bulgares. Elle est devenue malade et on l'a amenée à l'hôpital et internée trois jours avant les autres. C'est l'officier qui en a abusé, qui l'a amenée à Prilep. Le soir de leur départ, les Bulgares ont brisé la porte de notre maison. Je me suis sauvée chez des voisins (la famille du concierge du consulat de France), parce qu'on voulait me tuer. » — Danka, femme de Svetozar Stoilkovitch, 20 ans.

Voilà maintenant un long récit d'une jeune fille de Belgrade, Branislava Marinkovitch, 17 ans, jeune fille qui a été poursuivie par le préfet de Bitolj et dont l'aventure est très caractéristique de la façon d'agir des officiers ennemis. La déposition étant très longue, j'abrège :

« Je me suis réfugiée avec ma mère à Bitolj lors de la première invasion de Belgrade par les Austro-Hongrois et nous nous sommes établies à Bitolj, rue du Roi-Pierre, dans une petite crémerie que nous exploitons. Nous avons été à Bitolj pendant l'occupation bulgare. Le préfet, le capitaine Boyadjieff, a ordonné à toutes les femmes serbes d'aller s'inscrire deux fois par semaine à son bureau. Ma mère se présente, mais Boyadjieff lui dit que c'est la fille qui doit venir. Je vais donc à son bureau et le préfet veut me posséder. Il avait fermé la porte à clef. Cependant les soldats de planton avaient ouvert une seconde porte pour que je puisse me sauver si Boyadjieff m'attaquait et ils m'avaient avertie de ce qui allait m'arriver. C'est ce que j'ai fait et j'ai tout raconté à ma mère. Le lendemain Boyadjieff envoie un gendarme chez nous avec ordre de m'amener chez lui dans sa maison privée, rue du Roi-Pierre, n° 93. Ma mère avait peur, mais j'y suis allée tout de même. Chez lui, Boyadjieff me dit : « Pourquoi êtes-vous fâchée contre moi ? Je veux faire de vous ma maîtresse et une grande dame. » Naturellement il accompagne ses propositions de toute sorte de manœuvres pour me prendre. Je lui réponds qu'il est un ennemi des Serbes, qu'il les maltraite et que je veux bien mourir, mais jamais devenir sa maîtresse. Je fus toute seule avec lui dans la chambre. Il m'a laissé partir après une vive discussion. Le même jour, il m'a fait chercher de nouveau par un gendarme. J'ai dû y aller et il a recommencé ses manœuvres. Ne me voyant pas revenir à la maison, ma mère est venue me chercher, mais la porte était fermée et le gendarme de planton a voulu l'empêcher d'entrer. Elle a cependant fait tant de bruit que Boyadjieff a pris peur et m'a laissée partir, mais en m'ordonnant de revenir de suite à son premier appel. Et en effet, il m'a appelée encore souvent, mais je n'y suis plus allée. Alors Boyadjieff vint un soir chez nous, vers les 9 heures, et demanda à ma tante, qui était malade au lit, où j'étais. J'accours avec ma mère et le préfet ordonne que tout le monde sorte de la chambre pour le laisser seul avec moi et cela sous peine d'internement dès le lendemain. Je suis sortie avec ma mère et ma tante. Boyadjieff part furieux. Le lendemain, l'avocat Georgieff, un ami de Boyadjieff, se présente chez nous pour nous dire de nous préparer à être inter-

nées. Ma mère prie cet homme d'intervenir auprès du père
de Boyadjieff, le général du même nom, qui était également
à Bitolj. L'avocat fait la commission et obtient pour
nous la permission de rester. Ma tante étant morte, Georgieff est venu demeurer chez nous, mais il s'est également
attaqué à moi et je l'ai repoussé. Tout cela se passait au
mois de juillet 1916 et j'ai su que les soldats qui m'ont sauvée lors de ma première convocation, ont été envoyés au
front par Boyadjieff. Georgieff nous a quittées. Pendant la
nuit qui a suivi son départ, deux gendarmes sont venus,
sous le prétexte qu'il y avait encore des bagages de l'avocat, et ont visité la maison. Le jour suivant, nous recevons
une lettre de l'hôtel de ville nous enjoignant de préparer la
chambre pour le commandant allemand Brenner, dans le
civil fabricant de cigares à Hambourg, je crois. Celui-ci
vient en même temps qu'un gendarme avec une des maî-
tresses de Boyadjieff pour prendre un fauteuil. Mais Brenner les met à la porte. Ce commandant était très gentil
avec nous. Nous restons presque un mois tranquilles. Mais
alors ma mère est de nouveau convoquée chez Boyadjieff
qui lui dit de se préparer à partir pour Belgrade. Le commandant allemand prend notre défense et empêche notre
déportation. Le lendemain, Boyadjieff me fait chercher.
Brenner et deux de ses camarades auxquels j'ai raconté les
manœuvres du préfet, vont le trouver pour lui demander
raison, mais Boyadjieff ne les reçoit pas. Ils interviennent
ensuite auprès du commandant de la place allemand pour
que nous ne soyons pas envoyées à Belgrade. Après l'intervention des officiers allemands, Boyadjieff n'osait plus
s'attaquer à moi. Boyadjieff avait d'ailleurs toutes les nuits
une ou deux femmes chez lui. Lorsque les Bulgares ont
évacué Bitolj, ils ont voulu nous tuer et nous nous sommes cachées dans une autre maison. »

Les dépositions de mes témoins appartenant aux contrées libérées permettent d'établir que les Bulgares et
Allemands se sont presque partout attaqués aux femmes.
Souvent les villageois ont été forcés d'expédier celles-ci
à Bitolj ou dans d'autres villages non occupés par les
troupes afin de les protéger contre les manœuvres libidi-

neuses des soldats. Les officiers ne paraissent pas avoir
respecté davantage que les simples soldats l'honneur des
femmes qui se trouvaient momentanément sous leur joug.
J'ai noté un certain nombre de témoignages prouvant ce
fait et tout spécialement celui de Branislava Marinkovitch, témoignage tout à fait typique.

Il ressort aussi de ce qui précède que les Bulgares cherchaient à marier les Macédoniennes, contre leur gré, avec
des Bulgares ou avec des hommes à eux. L'aventure de
Zveta Athanasovitch est très curieuse et montre en même
temps avec quel cynisme la population fut traitée par ceux
qui, devant le monde, prétendent qu'elle est de leur race et
de leur sang.

Pourquoi ont-ils fait cela? Je crois que la réponse se
trouve dans le désir des sujets de Ferdinand de Cobourg
de « bulgariser » autant que possible ce pays. Ces mariages
forcés rentrent dans leur système de bulgarisation par la
force, au même titre que les déportations, le recrutement
dans l'armée des Serbes, etc. La raison de ce qui est arrivé
à la jeune femme Donka Stoilkovitch doit être cherchée
dans ce même désir, mais les persécutions dont Branislava
Marinkovitch fut en butte de la part du préfet Boyadjieff
sont uniquement attribuables à la perversité de cet officier
qui, malheureusement, n'a pas été le seul de son espèce
dans l'armée bulgare.

Un certain nombre de témoins accusent les soldats allemands d'avoir maltraité les femmes davantage encore que
les Bulgares. J'ai trouvé cette même accusation dans la
bouche des prisonniers bulgares qui voulaient bien dire
quelque chose à ce sujet, car ordinairement ils n'aiment
pas à en parler.

Ainsi, *le n° 20, sergent au 2ᵉ régiment d'infanterie bulgare*, dépose :

« Les Allemands violent les femmes. Beaucoup de
femmes ont raconté au témoin qu'on les a violées. »

« Le *n° 27, 25 ans, caporal au 3ᵉ régiment d'infanterie
bulgare*, raconte que « de vieilles femmes lui ont dit que
les Allemands abusent des filles ».

Je n'ai pas le moyen de déterminer si vraiment les Allemands se sont encore plus mal comportés envers les femmes que les Bulgares. Mais mon enquête personnelle, sur place, me permet d'affirmer que dans bien des endroits du territoire serbe aujourd'hui libéré, l'honneur des femmes et des familles n'a nullement été respecté par les envahisseurs.

Ceci est également confirmé par les témoins qui racontent ce qui s'est passé dans les régions de la Macédoine encore à l'heure actuelle entre les mains des Bulgaro-Allemands :

« Parmi les jeunes femmes tuées, il n'y en a aucune qui n'ait été violée avant sa mort par une série d'hommes. Il y a même des fillettes de 10 ans qui ont été ainsi traitées. Dans tous les villages où il y avait des troupes, les officiers leur disaient que toutes les femmes leur appartenaient. Il y a eu des orgies terribles. Lors des grands massacres, les femmes des massacrés furent distribuées aux comitadjis. » — Vasilie Trbitch, 35 ans.

« Dans tous les villages serbes, les femmes et les filles ont été violées. » — Velia Mantchitch, de Fariche, 22 ans.

« Bulgares, Autrichiens et Albanais violaient les femmes. » — Vlastimir Voukovitch, 19 ans, de Komiritch.

« Ce qui exaspérait les Turcs (à Prichtina), c'est que les officiers et soldats abusaient de leurs femmes. Il y a eu des cas où ils s'enfermaient avec les femmes dans une chambre et laissaient les maris dans la pièce à côté. Ils se faisaient alors servir par les femmes, de façon que les hommes pussent tout entendre. A cause de cela, les Turcs ont tué plusieurs officiers et sous-officiers allemands. » — Dr Athanasiadès, médecin grec au service des Serbes.

TRAVAIL FORCÉ

La 4ᵉ Convention de la Haye défend expressément d'utiliser aux travaux militaires la population des territoires ennemis occupés. Et pourtant, Allemands et Bulgares l'ont fait en Macédoine. Pis encore, ils ont fait travailler femmes et enfants dans la zone battue par le feu de leurs adversaires.

Les prisonniers bulgares eux-mêmes ne cachent pas cette grave infraction aux lois de la guerre et de l'humanité :

Nº 20, sergent au 2ᵉ régiment d'infanterie bulgare : « Dans les villages de la Macédoine, la population vit très mal parce qu'on l'oblige à travailler aux tranchées et parce qu'on lui prend tout ce qu'elle a. On donne, aux gens qui travaillent, un pain par jour. Les femmes et les enfants travaillent également aux tranchées. Près de Béchichte, à un endroit où les femmes ont été obligées de travailler, un obus est tombé et a tué deux femmes et en a blessé trois autres. »

Nº 29, 22 ans, 3ᵉ régiment d'infanterie bulgare : « On fait travailler les paysans des villages macédoniens du front, aux routes et aux tranchées. On les nourrit. »

Nº 30, caporal au 3ᵉ régiment. — « On oblige les habitants des villages de Macédoine à travailler aux routes et aux tranchées. On fait aussi travailler aux routes et aux tranchées les enfants et les jeunes filles. A Béchichte, des obus sont tombés au milieu de civils et de femmes qui travaillaient. »

N° 31, caporal du service de santé au 2ᵉ régiment bulgare : « A Béchichte, les femmes et les enfants travaillent aux tranchées. Ce travail est commandé par des officiers bulgares et allemands. Le témoin n'a pas été ailleurs et il ne sait pas si, à d'autres endroits, on a également fait travailler la population aux tranchées. Il n'a pas osé parler aux femmes, car le commandant, qui était là, le défendait. »

N° 32, 26 ans, sergent au 2ᵉ régiment : « Les femmes et les enfants travaillent à la seconde ligne de tranchées sur tout le front, seconde ligne qui est battue par le feu de l'adversaire. Le témoin a entendu dire qu'il y a eu des morts. »

N° 33, 32 ans, du 21ᵉ régiment, 4ᵉ bataillon, 5ᵉ compagnie : « Tous les habitants des villages, y compris les femmes et les enfants, sont envoyés aux tranchées pour travailler. On les relève quelquefois. Aux secondes lignes des tranchées, beaucoup ont été tués par les bombes d'aéroplanes. Il y a des commandants allemands spécialistes pour diriger ces travaux de tranchées. »

N° 34, 20 ans, caporal au 21ᵉ régiment d'infanterie : « Il n'a pas vu de villageois travaillant aux tranchées. Par contre, il en a vu, femmes et enfants compris, qui portaient des munitions. »

L'aveu des prisonniers bulgares est net : sur le front macédonien, des Bulgaro-Allemands forcent la population civile, femmes et enfants compris, à travailler aux tranchées et au transport des munitions. Ces tranchées sont parfois battues par le feu des canons ennemis et par celui des bombes d'aéroplanes. Des femmes ont été ainsi tuées au travail, à Béchichte par exemple. Les Allemands sont d'accord avec les Bulgares pour cette façon d'agir, contraire aux lois et conventions de la guerre ; la preuve en est que les travaux « sont dirigés par des commandants allemands spécialistes ».

Les témoins 28 et 29 disent que les paysans sont nourris pendant le travail. Il est fort possible que cette assertion soit vraie pour les endroits où se trouvaient les deux soldats. Nous verrons dans ce qui suit que, la plupart du temps, les travailleurs n'étaient pas nourris; parfois même ils ont encore dû nourrir les soldats qui les surveillaient.

Village de Grounichte. — « La population n'a pas été battue, mais les Bulgares ont obligé les habitants à travailler pour eux. Ainsi, après avoir été vaincus au Kaimaktchalan, ils ont forcé les femmes et les enfants à travailler aux tranchées. » — Nikola Petrovitch, 28 ans.

« Lorsque les Bulgares battaient en retraite, après la défaite du Kaimaktchalan, Vicha était malade, mais on l'a obligée à travailler dans les tranchées. Quand elle déclara qu'elle ne pouvait plus le faire étant malade, on lui répondit : « Tu travailleras et, si tu meurs, on t'enterrera ici. » Ce sont des soldats avec un sous-officier qui sont venus chez elle et chez les autres pour les forcer à travailler aux tranchées. Les Bulgares ne payaient pas ce travail et n'ont rien donné à manger aux villageois, au contraire, ils les forçaient encore à nourrir les soldats qui les surveillaient. » — Vicha Bochkovitch, 40 ans (femme).

Village de Boudimirtzi. — « Avant d'envoyer la population en arrière, les Bulgares ont fait travailler les hommes, les femmes et les enfants aux tranchées sans les payer. Les soldats prenaient même la nourriture que les villageois avaient apportée au travail pour se nourrir. » — Ilko Sivevitch, 55 ans, et Dimitrie Vassiljevitch, 43 ans.

Village de Jivonja. — « Les habitants n'ont pas été maltraités par les Bulgares à coups de bâton, mais ces mêmes Bulgares les faisaient travailler énormément sans les payer. Les femmes et les enfants n'ont pas été forcés de travailler. On employait les hommes pour transporter le ravitaillement et pour apporter le bois servant à la construction du pont sur la Tzerna. Les habitants n'ont pas creusé de tranchées. » — Vassilie Georgevitch, 56 ans ; Risto Lazarevitch, 53 ans ; George Petritch, 38 ans, et Danas Kouljevitch, 60 ans.

« Kostevitch a dû travailler sans paiement. Il a été forcé de transporter les blessés et d'apporter les vivres. « Pendant tout l'été, au lieu de pouvoir labourer nos champs,

« on nous a fait travailler. Ainsi nos champs n'ont rien
« donné et nous sommes sans nourriture », dit-il. » —
Kosta Kostevitch, 50 ans.

Village de Dobroveni. — « Les Bulgares faisaient travailler les hommes et les enfants, mais non les femmes. Ils
ne payaient rien pour le travail. C'est aux routes que les
femmes et les enfants ont été employés. » — Yovanka Naidanovitch, 30 ans.

« Les Bulgares les ont fait travailler aux transports et
aux routes et ce travail n'a jamais été payé. Les paysans
devaient eux-mêmes acheter leur nourriture. » — Todor
Petrovitch, 68 ans, kmet du village, Naidan Todorovitch,
49 ans; Naoum Petrovitch, 41 ans, et Bojin Naideff,
60 ans.

Village de Slivitza. — « Les soldats ont fait travailler
les hommes et les enfants aux routes et aux transports
sans les payer. » — Ilia Georgevitch, 37 ans, kmet du
village; déposition confirmée par les autres témoins de
Slivitza.

Village de Batch. — « Pendant tout l'été, les habitants
ont dû travailler aux transports sans paiement et ils ont
dû se nourrir eux-mêmes. » — Alexo Kostovitch, 50 ans.

« Pendant tout l'été, les villageois ont dû travailler pour
les Bulgares et cela sans paiement. » — Alexo Talevitch,
60 ans, garde champêtre.

Village de Gnjilech. — « Les Bulgares n'ont pas battu
les villageois, mais ils leur imposaient des corvées de toute
sorte, surtout le ravitaillement des troupes du Kaïmakt-
chalan. L'âne du témoin y est resté, crevé à la suite des
mauvais traitements. On a forcé les habitants à travailler
dans les tranchées autour de Bitolj. » — Boiko Toloff,
58 ans, et Andon Mitroff.

Village de Tépavtzi. — « Tout l'été, les habitants ont dû
travailler pour les Bulgares et les Allemands. D'abord, ils
ont été employés au transport du ravitaillement. Lorsque
les combats ont commencé, ils ont été forcés de transporter les munitions aux positions et de porter les blessés et

les morts. Dans les villages près de Bitolj, les femmes et les filles ont dû également travailler. » — BOGOYE TRAJANOVITCH, 53 ans, kmet du village, et YOVAN PETROVITCH, 86 ans.

Village de Skotchivir. — « Les villageois ont exécuté, pendant tout l'été, à dos d'âne le ravitaillement des troupes en montagne et en chariots jusqu'à Prilep et à Gradsko. » — STOITCHE RISTITCH, 65 ans; RISTA KOULJEVITCH, 60 ans; RISTA TCHEBLAGOVITCH, 62 ans, et RISTA KOTEVITCH, 39 ans.

Village de Veleselo. — « Les habitants ont travaillé tout l'été gratuitement pour les Bulgares et ils ont dû transporter la nourriture du village jusqu'au Kaimaktchalan et porter les blessés. » — TRAJAN RISTITCH, 60 ans, kmet du village; BOJIN MARKOVITCH, 70 ans; ANTOINE PETKOFF, 60 ans, et TRAJAN TRAIKOFF, 17 ans.

Village de Kenali. — « Pendant tout l'été, les villageois ont été forcés de travailler au transport du ravitaillement et des munitions. Ceux qui n'avaient pas de charrettes, ont été employés aux routes. Le travail n'a pas été payé. » — OMER OSMAN, 40 ans; HABAN AHMED, 45 ans; MAHMOUD ALIL, 40 ans, et ADEM CHERIFF, 50 ans.

Village de Medzidli. — « Tout l'été, la population mâle a été forcée de travailler. Les Bulgares ne donnaient ni argent ni nourriture. » — MOUSTAPHA ROUCHAN, 40 ans; IBRAHIM OSMAN, 45 ans; ILIA IBRAHIM, 25 ans, et ABDOULA OSMAN, 12 ans.

Village de Donje Egri. — « Pendant tout l'été, les villageois ont travaillé au transport des vivres, des munitions et des blessés. Pendant quelques jours on les a fait travailler aussi aux tranchées. Aucun travail ne fut payé, et les villageois ont dû se nourrir eux-mêmes. C'étaient des officiers allemands qui traçaient les tranchées que les paysans creusaient ensuite (mois de mars 17). » — LAZARE PAVLEFF, 52 ans; MITAR KOTEVITCH, 58 ans; NIKOLA MILEVITCH, 38 ans; NIKOLA RISTEVITCH, 37 ans, kmet du village; VASSILIE DIMOVITCH, 55 ans, et RISTA KOITCHEFF, 65 ans.

Village de Srednje Egri. — « La population a été forcée

de travailler pendant tout l'été au transport des vivres, des munitions et des blessés. C'étaient les Bulgares et les Allemands qui commandaient ces travaux. Les paysans ont dû se nourrir eux-mêmes. » — Athanassie Dimitrieff, 58 ans, kmet du village ; Spasse Toleff, 32 ans ; Nedeljko Vassilievitch, 40 ans ; Trajan Nedeljkovitch, 40 ans ; Dimitrie Stoyanovitch, Pavle Petkovitch, 40 ans, et Andjel Hoff, 16 ans.

Village de Négotchani. — « Les paysans ont travaillé tout le temps sans paiement. On les a forcés de transporter les vivres et les munitions. Ils ont été tellement occupés avec les travaux pour les Bulgares qu'ils n'ont pas eu le temps de travailler leurs terres. » — Tzvetko Dimo, 55 ans, et Traitche Kitanoff, 56 ans.

Village de Yarotok. — Les habitants n'ont pas eu le temps de travailler leurs champs, car les Bulgares et les Allemands les ont fait travailler continuellement aux transports. » — Yovan Petkoff, 52 ans ; Stoiko Ritkoff, 87 ans ; Bojin Stoikovitch, 17 ans.

Village de Lajetz. — « Les villageois ont dû travailler tout le temps au transport des vivres, des munitions et des blessés. On ne les payait pas et ils ont dû fournir leur nourriture. Les enfants ont aussi travaillé. » — Nikola Todorovitch, 36 ans, kmet du village, et Andria Jlievitch, 38 ans, pope du village.

Village de Velouchina. — « Les paysans ne pouvaient pas cultiver leurs champs parce que les Bulgares les ont toujours occupés au transport des vivres, à celui des munitions et des blessés de Banitza jusqu'à Velouchina. Lorsque les Bulgares ont fait des fortifications à la montagne, ils ont forcé les paysans à fabriquer des espèces de claies pour retenir la terre et à les transporter sur place. Ils n'ont pas été payés pour cela et, seulement une fois, on leur a donné de la nourriture, à Banitza. » — Pavle Georgevitch, 50 ans, kmet du village.

Village de Kanina. — « Les villageois ont dû travailler tout le temps au transport des vivres, des munitions et des blessés. Ils ont aussi été forcés de creuser des tranchées.

Les tranchées qu'ils faisaient étaient entre Porodine et Lajetz. Ils n'ont été ni nourris ni payés. » — DIMITRI JVANOVITCH, 39 ans, kmet du village ; STEVAN NIKOLJEVITCH, 62 ans, kmet du temps bulgare ; PETAR SPASEVITCH, 36 ans ; MARKO YOVANOVITCH, 65 ans ; KOSTA RISTOFF, 70 ans, et SPASE BOYEFF, 60 ans.

Village d'Ostretz. — « Tous les jours les villageois ont été forcés de travailler pour les Bulgares sans payement. Ils transportaient les vivres et les munitions. Les enfants ont dû également travailler, mais on leur donnait des travaux faciles ». — HALIM HASSAN, 60 ans, et RISVAN REDJEP, 72 ans.

Village de Bistritza. — « Les habitants ont dû travailler « jour et nuit ». Les femmes étaient forcées de faire des chemises. « Vous êtes Serbes, nous allons vous faire rendre l'âme », disaient les Bulgares. » — RISTA GEORGEVITCH, 21 ans ; ZVETAN TALEVITCH, 59 ans, kmet du village, et DIME RISTEVITCH, 67 ans.

Village de Zabjani. — « Depuis que les Bulgares sont arrivés, ils ont fait travailler la population au transport des vivres et des munitions, à la construction des ponts, des routes, etc. Ils n'ont rien payé et les paysans ont été obligés de se nourrir eux-mêmes. Parfois, quand ils avaient volé au village, les soldats donnaient un tout petit peu de nourriture. » — SPASOYE YOVANOVITCH, 40 ans, kmet du village ; APOSTOL SEKOULOVITCH, 45 ans, et PETKANA RISTEFF, 50 ans.

Village de Brnik. — « Les villageois ont été forcés de travailler pour les Bulgares, sans dédommagement et sans nourriture, au transport des vivres et des munitions. Les femmes de Brnik n'ont pas travaillé, par contre celles de Dounje, de Kalen et de Kogosch ont travaillé aux routes. » — STOYAN STOIKOVITCH, 65 ans, kmet du village ; ATHANASE YOCHEVITCH, 26 ans ; YASNA NEDELKOVITCH, 50 ans, et VELIKA NEDELKOVITCH, 45 ans.

Village de Paralovo. — « Les habitants du village ont dû travailler beaucoup au transport des vivres, du matériel pour les ponts et les fortifications, et des blessés, etc., tou-

jours sans payement, Ils ont été forcés de se nourrir eux-
mêmes. » — MITZA ILITCH, 45 ans, kmet du village, et
MITZO YOCHEVITCH, 61 ans.

Village de Dupeni. — « Les paysans ont été forcés de
travailler tout le temps comme comordjis (convoyeurs de
transports), aux routes et aux tranchées. On a payé une
seule fois Kousman Ristovitch, dont le fils a travaillé avec
leurs bœufs pendant vingt jours. Ce travail fut payé 20 lèves.
En dehors de ce payement les Bulgares n'ont jamais rien
donné. » — VASILIE POPOVITCH, 45 ans, kmet du village;
KRSTE POPOVITCH, 46 ans; GEORGE RISTOVITCH, 40 ans;
KRSTE TODOROVITCH, 46 ans.

Village de Nakoletz. — « Les Bulgaro-Allemands ont fait
travailler la population au transport des vivres. Une seule
fois, quand ils sont allés à Gradsko, ils ont été payés 26 lèves
par voiture. Ce travail avait duré treize jours. On ne donnait pas de nourriture. » — MITAR STEPHANOVITCH, 28 ans,
kmet du village ; JORGATCH NIKOLOFF, 40 ans ; ABEDIN HAMID,
40 ans ; ISLAM CHERIFF, 50 ans, et MARKO POPOVITCH, 17 ans.

Ville de Bitolj. — « Les Bulgares ont forcé les habitants
à travailler aux fortifications. Il y a une semaine (la déposition est du 21 novembre 1916) on ramassait beaucoup de
gens pour travailler aux fortifications. » — CHRISOSTOMOS,
métropolite grec de Bitolj.

« Ces derniers temps il était impossible de sortir, car
toute personne rencontrée dans la rue était forcée de travailler sur les routes. Les femmes et les enfants n'ont pas
travaillé. » — MIHAILO BELITCH, 53 ans, commerçant, et
GORTCHA KOURTEVITCH, 42 ans, hôtelier.

« Trois jours avant de s'en aller, les Bulgares raflaient
tout le monde dans les rues. Ils ont contraint ces personnes
à travailler aux routes et aux positions. Ainsi ils ont pris
des bourgeois et des paysans, de même que des enfants de
14 à 15 ans, au nombre de plus de trois cents (en réalité
700). » — PETAR BOYADJITCH, 64 ans, commerçant.

Je n'ai cité qu'une petite partie des témoignages reçus
par moi : tous ceux que j'ai encore dans mon dossier
répètent la même chose. La concordance de tous les témoi-

gnages, qui concordent aussi avec ce que m'ont dit les prisonniers bulgares, permet d'établir avec sûreté :

1° Que les Bulgaro-Allemands ont fait travailler aux travaux militaires la population civile de presque tous les villages de la contrée aujourd'hui délivrée des envahisseurs, ce qui est formellement défendu par la Convention de la Haye ;

2° Que non seulement les hommes furent astreints à ces travaux, mais, dans beaucoup d'endroits, également les femmes et les enfants ;

3° Que les civils, hommes et femmes, ont été forcés quelquefois de travailler dans la zone battue par le feu des adversaires et que des civils ont péri de cette façon ;

4° Que ces travaux n'ont pas été payés ; seulement deux fois, à Dupeni et à Nakoletz, on a donné une petite gratification qui ne peut être considérée comme un payement ;

5° Que les villageois ont dû se nourrir eux-mêmes ; parfois même, à Grounichte et Boudimirtzi, ils ont été forcés de partager leurs propres vivres avec les soldats qui surveillaient le travail ;

6° Que Bulgares et Allemands agissaient de la même manière illégale.

J'attire tout spécialement l'attention sur ce qui s'est passé à Bitolj. Les ennemis, inquiets des progrès faits par l'armée serbe sur les montagnes du Tchuké, sentirent le besoin de renforcer leurs ouvrages de défense dé Bitolj. Pour avoir la main-d'œuvre nécessaire ils font des rafles dans les rues de la ville et tous ceux qu'ils peuvent attraper, ils les amènent aux positions pour creuser des tranchées, renforcer celles qui existaient déjà, faire de nouvelles routes, etc. La position sociale, l'état de santé, etc., de l'individu raflé leur importait peu. Il leur fallait des bras et ils ont cherché à s'en procurer, contre tout droit et contre toute humanité, parmi les civils de la ville qu'ils avaient déjà ruinés par les excès de leur occupation. Tous les témoins monastiriotes entendus à ce sujet, sont parfaitement d'accord.

Pour tenter d'excuser le travail forcé de la population

macédonienne, les adversaires des Serbes et de leurs alliés allégueront le fait que ceux-ci aussi ont fait travailler la population civile macédonienne aux routes et au ravitaillement. Le fait est absolument exact, cependant il y a des différences fondamentales entre le travail civil exécuté pour l'armée d'Orient alliée et celui qu'ont imposé les Centraux et leurs vassaux.

Les contrées où opère l'armée d'Orient alliée appartiennent légalement à l'État serbe et à l'État grec, tous deux en guerre avec les Centraux et leurs troupes faisant partie de l'armée d'Orient. La population des contrées où se déroulent actuellement les opérations est donc serbe et grecque. Or, tout État a le droit de faire travailler toute sa population à la défense nationale et cela d'autant mieux qu'on paie le travail fourni, comme on l'a fait pour la population macédonienne qui est occupée par les Alliés.

Les Bulgaro-Allemands, par contre, ne sont que des occupants provisoires. La population des territoires occupés garde la nationalité qu'elle avait avant la guerre, jusqu'au moment où un traité de paix en règle fixe son sort. Donc, les habitants de la Macédoine envahie restent des Serbes, du moins jusqu'à la conclusion de la paix. Les conventions et lois de la guerre défendent, avec raison, d'occuper cette population aux travaux militaires qui sont dirigés contre son propre pays. Et cependant Bulgares et Allemands commettent cet attentat contre une loi qui n'est pas seulement une convention internationale de guerre, mais qui est surtout une stipulation de l'humanité !

De plus, les Alliés occupent leurs propres sujets, qu'ils paient et nourrissent, aux travaux de l'arrière où ils sont parfaitement en sûreté, pendant que les officiers de Guillaume de Hohenzollern et de Ferdinand de Cobourg envoient les civils du pays adversé, qu'ils ont envahi, travailler en pleine zone de feu. Enfin ils ne dédommagent nullement ces civils pour le travail fourni et les dangers courus et ne leur donnent pas même la nourriture !

VII

ÉGLISE ET ÉCOLE

La propagande bulgare à l'étranger a toujours insisté sur l'église et l'école comme critères de la nationalité en Macédoine. Il était donc intéressant de rechercher ce que sont devenues l'église et l'école dans les territoires envahis par les Bulgares. J'ai en conséquence étendu mon enquête aussi de ce côté et les témoignages recueillis dans les contrées délivrées montreront ce qu'il faut penser de la sincérité bulgare à ce sujet.

Ce résumé d'enquête s'adressant à un public peu au courant des affaires balkaniques et surtout des affaires d'église, il est nécessaire de faire précéder les dépositions de quelques mots explicatifs.

Pour prouver à l'Europe que les Macédoniens sont des leurs et qu'ils doivent, par conséquent, faire partie de leur royaume, un des grands arguments des Bulgares est le fait qu'ils appartiennent à l'église schismatique. Un enquêteur désintéressé ne peut accepter un tel argument comme décisif. D'abord l'église schismatique est d'origine très récente : elle date du firman turc de 1870. On ne peut pas dire, comme on est en droit de le faire pour les chrétiens orthodoxes, que les membres de cette église pratiquent ce culte depuis de longues générations. Il n'y a donc pas ici la continuité de pratique durant des siècles qui donnerait à ce facteur une certaine importance.

Ensuite la différence entre l'église schismatique et l'orthodoxe n'est nullement fondamentale, condition qui permettrait encore d'attribuer quelque valeur à ce critère et permettrait de différencier des gens qui pratiquent les deux cultes. C'est une simple différence d'étiquette : l'église orthodoxe emploie la langue grecque ou le vieux slavon (serbe), la schismatique le bulgare ; la première dépend du patriarche de Constantinople ou du métropolite de Belgrade (qui est en relation avec ce patriarche), la seconde de l'exarque de Sofia.

L'église schismatique est une création politique bulgaro-turque. Les Bulgares voulaient l'avoir pour pouvoir l'utiliser pour leur propagande nationale et le gouvernement de Constantinople n'était nullement fâché de diviser, encore plus qu'elle ne l'était déjà, la population macédonienne par une querelle religieuse. Cette division de la population était nécessaire aux Turcs pour pouvoir maintenir leur règne dans ces contrées. Naturellement l'église schismatique, pendant le régime turc de la Macédoine, a largement profité de la bienveillance ottomane envers elle.

Mes diverses enquêtes m'ont prouvé que la plupart des Macédoniens ne se sont convertis au schisme que depuis relativement très peu de temps. Les causes de leur conversion sont de deux sortes : il y a des convertis volontaires, et des convertis forcés. Les premiers se sont ralliés à l'église schismatique parce que, leur langue étant slave, les prières dites en bulgare leur étaient plus compréhensibles que celles dites en grec. En effet, dans bien des villages macédoniens, où personne ne parlait le grec, la messe y était chantée dans cette langue. Beaucoup d'entre eux, et tout spécialement parmi les jeunes gens, avaient fréquenté les écoles bulgares et avaient ainsi appris le bulgare. Il me paraît certain également que quelques-uns voyaient aussi, dans l'adhésion au schisme, un moyen de se procurer des avantages, soit par la protection des comitadjis bulgares, soit par celles des autorités turques favorables à cette église pour les raisons énoncées plus haut.

Les conversions par la force ont été tout aussi nombreuses, sinon plus nombreuses, que les volontaires. Ce sont les comitadjis, obéissant au mot d'ordre venant de Sofia, qui avec leurs bombes, fusils, revolvers et couteaux forçaient des villages entiers à se déclarer schismatiques.

Dans les territoires de la Macédoine acquis aux Serbes par le traité de Bucarest, il y avait des villages appartenant à l'église schismatique. Les Serbes, avec leur esprit très tolérant en matière religieuse, leur ont laissé leur culte.

Ainsi que l'église, l'école a également servi aux Bulgares comme moyen de propagande. En créant de multiples écoles ils espéraient arriver à « bulgariser » la population et à pouvoir la faire passer ensuite aux yeux du monde comme bulgare. Ils escomptaient, en outre, que cette belle ardeur « à apporter aux masses ignorantes les bienfaits de l'instruction » devait aussi les faire ranger à la première place des peuples balkaniques.

Je reproduirai d'abord les dépositions concernant l'église.

Village de Sovitch. — « Sovitch appartenait à l'église grecque. Pendant l'occupation bulgare on a forcé les habitants à prier en bulgare. » — Kole Deloff, 70 ans; déposition confirmée par les autres témoins du village.

Village de Dobroveni. — « Kosta Dintalovitch, pope du village, est patriarchiste, mais il ne sait pas le grec. Les Bulgares l'ont enfermé pendant trois mois dans sa maison, et ne l'ont pas laissé sortir. Ensuite, pour pouvoir circuler et pour pouvoir dire la messe, Dintalovitch a dû leur payer 10 livres turques. Les Bulgares n'avaient pas de prêtres et n'ont pas fait de culte. Comme patriarchiste, le témoin disait la messe en grec. Les Bulgares lui ont donné un livre bulgare en lui ordonnant de s'en servir. » — Kosta Dintalovitch, 43 ans, pope du village ; déposition confirmée par Naoum Petrovitch, 41 ans, et Bojin Naïdeff, 60 ans.

Village de Slivitza. — « Le pope qui était au village pendant l'occupation bulgare, est patriarchiste. Les Bulgares lui ont interdit de pratiquer son ministère, l'ont empêché de circuler et l'ont constamment surveillé. » — Grigor Traikovitch, pope, 45 ans; déposition confirmée par Yoyan Traikovitch, Lazar Traikovitch et Nedelko Tolevitch.

Village de Tepavtzi. — « L'église du village ne fonctionnait pas pendant l'occupation bulgaro-allemande. Des prêtres militaires bulgares passaient quelquefois et disaient alors la messe »..— Thomas Dimovitch, 38 ans; et Yovan Petrovitch, 86 ans.

Village de Kenali. — « Ils étaient libres d'exécuter le culte musulman ». — Omer Osman, 40 ans, kmet du village; Chaban Ahmed, 45 ans; Mahoud Alil, 40 ans; et Adem Cheriff, 50 ans.

Village de Medzidli. — « On leur a permis de pratiquer leur religion (musulmane), mais les soldats se sont logés dans la mosquée et le moufti a été forcé d'officier en plein air. » — Moustafa Rouchan, 40 ans; Ibrahim Osman, 45 ans; Jlia Ibrahim, 25 ans; et Abdoula Osman, 12 ans.

Village de Lajetz. — « Les Bulgares ont voulu forcer le témoin à dire la messe en bulgare et, comme il ne savait pas cette langue, ils l'ont empêché d'officier. Deux ou trois des popes bulgares sont venus pour officier. » — Andria Jlievitch, 38 ans, pope du village.

Village de Velouchina. — « Lorsque les Bulgares sont arrivés, ils ont appelé le témoin et lui ont défendu d'officier en grec. Ils lui ont ordonné de le faire en bulgare sous peine d'être enfermé et envoyé à Sofia. Il a dit la messe en bulgare. Les militaires voulaient absolument le convertir à l'église exarchiste. » — Spira Veljanovitch, 50 ans, pope du village.

Village de Dragoch. — « Le couvent de Dragoch a été complètement pillé. Les icônes n'ont pas été enlevées, mais abîmées. Les coupes, les encensoirs, etc., ont été enlevés. Le témoin appartient à l'église patriarchiste. Les premiers temps de l'occupation il a dit la messe en grec, mais ensuite on le lui a défendu et, comme il ne savait pas le bulgare, la messe ne fut plus dite. Les Bulgares reprochaient au pope d'être grécoman, cependant ils ne lui ont point fait de mal. » — Jovan Ristitch, 62 ans, pope du village.

Village de Gradechnitza. — « On a ordonné au pope de dire la messe en bulgare. » — Panta Naoumovitch, 56 ans,

7.

kmet du village ; Jovan Petrovitch, 73 ans ; et Nikola Stoyanoff, 58 ans.

Village de Kanina. — « Le prêtre disait la messe en grec mais, dès l'arrivée des Bulgares, ceux-ci l'ont forcé à se servir de livres bulgares et à célébrer la messe en bulgare. » — Dimitri Jvanovitch, 39 ans, kmet du village ; déposition confirmée par les autres témoins du village.

Village d'Ostretz. — « Les Bulgares ont respecté la mosquée et ils ont laissé les gens pratiquer leur culte. » — Haim Hassan, 60 ans ; et Risva Redjep, 72 ans.

Village de Holleven. — « Le pope n'a pas pu dire la messe, les Bulgares le lui avaient défendu. » — Tole Bogoyevitch, 54 ans.

Village de Bistritza. — « Le pope n'a pas pu dire la messe. » — Dime Ristevitch, 67 ans.

Village de Zabjani. — « Les Bulgares ont empêché le pope de dire la messe. » — Spassoye Yovanovitch, 40 ans, kmet du village ; Apostol Sékoulovitch, 45 ans ; et Petkana Risteff, 50 ans.

Village d'Iven. — « Yven était exarchiste. C'est le prêtre de Grnitchani qui venait au village. Il a continué à venir. » — Bojin Seveitch, 50 ans ; Georges Petrovitch, 67 ans ; Traiko Ristevitch, 50 ans, et Riste Stoyanovitch, 45 ans.

Village de Rapech. — « Le village était mixte : exarchiste et patriarchiste. C'est le pope de Grnitchani qui desservait l'église. » — Stoyan Naidevitch, 54 ans, kmet du village ; déposition confirmée par les autres villageois.

Village de Brnik. — « Le village était anciennement patriarchiste, mais, sous les menaces du comitadji Stoyanoff, il est devenu schismatique. » — Stoyan Stoykovitch, 65 ans, kmet du village, et les autres témoins de Brnik.

Village de Paralovo. — « Il y a à Paralovo un monastère patriarchiste. Le prêtre a dû dire la messe en bulgare. Des maisons patriarchistes et exarchistes se trouvent au village. » — Mitzo Ilitch, 45 ans, kmet du village, et Mitzo Yochevitch, 61 ans.

Village de Vranjevtzi. — « Il y avait deux églises patriarchistes au village. Ce sont des popes bulgares qui disaient la messe. » — Grouyo Veljanovitch, 47 ans, kmet du village, et Todor Georgevitch, 70 ans.

Village d'Orehovo. — « L'église patriarchiste du village fut saccagée par les Bulgares, qui l'ont utilisée comme écurie. La mosquée du village fut également détruite. » — Veljian Bogoyevitch, 48 ans, kmet du village, et Grosdan Kolevitch, 55 ans.

Village de Dupeni. — « Le village était patriarchiste jusqu'en 1913. Depuis lors il fut exarchiste. Le pope exarchiste a continué à célébrer la messe. » — Vasilji Popovitch, 45 ans, kmet du village ; déposition confirmée par Krste Popovitch, 46 ans ; Georges Ristevitch, 40 ans, et Krste Todorovitch, 46 ans.

Village de Krani. — « Le hodja ne pouvait dire les prières dans la mosquée que le vendredi. » — Vasilje Ristevitch, 70 ans ; Rakib Islam, 65 ans, et Roustem Mouedine, 57 ans.

« Le village étant exarchiste, les cérémonies du culte ont continué. » — Vasilje Andjelkovitch, 50 ans, kmet du village.

Village de Strbovo. — « Leur église était desservie une fois par mois par le pope de Nakoletz. Le village était schismatique. » — Djire Taleff, 48 ans, kmet du village du temps bulgare ; Tase Karanphilovitch, 75 ans, ancien kmet ; Riste Petrovitch, 46 ans.

Village de Bradutchina. — « Le monastère du Sveta Petka, qui appartient au village et qui contenait 15.000 ocques de foin, fut partiellement incendié par les Bulgares lors de leur départ. Le village était exarchique et, ainsi, l'église a pu être ouverte. » — Novak Naoumovitch, 56 ans, kmet du village ; déposition confirmée par : Yovan Nikolovitch, 45 ans ; pope Ilia Christe, 74 ans ; Spiro Ilitch, 70 ans;

Krste Yovanovitch, 60 ans ; Georgie Andjelovitch, 49 ans ;
Riste Tomovitch, 35 ans.

Ville de Bitolj. — « L'église grecque était libre à la capitale. Dans les villages, les comitadjis ont forcé le peuple à devenir schismatique. Cette conversion a été faite de force. Jusqu'à 60 villages appartenant à l'église patriarchiste ont été ainsi forcés de devenir schismatiques. » — Chrisostomos, métropolite grec de Bitolj.

« Les Bulgares sont entrés dans les mosquées et même dans quelques maisons privées. » — Mehmet Nahili, moufti de Bitolj, et Hadji Ahmet Mouderis.

« L'église serbe de Debar, ainsi que la maison du métropolite, ont été détruites. » — Nikola Blachitch, 48 ans, de Debar, attaché à la station militaire de Bitolj.

Vasilie Trbitch, le chef des volontaires serbes, qui a passé des mois en Macédoine envahie par les Bulgares, dit à propos de l'église : « Dans 40 villages de la région de Poretch il n'y a qu'un pope, au village de Lokvitza. Ce pope est exarchiste. »

De tout ce qui précède, il résulte :

1° Que partout les Bulgares ont supprimé l'église patriarchiste ;

2° Que dans beaucoup de villages ils ont cherché à remplacer le culte patriarchiste par le culte exarchiste en forçant les popes à se servir de livres en langue bulgare ;

3° Qu'ils ont réussi dans leurs manœuvres en quelques endroits ;

4° Que là où ils n'ont pas réussi ils ont tout simplement privé les villageois de leur culte ;

5° Que les popes intransigeants ont été traités en suspects par les Bulgares ;

6° Qu'à Dobroveni, par exemple, ils ont fait de la question d'église une question d'argent ;

7° Que là où ils avaient supprimé les cultes patriarchistes en défendant au pope d'exercer sa mission, ils n'ont qu'en peu d'endroits et très insuffisamment remplacé ce culte par quelques messes dites par des popes militaires ;

8° Que des églises patriarchistes et serbes ont été profa-
nées par eux ;

9° Que leur attitude vis-à-vis du culte musulman était
très inégale. Dans certains villages, ils l'ont respecté ; dans
d'autres, ils ont profané les mosquées.

Donc, en résumé, les Bulgares n'ont point montré le
respect envers l'Église qu'on était en droit d'attendre d'eux
qui, dans leur propagande internationale, faisaient tant de
cas des questions ecclésiastiques. Tout au contraire, on a
nettement l'impression que la question de l'Église leur était
parfaitement indifférente pourvu qu'ils fussent maîtres du
pays et qu'ils pussent l'exploiter à leur guise. C'est à ce
désir d'être les maîtres et de le faire sentir aux habitants
qu'il faut attribuer leurs essais de « schismatiser » les popes
et la population patriarchistes. Notons, en passant, que
cette contrainte exercée en vue de faire changer de rite
religieux, est parfaitement illégale et en contradiction for-
melle avec les lois et usages de la guerre.

Le peu de respect réel des choses religieuses de ces gens,
qui se faisaient passer ou voulaient se faire passer pour
des champions de l'Église, ressort également de la destruction, etc., d'églises et de monastères à différents endroits,
par exemple à Orehovo, à Broutchina, à Debar, etc.

Je dois dire que je n'ai été que très peu surpris du
manque d'égards des Bulgares envers l'Église. Je savais
que, si devant le monde ils affectent d'attribuer une grande
importance à la religion, ils ne considèrent cependant pas
toujours l'Église comme un facteur essentiel de leur nationalité. Ainsi parmi le grand nombre de jeunes Bulgares
envoyés, avec ou sans bourses d'État, en Suisse pour y
faire leurs études universitaires, il s'en trouve un grand
nombre qui s'affichent ostensiblement comme libres pen-
seurs ! L'Église est pour les propagandistes bulgares une
étiquette de propagande qu'on enlève quand on n'en a pas
besoin ou qu'elle devient gênante !

En ce qui concerne l'école, j'ai recueilli les témoignages
suivants (je supprimerai les noms de mes témoins, ceux-ci
étant presque partout les mêmes que ceux cités pour la
question religieuse) :

Village de Tepavtzi. — « Les enfants n'allaient pas à l'école, celle-ci étant fermée ».

Village de Gradechnitza. — « L'école où allaient les enfants de Gradechnitza était à Dragoch, mais pendant l'occupation bulgare elle ne fonctionnait pas ».

Village de Barachanine. — « L'école ne fonctionnait pas pendant l'occupation bulgare ».

Village de Kanina. — « Les enfants allaient à l'école à Barachanine, mais cette école ne fonctionnait pas durant l'occupation bulgare ».

Village de Bistritza. — « Les enfants allaient à l'école de Christofor, mais celle-ci était fermée pendant l'occupation bulgare ».

Village de Zabjani. — « L'école du village a été fermée ».

Village d'Iven. — « Il n'y avait pas d'école au village. Les enfants allaient à Brnik. Pendant l'occupation bulgare, l'école a été fermée ».

Village de Brnik. — « L'école qui existait au village du temps des Serbes a été fermée par les Bulgares ».

Village de Rapech. — « Les enfants du village allaient à l'école de Makovo, mais celle-ci fut fermée par les Bulgares ».

Village de Makovo. — « Du temps serbe nous avions une petite école au village. Les Bulgares l'ont fermée ».

Village de Paralovo. — « Les enfants allaient à l'école de Souvodor, mais cette école ne fonctionnait pas pendant l'occupation bulgare ».

Village de Vranjevtzi. — « Du temps serbe les enfants allaient à l'école de Souvodor, mais les Bulgares l'ont fermée ».

Village d'Orchovo. — « Quinze enfants du village fréquentaient l'école de Souvodor que les Bulgares ont supprimée ».

Village de Dupeni. — « Les enfants de Dupeni allaient à l'école de Nakoletz. Depuis que les Bulgares sont venus, toutes les écoles sont fermées ».

Village de Loubojna. — « Les Bulgares ont fermé l'école du village ».

Village de Krani. — « L'école musulmane du village a été fermée par les Bulgares. »

« L'école chrétienne n'a pas fonctionné ».

Village de Harvati. — « L'école turque a été fermée par les Bulgares. Il n'y a pas d'école chrétienne ».

Village de Bradoutchina. — « L'école a été fermée par les Bulgares ».

Village de Nakoletz. — « L'école n'a pas travaillé pendant l'occupation bulgare ».

Vasilie Trbitch, déjà cité, dit en parlant des trois districts de Velés, Prilep et Poretch :

« Les écoles des villages considérés, du temps turc, comme serbes, ne fonctionnent pas ; c'est seulement dans les grands villages serbes qu'on a ouvert des écoles bulgares ».

La conclusion de toutes ces dépositions unanimes recueillies dans la région actuellement libérée de la Macédoine mérite qu'on y insiste : les Bulgares, qui se vantaient tant devant l'Europe de leur organisation scolaire en Macédoine, ont tout simplement supprimé les écoles dans tous les endroits qu'ils ont occupés. Ils diront que c'étaient des écoles serbes, mais ce n'est pas une raison de les supprimer, leur suppression étant contraire aux lois de la guerre. Ils ne les ont pas non plus remplacées par des écoles bulgares.

Les gens de Sofia chercheront à s'excuser par la « proximité du front » pour ces villages. Évidemment, ils n'en étaient pas très loin, cependant ils n'étaient nullement dans la zone de feu, au moins de l'automne 1915 jusqu'en août 1916. Si vraiment l'école tenait tellement au cœur des Bulgares, ils auraient certainement trouvé un moyen d'organiser des écoles, comme les Français en Alsace, ou de faire fonctionner celles qui existaient déjà.

A relever également la fermeture des écoles turques, à Krani et à Harvati par exemple. Cependant, les Bulgares avaient toute raison de se concilier l'élément musulman puisque l'empire turc était leur allié. L'école turque n'était certainement pas un lieu où l'on enseignait le nationalisme serbe. Pourquoi ce traitement, pourquoi les Bulgares ne respectaient-ils pas plus les mosquées, « dans lesquelles ils sont entrés », comme dit le chef des Musulmans de Bitolj, Mehemet Naili, et dans lesquelles, comme à Porodine, les Allemands fabriquaient des cintres en béton armé, ainsi que je l'ai vu de mes propres yeux, ou encore qu'on a utilisées comme écuries ?

Je crois que la réponse est simple : les Bulgares se sont considérés comme les maîtres définitifs de la Macédoine et ont jugé inutile de continuer à jouer la comédie de l'église et de l'école destinée à impressionner le public ignorant des choses balkaniques. Comme maîtres définitifs ils voulaient aussi établir immédiatement leur domination en faisant disparaître, autant que possible, tout ce qui n'était pas bulgare. Ils n'ont pas remplacé les écoles supprimées, et ils démontrent par là le peu de valeur qu'ils attribuent réellement à l'instruction de ce peuple macédonien qu'ils prétendaient « vouloir libérer ». Le témoin Trbitch nous montre que, dans l'intérieur de la Macédoine, où ils ne peuvent pas invoquer l'excuse de la proximité du front, les Bulgares procèdent à peu près de la même façon et n'instituent des écoles que dans les grands villages, lesquels sont plutôt rares.

Je citerai aussi dans ce chapitre un fait que j'ai constaté partout où je suis allé dans les régions libérées des Bulgares : ceux-ci ont procédé partout à la destruction de tous les livres serbes qu'ils ont pu trouver. Un évadé des Bulgares, Douchan Manoïlovitch, de Chtipina, 31 ans, ancien gendarme serbe du détachement de Tétovo, dit à ce propos :

« L'emploi de la langue serbe est interdit. Tous les noms ont été changés et on a ouvert des écoles bulgares. Dans les églises tous les objets de valeur ont été pris. Les archives ont été détruites. Il n'y a plus nulle part de livres serbes. Toutes les enseignes ont dû être transformées en langue bulgare ».

A Bitolj, j'ai recueilli à propos du changement des noms serbes la déposition typique suivante : « Ma tante, qui est morte, fut enterrée à Bitolj, mais les Bulgares n'ont pas permis d'écrire son nom en serbe sur la croix du cimetière. Au lieu de « Bosilka Andriachevitch » ils ont exigé qu'on appose le nom de « Bosilka Andrieva ». — BRANISLAVA MARINKOVITCH, 17 ans.

C'est la haine de tout ce qui est serbe et la peur qu'on puisse s'apercevoir de l'imposture de leurs prétentions sur la Macédoine qui ont fait agir ainsi les sujets de Ferdinand de Cobourg.

VIII

EMPRISONNEMENTS ET EXTORSIONS

Les Bulgares ont emprisonné beaucoup de personnes. La cause de ces emprisonnements résulte très nettement de la lecture des dépositions de mes témoins civils :

Village de Slivitza. — « Lorsque les Bulgares sont venus au village, ils ont commencé par faire des recherches d'armes et ils ont demandé aux villageois si ces derniers avaient des fusils. Malgré la réponse négative, ils ont cependant découvert deux vieux fusils enterrés dans un ravin. Cela leur a servi de prétexte pour emprisonner 9 notables : Stoyan Srbinovitch, 47 ans, Risto Trajanovitch, 46 ans, Nedelko Traikoff, 65 ans, Dimo Traikoff, 40 ans, George Traikovitch, 50 ans, Trajan Stoikovitch, 40 ans, Athanase Bojinovitch, 45 ans, Risto Stoikovitch, 60 ans, Kote Stoikovitch, 45 ans. Ils sont encore en prison depuis le printemps (interrogatoire de novembre 1916). Ils ont été d'abord en prison à Bitolj, maintenant on ne sait pas où ils sont. » — Petar Srbinovitch, 65 ans ; Ilia Georgevitch, 37 ans ; Grigor Traikovitch, pope, 45 ans ; Yovan Traikovitch, 55 ans ; Lazar Traikovitch, 48 ans, et Nedelko Tolevitch, 40 ans.

« Un lieutenant et quelques soldats ont pénétré chez lui et l'ont emmené en prison. » — Grigor Traikovitch, 45 ans, pope.

Village de Batch. — « Délo Taleff a pris au témoin 400 francs en le menaçant de le battre et de le mettre en prison. Il lui avait demandé d'abord 1.200 francs. Le témoin a payé en billets bulgares et il ajoute : « C'est grâce à notre argent que Délo a pu partir avec les Bulgares. » — Krsta Nasevitch, 50 ans.

« Ristevitch et son fils Christo ont été d'abord emprisonnés à Batch et ensuite à Bitolj, où ils ne sont restés que deux jours. Délo Taleff les a fait battre dans la prison à Batch. Le témoin ne connaît pas la cause de son emprisonnement, mais il croit que c'est parce qu'il était serbomane. » — Vane Ristevitch, 75 ans.

Village de Brod. — « Lorsque les Bulgares sont arrivés, ils ont emprisonné 7 habitants du village. Ils demandaient de l'argent aux gens et, quand ceux-ci n'en donnaient pas, ils les emprisonnaient. C'était Vilip Indoff, le président de la commune, qui ordonnait ces arrestations. » — Stoyan Donevitch, 50 ans, kmet du village.

« Mihailovitch a été emprisonné par les Bulgares pendant 5 mois. Il a été 8 jours à Prilep et ensuite il fut amené à Bitolj. Lui et les 6 autres suivants furent déclarés suspects d'espionnage, savoir : Stoiko Dimitrievitch, Kote Mitrovitch, Jovtche Georgevitch, Mitar Talevitch, Veljan Georgévitch et Stoyan Dimitrievitch. En prison ils ne recevaient qu'un demi-pain par jour, c'est-à-dire un kilo pour deux. Dans les prisons de Bitolj se trouvaient les gens de Slivitza, Skotchivir et Tepavtzi. C'est Indoff qui les a arrêtés. En prison, à Bitolj, chacun des sept paysans de Brod a payé 400 francs à un civil pour être libéré. Indoff et Délo Taleff, du village de Batch, avaient demandé 10 livres turques à Mitar Talevitch pour ne pas l'incarcérer. Mitar voulait leur donner des billets bulgares, mais ils ne les ont pas acceptés et l'ont jeté en prison. » — Kosta Mihailovitch, 53 ans ; Lazar Stalevitch, 65 ans ; Stoiko Dimitrievitch, 64 ans ; Yane Moyanovitch, 35 ans ; Velika Trajanovitch, environ 50 ans, et Mile Bogoyevitch, 16 ans.

Village de Krémian-Koïnari. — « Le kmet turc nommé par les Bulgares, Ahmet, prenait du blé et, également, de l'argent qu'il portait à Batch. Si les gens ne payaient pas, il les amenait à Batch, où on les emprisonnait. » — Stoyan Mitreff, environ 80 ans ; Naoum Tebetchoff, 70 ans, et sa femme Velika.

Village de Tepavtzi. — « Bogoye fut emprisonné pendant 5 mois (8 jours à Prilep et le reste à Bitolj). Pour se libérer, il a dû payer 15 louis, la moitié en or, l'autre moitié en papier bulgare. » — BOGOYE TROIJANOVITCH, 53 ans, kmet du village ; YOVAN PETROVITCH, 86 ans.

« Le témoin était au village pendant toute l'occupation bulgare. Avec 13 autres paysans des villages des environs, il fut emprisonné avec le kmet. Comme celui-ci, chacun a été forcé de donner 15 louis pour se libérer. En prison ils devaient se nourrir à leurs frais. Thanas fut emprisonné parce que le fameux Délo, de Batch, l'a accusé d'être venu, il y a 10 ans, avec des comitadjis grecs et d'avoir incendié deux maisons du village. » — THANAS DIMOVITCH, 38 ans.

Village de Skotchivir. — « Beaucoup d'habitants ont été emprisonnés. Deux sont encore en prison (à Bitolj d'abord, emmenés ensuite) : Trpko Stoitchevitch et Kole Athanasovitch. On les a emprisonnés parce qu'ils étaient Serbes. A Prilep, des prisonniers ont pu se libérer en payant. Ce sont les comitadjis qui ont fait jeter en prison les habitants. » — TRAIKO NINEVITCH, 59 ans, kmet du village.

« Les Bulgares ont arrêté Ristitch en même temps que Riste Ninevitch, Riste Koulevitch, George Athanasovitch et deux autres qui sont restés là-bas. Ils ont été emprisonnés comme serbomanes et ils sont restés 7 mois à Bitolj et 2 mois à Prilep en prison. Ristitch a dû payer 30 louis pour être libéré. Philippe Athanasovitch (alias Indoff de Brod) et Vane de Tchéganje, ainsi que le capitaine Dimitrieff, ont extorqué de l'argent à la population. » — STOITCHO RISTITCH, 65 ans ; déposition confirmée par RISTO KOULEVITCH, 60 ans, RISTO TCHEBLAGOVITCH, 62 ans, et RISTE KOTEVITCH, 39 ans.

Village de Veleselo. — « On n'a emprisonné personne, mais on a pris 15 louis à Antoine Petkoff en lui disant : « Tu es un méchant homme et, si tu ne donnes pas 15 louis, on te mettra en prison. » C'est Philippe Athanasoff (Indoff, de Brod) qui lui a pris son argent. » — TRAJAN RISTITCH, 60 ans, kmet du village ; BOJIN MARKOVITCH, 70 ans ; ANTOINE PETKOFF, 60 ans, et TRAJAN TRAIKOFF, 17 ans.

Village de Kenali. — « Quatre hommes ont été emprisonnés sous l'inculpation d'avoir été en relations avec les autorités françaises à Florina. Ce sont : Omer Ahmed, Adem Betchir, Houssin Rachid et Housman Osman. Ils sont encore en prison. Un lieutenant a pris à Omer Osman 65 livres turques en or. » — Omer Osman, 40 ans, kmet du village ; Chaban Ahmed, 45 ans ; Mahmoud Alil, 40 ans, et Adem Cheriff, 50 ans.

« Le témoin fut aussi en prison avec les quatre autres. Un homme était venu au village de Bitolj pour acheter du foin. Son permis n'était pas en règle et on lui a demandé quelles personnes il connaissait à Kenali. Tous ceux qu'il indiqua furent emprisonnés et battus. Rachid est resté 15 jours en prison. Pour se libérer, chacun des prisonniers devait payer 5 louis d'or. C'est un ami, qu'ils avaient à Bitolj, qui est venu leur faire l'offre de leur libération moyennant argent et cela de la part du directeur de la prison. » — Omer Rachid, 35 ans, déposition confirmée par les précédents.

Village de Medzidli. — « Moustapha a été emprisonné à Bitolj pendant 3 1/2 mois. Il a été arrêté avec Houssein Redjep et Chefki Arif comme inculpé d'espionnage. Pour se libérer, ils ont payé 68 livres turques en or. C'est le greffier qui encaissait l'argent au nom du préfet. Ils ont été forcés de payer en plus encore un avocat. » — Moustapha Rouchan, 40 ans ; Jbrahim Osman, 45 ans ; Ilia Jbrahim, 25 ans, et Abdoula Osman, 12 ans.

Village de Lajetz. — « Le kmet a été arrêté et enfermé pendant 10 jours. Il put se libérer moyennant 20 livres turques en or qu'il a payées à Todor Dimitrieff, sergent des comitadjis. » — Nikola Todorovitch, 36 ans, kmet du village ; Andria Ilievitch, 38 ans, pope du village.

Village d'Iven. — « Les Bulgares ont emprisonné 5 personnes : Nedelko Mitrovitch, 45 ans, Dimitrie Stoyovitch, 50 ans, Nasto Petkovitch, 54 ans, Stoyan Athanasovitch, 65 ans, et sa femme Mara, 60 ans. Le beau-fils d'Athanasovitch, Riste, aurait coupé des fils téléphoniques. Les autres ont été mis en prison parce qu'ils étaient bien avec les Serbes du temps du régime serbe. Deux des emprisonnés ont été kmets. » — BOJIN SEVEITCH, 50 ans; GEORGE PETRO-VITCH, 67 ans; TRAIKO RISTEVITCH, 50 ans, et RISTE STOYA-NOVITCH, 45 ans.

Village de Brnik. — « Le témoin déclare que le voivode-comitadji Georgi Stoyanoff et le garde-champêtre des Bul-gares lui ont pris 16 louis. Yochevitch a été en Amérique et avait un passeport américain. C'est pour cela que les deux Bulgares l'ont accusé d'être un ami des Anglais qu'il fau-drait tuer. Pour l'épargner, ils lui ont demandé 16 louis. A Mitre Yochevitch, les mêmes ont pris 13 livres turques en or et 200 francs en argent serbe, parce qu'il était kmet du temps du régime serbe. A Athanase Mitrevitch ils ont pris 2 livres turques en or parce qu'il avait apporté au prési-dent de la commune de Prilep une lettre annonçant l'assas-sinat de Zveta Mladenova. » — ATHANASE YOCHEVITCH, 26 ans.

Village de Souvodol. — « Pavle Kristoff et George Kris-toff, voivodes de Bitolj, ont pris à Ristevitch 75 louis d'or parce qu'il avait été kmet du temps serbe. A 2 ou 3 reprises ces hommes l'ont appelé à Bitolj pour l'incarcérer. Il a pu se tirer d'affaire en payant. » — STOYAN RISTEVITCH, 45 ans, ancien kmet du village, et NAOUM VESDINOVITCH, 58 ans.

Village d'Orechovo. — « A Ive Naidovitch on a pris 300 lèves parce qu'il était kmet du temps serbe. C'est Trajan Yovanovitch, de Christiphor, qui était à la municipalité de Novatzi, qui a pris l'argent. Ive fut appelé dans cette loca-lité et c'est là que l'argent lui fut pris. A Novatzi, on a pris également 100 lèves à Veljan Bogoyevitch. » — VELJAN BO-GOYEVITCH, 48 ans, kmet du village, et GROSDAN KOLEVITCH, 55 ans.

Ville de Bitolj. — « Sous prétexte d'espionnage on a arrêté une cinquantaine de personnes. Après les démarches du témoin, les cas ont été revisés par le général Boyadjieff, et quelques-uns des détenus furent relâchés, mais les autres ont été envoyés à Sofia. Le métropolite est persuadé qu'ils sont innocents. » — CHRISOSTOMOS, métropolite grec de Bitolj.

Blachitch était à Debar jusqu'au 20 novembre (a. st.) 1915 et, comme il tomba gravement malade, il fut obligé d'abandonner son poste de chef de la station militaire dans cette ville. Il s'est rendu en Albanie, chez un ami, Malitch Aga, au village de Dono Grehiste. Il y est resté caché 35 jours. Sa femme lui a écrit qu'il pouvait rentrer à Debar sans danger, ce qu'il a fait. Immédiatement il a été arrêté par les Bulgares. Le commandant de la place de Debar, le capitaine Todoroff du 12e régiment, lui a dit alors :

« Tu as fait beaucoup de mal à la population et il n'y a que la peine de mort qui puisse te punir pour cela. Je vais t'envoyer sur le pont du Drim, que vous avez fait sauter après le passage des troupes serbes, et je te ferai égorger là-bas comme les mille soldats serbes que j'y ai déjà envoyés….. » Blachitch est resté en prison de décembre 1915 à septembre 1916 lorsqu'il fut transféré de Debar à Bitolj. Le lendemain de son emprisonnement à Debar, un membre du comité bulgare s'est rendu chez sa femme et lui a dit que la vie de son mari était en danger. Si elle donnait 6.000 fr., il prenait sur lui de le sauver et de le faire sortir de prison. Sa femme a donné la somme. On a envoyé un médecin grec, Demètre Kalamaris, qui était auparavant au service de l'armée serbe, pour examiner, en prison, l'état de santé de Blachitch. Le médecin l'a déclaré dangeureusement malade et l'a fait transporter à l'hôpital de la ville où, quelques jours plus tard, est venu un médecin bulgare pour l'examiner de nouveau. Celui-ci a prétendu qu'il n'était pas malade et qu'il fallait le renvoyer en prison. Blachitch lui propose de le soigner et le Bulgare se fait payer 600 francs par la femme du malade. Ainsi il a pu rester à l'hôpital jusqu'au mois de septembre. Le médecin bulgare était le Dr. Nikoloff, médecin du 12e régiment.

Risto, maire de la commune de *Parech*, a été emprisonné et relâché une dizaine de fois, toujours rançonné par ceux qui l'arrêtaient.

Dans la maison de Blachitch on a perquisitionné 6 fois et on lui a pris tout ce qui avait un peu de valeur. Le 13 septembre 1916, Blachitch fut évacué à Bitolj, menottes aux mains et aux pieds, et emprisonné dans la prison de cette ville. A Debar il y avait avec lui quelques Turcs et des Serbes du village de Dresantche : un pope et quelques paysans. Le pope y est resté 6 mois et a été transporté ailleurs. Ils étaient 35 dans une petite chambre sans portes et sans vitres aux fenêtres. Les issues étaient gardées par des soldats. Parmi eux, il y avait aussi des enfants albanais de 7 ans. A Bitolj, le témoin est resté en prison jusqu'au 4/17 novembre 1916. Ce jour-là, les prisonniers ont reçu ordre de se préparer à être évacués à Prilep. Blachitch demanda à voir le directeur de la prison et le pria de le laisser à Bitolj, puisqu'il était malade. Le directeur l'insulta d'abord et lui dit : « Tu es condamné à mort, tu dois aller à Prilep. » Blachitch lui proposa alors de lui donner 2.000 francs pour le relâcher. Le directeur accepta et lui délivra un sauf-conduit à condition de se cacher dès qu'il serait sorti de prison, et de rester caché tant qu'il y aurait des Bulgares en ville. Le bulletin sauf-conduit est libellé comme suit :

(*Traduction*)

EMPIRE BULGARE
Prison départementale de Bitolj
N° 898
17/XI. 1916, Bitolj.

Au Commandant de la garnison de Bitolj.

MONSIEUR LE COMMANDANT,

Suivant télégramme N° 3378 du 16/XI 1916, du président du tribunal militaire de Prespa, je remets en liberté le nommé Nikola Blachitch, de Debar.

Le directeur de la prison,
IVAN KRISTOV (? mal écrit).
Sceau de la prison.

Il y avait 300 personnes en prison et toutes furent emmenées à Prilep enchaînées, sauf celles qui ont donné de l'argent au directeur. Ces 300 n'étaient que les prisonniers de la prison départementale, d'autres étaient dans les geôles des commissariats et furent emmenés aussi à Prilep, la plupart sous l'inculpation d'espionnage. Ont payé au directeur de la prison : Heraclia Sachevitch, négociant à

Bitolj, 150 louis ; Naoum Kotchas, 60 ans environ, rentier,
400 francs ; Demir Housein, contrôleur du tabac à la régie
serbe, 2.000 francs ; Petar Nikolitch, huissier de Bitolj,
300 francs ; et d'autres.

« Pendant les derniers temps de l'occupation bulgare,
les fonctionnaires ne cherchaient qu'à faire de l'argent.
Pour cela ils emprisonnaient les gens pour les relâcher
moyennant argent. Ils emprisonnaient aussi des enfants.
Un garçon de 10 ans, Sartje, de Prilep, fut condamné à
10 ans de prison. Il y avait dans les prisons beaucoup
d'enfants de 10 à 16 ans. Blachitch, après sa sortie de prison, est resté caché jusqu'au 19 novembre et est allé
trouver ensuite le lieutenant Michitch. » — Nikola Blachitch, 48 ans, de Débar, actuellement attaché au commandement militaire de la place de Bitolj.

« Elle et son mari ont été emprisonnés, d'abord pendant
dix jours. Elle fut laissée à Bitolj, mais les Bulgares ont
emmené son mari. Un Bulgare de Bitolj, Nikola Altipar-
mak, commissaire de police, lui a dit qu'elle serait aussi
emmenée, si elle ne donnait pas d'argent. Elle lui a remis
60 lèves. A la prison, on ne leur a rien donné à manger, et
les détenus devaient faire venir leur nourriture de la maison. Son mari avait une hernie et les Bulgares ne lui ont
pas permis de porter sa ceinture anti-hernière. » — Velika,
femme de Kosta Ristitch, 50 ans ; déposition confirmée
par Vasilia, femme de Risto Dimitrievitch.

« Le témoin sait que le préfet Boyadjieff a extorqué de
l'argent à des hommes très honnêtes. » — Sotyr Sekoulovitch, 57 ans, commerçant.

« Les fonctionnaires et les militaires bulgares se sont
enrichis au détriment de la population. Ils ont tout fait
pour soutirer de l'argent aux gens. Ainsi ils appelaient les
citoyens au commissariat de police et, sous prétexte qu'ils
avaient mal parlé du gouvernement bulgare, on les mettait en prison. Peu de temps après un fonctionnaire venait
leur dire que, moyennant argent, ils pouvaient se libérer
immédiatement. Le prix ordinaire était de 15 à 20 livres
turques. Les Bulgares ne prenaient jamais de billets de
banque, mais seulement de l'or. Salomon Pichas, commer-

çant de Bitolj, a été ainsi rançonné. Le comité se procurait de l'argent de la façon suivante : un délégué arrivait chez les citoyens et leur disait qu'ils étaient sur la liste des gens à déporter mais que, avec de l'argent, ils pouvaient se libérer. Ainsi, un jour, Yovantcho Mandrovitch et Taki Sarovitch, changeurs, sont venus chez le témoin pour lui dire qu'on leur avait demandé de l'argent pour ne pas les interner. Boyadjitch est allé chez le colonel Ivanoff et lui a raconté la chose. Celui-ci a appelé le membre du comité et l'a forcé de rendre l'argent. » — Petar Boyadjitch, 64 ans, commerçant.

« Lorsque les Bulgares sont arrivés, son mari a été mis en prison à Prilep pendant deux mois et demi. Là il fut si maltraité et battu qu'il a été envoyé à Bitolj comme malade. Il resta trois semaines à la maison et fut de nouveau emprisonné. Un mois après il fut relâché. La quatrième fois il fut emmené. Son mari a été conducteur des travaux à la municipalité de Bitolj. A la prison de Bitolj il n'a pas été maltraité. A Prilep il a été battu sur les jambes par les comitadjis. Ceux-ci entraient dans les cellules avec des fouets à cordes et battaient les Macédoniens « pour leur montrer qu'il ne faut pas aimer les Serbes ». Il était dans une chambre dont toutes les fenêtres étaient brisées ; avec lui il y avait 19 autres détenus. Le voïvode de comitadjis, Milan Djourloukoff, arrivait très souvent avec une cravache et battait les prisonniers en disant : « Vous attendez les Serbes ». Le témoin ne sait pas ce qu'est devenu son mari. Il a été arrêté pour la dernière fois au mois de septembre 1916. Il y eut beaucoup d'hommes qui furent emprisonnés, mais leurs femmes sont allées trouver les Bulgares et ceux-ci les ont relâchés. Son mari ne voulait pas qu'elle demande une faveur aux Bulgares. » — Vasilka, femme de Kousman Zvetkovitch, 30 ans.

« Pour la moindre chose on arrêtait les gens. » — Michael Kriasta, 49 ans, directeur de l'hôpital grec de Bitolj.

De toutes ces dépositions de Macédoniens des territoires libérés, il résulte que les Bulgares, aidés de leurs fidèles comitadjis, ont emprisonné beaucoup de monde. Parfois la cause de l'emprisonnement fut la haine du Serbe. La plupart du temps cependant, la prison leur servait de moyen commode pour extorquer de l'argent à la population. Petar Boyadjitch, notable Monastiriote, dit : « Les fonctionnaires et les militaires bulgares se sont enrichis au détriment de la population ». Pour se convaincre de la justesse de cette appréciation, on n'a qu'à lire la déposition de ce témoin, celles de Nikola Blachitch, d'Athanase Yochevitch, de Moustafa Rouchan, d'Omer Rachid, de Veljan Bogoyevitch et de tous les autres.

Certes, la lettre de libération de Nikola Blachitch, que j'ai eue entre les mains et dont j'ai publié la traduction exacte dans ce travail, restera un document typique nullement à l'honneur des fonctionnaires bulgares, mais qui montre bien l'esprit qui les animait : gagner beaucoup d'argent par n'importe quel moyen, même par le meurtre s'il le faut !

Dans le corps des officiers nous trouvons ce même esprit de lucre. Nous avons vu au premier chapitre le lieutenant Koitcheff qui massacre des paysans pour envoyer ensuite 150.000 lèves, produit du pillage des victimes, à sa famille à Plevna. Nous avons rencontré un général, gouverneur de la Macédoine, le général Ratcho Petroff, dont nous nous occuperons encore, qui rançonne la malheureuse population macédonienne pour s'enrichir. Nos témoins ont accusé de pillage des officiers et le fameux capitaine Boyadjieff, préfet de Bitolj, dispose à son profit de la fortune et des biens de Monastiriotes. A Skotchivir, le capitaine Dimitrieff, avec deux comitadjis, extorque encore de l'argent aux villageois qui n'ont presque plus rien pour vivre. A Kenali, un officier prend 65 livres turques en or à Omer Osman. Singulière façon de comprendre l'honneur d'une armée !

Poussés par leur désir d'exploiter aussi fructueusement que possible cette Macédoine tant convoitée et cela dans le double but d'empêcher la création d'une Grande Serbie et d'acquérir un pays fertile pour s'enrichir, fonctionnaires, comitadjis et militaires bulgares ont perdu de vue toute modération indispensable pourtant pour l'avenir. En

effet, il s'agissait pour eux, qui savaient bien que la Macédoine n'était nullement un pays bulgare, mais qu'on *pouvait* la « bulgariser », de gagner cette population hétéro-
gène rendue méfiante au plus haut degré par des centaines
d'années d'oppression. Au lieu de cela ils l'ont pressurée
et torturée, n'ayant qu'un but en vue : s'enrichir immédiatement. Nous verrons plus loin l'effet produit par ce régime
sur la population indigène.

Les sujets de Ferdinand de Cobourg, comme nous l'avons
vu déjà dans les chapitres précédents, n'ont pas même su
se concilier les bonnes grâces de la population musulmane
assez nombreuse de la Macédoine, population pourtant
primitivement bien disposée envers eux, puisqu'ils étaient
les alliés de la Turquie, de leur ancien pays, de même religion qu'eux. Les Bulgares rapaces et imprévoyants ont
rançonné cette population musulmane comme ils l'ont fait
avec les slaves orthodoxes. Les gens de Kenali, de Medzidli, etc., nous l'ont raconté. Les ex-prisonniers de ce
dernier village nous disent même que ce n'était pas assez
que les fonctionnaires leur extorquent de l'argent ; les personnes sans mandat s'en mêlent encore et, pour être
libérés de leur détention illégale, ils doivent encore payer
un avocat !

A Brod et dans divers autres endroits, ces exploiteurs ne
veulent pas accepter le prix de la rançon en billets bulgares. Ils ont vraiment peu de confiance dans la monnaie
de leur propre pays !

Je ne dirai rien des méthodes employées par les Bulgares pour arriver à recueillir autant d'argent que possible.
La simple lecture des dépositions citées éclairera entièrement le lecteur à ce sujet.

Bien que la concordance de tous ces témoignages, faits
par des gens vivant en des endroits différents et s'ignorant
complètement les uns les autres, soit déjà une garantie
suffisante, je dirai même absolue de la véracité des faits, il
pourrait cependant rester un léger doute dans l'esprit du
lecteur impartial. J'ai donc cherché d'autres témoins encore
et, en premier lieu, des témoins bulgares, qui ont tout
intérêt à cacher ces choses. Voilà ce que m'ont dit, par

exemple, deux prisonniers bulgares dont j'ai eu la possibi-
-lité de vérifier les témoignages :

N° 35, *30 ans, du 12e régiment d'infanterie* : « Le témoin
ne fut à Bitolj que dix jours et dix jours à Débar. Il a
entendu dire et il l'a vu aussi personnellement, que des
personnes ont été arrêtées à Débar, mais il n'a pas pu savoir
exactement les raisons de ces arrestations. C'étaient des
civils. Toutefois on lui a raconté qu'on les a mis en prison
parce que quelques soldats bulgares avaient été tués. Il a
vu des « habitants de la Macédoine » qui montent la garde
avec des fusils devant les prisons ».

N° 36, *29 ans, du 10e régiment d'infanterie* : « Les autorités militaires ont commis des extorsions. Les militaires
ont employé tous les moyens pour faire de l'argent. Souvent les soldats tuaient des gens et accusaient ensuite les
Serbes de les avoir assassinés. Les autorités prenaient
prétexte de ces accusations pour organiser des massacres
en masse, « pour réprimer la révolte », comme elles
disaient. Beaucoup de monde fut arrêté ».

L'aveu ne peut pas être plus formel !

Mes témoins serbes évadés des Bulgaro-Allemands ne
sont pas moins affirmatifs :

« Les gens de Skoplié étaient rançonnés par la force s'ils
ne voulaient pas payer. Mon père, qui a une fabrique de
cigarettes, a dû payer 10.000 lèves à Bairoff, le secrétaire
de la police de sûreté, en réalité l'homme de paille du
général Ratcho Petroff. Ce Bairoff était un voyou de Bulgarie que Petroff avait amené tout spécialement pour ce
travail (extorsions). Au dire même des Bulgares de Sko-
lié, Bairoff était un des filous les plus connus de Bulgarie.

e système de Ratcho Petroff était le chantage. Il menaçait les gens de déportation et les forçait ainsi à payer ce
qu'il voulait. A côté de Petroff, tous les fonctionnaires
extorquaient de l'argent à la population ». — Bojidar
Mladenovitch, de Skoplié, 24 ans, ancien soldat serbe et
déserteur du 11e régiment bulgare.

« A Kavadar, les Bulgares ont mis en prison Lazar Traikovitch, Stevan Netkovitch, Gligor Anastasievitch (tués

ensuite), Georges Bochkovitch, Stevan Netkovitch et Pane
Kotsevitch. Au village de Ressova ils ont emprisonné :
Kotse Latskovitch ; à Béglichte : le pope Ilia et d'autres.
Toutes ces personnes devaient être tuées immédiatement,
mais le préfet, sur la demande de la population, les a prises
sous sa protection. » — Velia Mantchitch, sergent serbe
et déserteur bulgare.

Vasilie Trbitch, 35 ans, donne au sujet des emprisonnements le renseignement curieux suivant : « La prise de
Bitolj est encore inconnue officiellement (janvier 1917). A
Prilep tous les carreaux des fenêtres sont cassés par le
canon mais, si quelqu'un dit qu'il a entendu le canon, il est
mis en prison. »

Les dépositions que je viens de citer viennent donc confirmer les dires de mes témoins des régions libérées tout en
y ajoutant certains détails qui ne manquent pas d'intérêt.
Ainsi ce général Ratcho Petroff, devenu depuis chef d'État-
Major général, ancien inculpé de la cour d'assises, qui
organise le chantage et l'extorsion avec un apache notoire,
n'est pas ordinaire. Et que dire de ce mensonge officiel
qu'on maintient à coup d'emprisonnements que nous
révèle le témoin Trbitch? On reconnaît bien là la manière
bulgare, trop peu connue du public européen, mais bien
connue de ceux qui ont suivi l'évolution de ce pays.

IX

DÉPORTATIONS

Quelques dépositions de témoins des régions libérées :

Village de Jivonja. — « Les Bulgares ont emmené une trentaine de personnes avec les bœufs du village. Beaucoup se sont enfuis et sont revenus au village. » — Vasilie Georgevitch, 58 ans; Risto Lazarevitch, 53 ans; Georges Petritch, 38 ans, et Danas Konjevitch, 60 ans.

Village de Sovitch. — « Quand les Bulgares se sont retirés, ils ont emmené avec eux des villageois. La plupart de ces derniers se sont enfuis et sont retournés au village. » — Kote Deloff, 70 ans; Tale Christovitch, 55 ans; Christo Gatchevitch, 68 ans; Krsta Naoumovitch, 30 ans; Jorgi Tachevitch, 59 ans, kmet du village et Dimitrie Delevitch, 56 ans.

Village de Dobroveni. — « Les Bulgares, en se retirant, ont emmené de force plusieurs villageois avec leur bétail : Todor Risteyitch, environ 70 ans; Petar Nedelkovitch, 35 ans; Raiko Kolevitch, 40 ans; Sokle Yovanovitch, 35 ans. » — Kosta Dintalovitch, 43 ans, pope du village; Naoum Petrovitch, 41 ans, et Bojin Naideff, 60 ans.

Village de Slivitza. — « Les personnes suivantes ont été emmenées par les Bulgares : Petar Traikoff, 55 ans; Stoiko Nedelkoff, 18 ans; Stoyan Risteff, 50 ans; Lazar Bogoieff, 17 ans; Trajan Georgevitch, 45 ans; Athanase Naidovitch, 15 ans; Zvetko Ristitch, 12 ans; Ivan Traikovitch, 60 ans, et Sokle Velkovitch, 15 ans. » — Petar Srbinovitch, 65 ans; Ilia Georgevitch, 37 ans; Grigor Traikovitch, pope,

45 ans ; Yovan Traikovitch, 55 ans ; Lazar Traikovitch, 48 ans ; Nedelko Tolevitch, 40 ans.

Village de Batch. — « Quelques hommes ont été emmenés par les Bulgares pour travailler : Tole Stoyanovitch, Dime Mitzevitch, Stoyan Dilevitch, Spase Vanevitch, Vasilie Krstevitch. Une trentaine d'autres ont réussi à s'échapper. Les cinq qui ont été emmenés ne sont pas rentrés. » — Alexo Kostovitch, 50 ans.

Village de Polog. — « Une vingtaine d'hommes et autant de femmes ont été obligés par les Bulgares de partir avec eux. Personne n'est encore revenu. » — Petre Roleff, 79 ans.

Village de Gnjilech. — Au moment de leur départ du village, les Bulgares ont dit que les Serbes, en arrivant, tueraient tous les habitants. Ils prétendaient aussi que les Français massacreraient tous ceux qui tomberaient entre leurs mains. La population a quand même voulu rester, mais on l'a évacuée de force à Bitolj. » — Boiko Toloff, 58 ans, et Andon Mitroff.

Village de Kremian-Koinari. — « Six habitants turcs du village ont été emmenés par les Bulgares et ne sont pas rentrés. D'autres villageois turcs sont partis de leur propre chef. » — Rahmadan Osman, 50 ans, et Mefail Ahmed, 40 ans.

Village de Négotine. — « Trois personnes ont été emmenées avec leurs chariots et leurs bœufs : Christe Petkoff, Yotcho Petreff et Vandjel Stoyanoff. Ils ne sont pas revenus. » — Zvetko Dimo, 55 ans, et Traitche Kitanoff, 56 ans.

Village de Porodine. — « Une trentaine de villageois ont été emmenés par les Bulgares. » — Djalib Omer, environ 80 ans.

Village de Kanina. — « Ilia Grosdanovitch et Riste Nikolovitch ont été emmenés par les Bulgares au moment de leur retraite. On les a pris dans la rue et on les a emmenés pour travailler. » — Dimitrie Ivanovitch, 39 ans, kmet du village; Stevan Nikoljevitch, 62 ans, kmet du temps bulgare; Petar Spasevitch, 36 ans; Marko Yovanovitch, 65 ans; Krsta Risteff, 70 ars, et Spase Boyeff, 60 ans.

Village d'Ostretz. — « Vingt personnes ont été emmenées par les Bulgares et ne sont pas revenues. » — Halim Hassan, 60 ans; Risvan Redjep, 72 ans.

Village de Bistritza. — « Les Bulgares ont emmené son père et son frère, ce dernier âgé de 16 ans. Ils ne sont pas revenus. Lui-même était soldat serbe (blessé à Gorni Milanovatz) et les Bulgares ont voulu l'interner, mais il s'est enfui et s'est caché à Bitolj. Son frère a été emmené à Sofia. Ce sont des comitadjis qui ont pris son père et son frère. » — Risto Georgevitch, 21 ans.

« Sept hommes du village ont été emmenés par les Bulgares, de même que deux femmes : Petra Angelovra, 27 ans et une autre d'environ 50 ans. Cette dernière était domestique et on l'a prise avec son fils de 12 ans. » — Zvetan Talevitch, 59 ans, kmet du village, et Dime Ristevitch, 67 ans.

Village de Rapech. — « Six paysans ont été emmenés avec leurs voitures et leurs bœufs et ne sont pas revenus : Nedan Stoikovitch, 55 ans; Stoiko Traikovitch, 41 ans; Stoyan Popovitch, 17 ans; Petko Trpkovitch, 12 ans; Ilia Ristevitch, 60 ans; Slava Stoyanovitch, 56 ans, et une femme, Menka Andonovitch, 40 ans, avec son fils Petar, 9 ans. » — Stoyan Naidevitch, 54 ans, kmet du village; Naide Traikovitch, 69 ans; Petko Mitrevitch, 70 ans; George Koulevitch, 49 ans; Kosta Yovanovitch, 67 ans; Petko Ristevitch, 67 ans; Mio Petkovitch, 19 ans.

Village de Brnik. — « Ont été emmenés avec leur bétail : Zvetko Georgevitch, 19 ans; Nedan Traikovitch, 45 ans; Stoyan Bojinovitch, 12 ans; la petite fillette Magda Ristevitch, 8 ans; Velika Konstantinovitch, 22 ans; Vicha Konstantinovitch, 15 ans, et Traiko Ristevitch, 16 ans. » — Stoyan Stoikovich, 65 ans, kmet du village; Athanase Yochevitch, 26 ans; Yasna Nedelkovitch, 50 ans, et Velika Nedelkova, 45 ans.

Village de Makovo. — « Les Bulgares ont emmené de force : Anton Kitevitch, 45 ans ; Veljko Ilievitch, 55 ans ; Mitre Naidevitch, 55 ans ; Stoiko Nikoljevitch, 15 ans ; Petre Athanassovitch, 45 ans ; Yovan Traikovitch, 70 ans ; Trajan Kostovitch, 16 ans ; Filip Petkovitch, 15 ans ; Stoyan Andjelkovitch, 16 ans ; Dimo Kolevitch, 70 ans ; Riste Philippovitch, 55 ans ; Philippe Stoyanovitch, 45 ans ; Bojin Stoyanovitch, 15 ans ; Stoiko Traikovitch, 48 ans. » — Dimo Tzvetkovitch, 55 ans, kmet du village ; Jovan Koitovitch, 65 ans ; Tale Kolevitch, 65 ans ; Riste Krstevitch, 62 ans ; Nikola Damianovitch, 60 ans.

Village d'Orehovo. — « Ont été emmenés par les Bulgares : Athanassie Ristevitch, 70 ans, et Anastassie Ristevitch, qui s'est enfui il y a deux jours et est rentré. » — Veljan Bogoyevitch, 48 ans, kmet du village ; Grosdan Kolevitch, 55 ans.

Village de Loubojna. — « Dix charrettes avec des bœufs et des hommes furent emmenés. Les hommes ne sont pas rentrés. » — Spiro Lazarevitch, 55 ans, kmet du village ; Nikola Lazarevitch, 64 ans ; Mitre Yankovitch, 65 ans, et Sekoula Lazarevitch, 45 ans.

Village de Rrani. — « Deux musulmans et deux orthodoxes ont été emmenés avec leur bétail. » — Vassilie Andjelkovitch, 56 ans, kmet du village.

Ville de Bitolj. — « Des gens arrêtés sous prétexte d'espionnage ont été envoyés à Sofia. De plus, plus de cent personnes de Bitolj et des environs furent déportées à Sofia et ailleurs. Parmi eux il y avait des Grecs, entre autres Michael Michaelidis, commerçant en cuir, auquel on a pris, sans payer un sou, des marchandises valant 1.000 livres turques, et d'autres. » — Chrisostomos, métropolite grec de Bitolj.

« Une cinquantaine de personnes, qui étaient dans les prisons, furent emmenées. Ensuite les Bulgares ont forcé environ deux cents personnes à travailler sur les routes. Celles-ci furent emmenées le jeudi qui a précédé l'entrée des Alliés dans la ville (dimanche). Elles ne sont pas rentrées. En outre une troisième catégorie de gens est partie avec les Bulgares. C'étaient les bulgaromanes qui ont suivi l'armée. Tous ces hommes furent emmenés sous escorte militaire. Les notables de la ville, les médecins, les instituteurs et commerçants furent déportés avec les Roumains de Bitolj (le directeur du gymnase roumain par exemple) une quinzaine de jours après la déclaration de guerre de la Roumanie. Ils sont en Bulgarie. Les Bulgares avaient emprisonné pendant vingt-quatre heures et ensuite déporté environ quatorze personnes qui étaient considérées comme Bulgares du temps turc et s'étaient ralliées aux Serbes : Petar Nodchoff, Nikola Cousoto, Rista Samardji, Mialtche Rakitchieff, Mialtche Kioseto, etc. C'étaient des notables de la ville. Les Serbes de l'ancienne Serbie ont été envoyés : les hommes en Bulgarie et les femmes en Serbie. » — Mihailo Belitch, 53 ans, commerçant, et Gortcha Kourtovitch, 42 ans, hôtelier.

« Toutes les familles des fonctionnaires serbes ont été d'abord internées à Débar et ensuite chassées en plein hiver. C'étaient des femmes et des enfants. » — Nikola Blachitch, 48 ans, de Débar.

« Avant de partir, les 2, 3 et 4 novembre, les Bulgares ramassaient les gens dans les rues pour les forcer à travailler aux routes. Ces gens ne sont pas rentrés. » — Mihailo Belitch, 53 ans, déjà entendu.

« Quelques femmes turques et grecques ont été emmenées sous prétexte d'espionnage. » — Djamila Kolonomos, 50 ans.

« Le mari du témoin, Kosta, qui était employé au commandement serbe de la place, a été emmené par les Bulgares quand ils se sont retirés. Avec lui on a pris encore dix-neuf personnes : Nachko Kolevitch, cafetier ; Goudja Gogovsky, marchand de tabac à priser ; Spiro, cocher ; Yordan, huissier de la commune, 35 ans, et d'autres. Tous ont été emmenés parce que suspects en tant que Serbes. » — Velika, femme de Kosta Ristitch, 50 ans ; déposition confirmée par Vassilia Dimitrievitch.

« Le comité voulait exiler de suite toutes les familles serbes. Les notables de la ville sont intervenus auprès du préfet pour empêcher cet envoi pendant la mauvaise saison. Le préfet les a renvoyés au comité qui a autorisé quelques familles à rester avec leurs enfants. Les autres furent envoyées à l'intérieur. » — SOTYR SEKOULOVITCH, 57 ans, commerçant.

« Ayant exercé librement sa profession pendant quelque temps, le mari du témoin fut finalement, le 7/20 septembre 1916, emmené avec quatre autres médecins. Ils ont été dirigés sur Sofia, et Asdari fut ensuite envoyé à Rasgrade. On a emmené ces médecins sous prétexte qu'ils devaient travailler dans les hôpitaux bulgares en Bulgarie. Ils sont partis en voiture, gardés par un soldat, baïonnette au canon. On ne leur avait laissé que deux heures pour préparer leurs effets. Son mari n'a écrit au témoin que deux fois. Elle ne sait pas si les Bulgares donnent des honoraires à son mari. » — VICTORIA ASDARI, 42 ans, femme du médecin (grec).

« Tous les Roumains notables : médecins, instituteurs, etc., ainsi que des médecins, commerçants, etc. grecs, ont été emmenés par les Bulgares. Le prétexte de ces déportations fut l'espionnage, sauf pour les médecins. En ce qui concerne ces derniers, on disait qu'on avait besoin d'eux en Bulgarie. » — MIHAEL VIRIASTA, 49 ans, directeur de l'hôpital grec.

Les témoins des villages où j'ai fait mon enquête m'ont indiqué 262 personnes comme ayant été emmenées de force par les Bulgares. Sur ces 262, il y en a 69 dont je possède les noms, 53 dont j'ai l'indication de l'âge : il y a 16 déportés de 12 à 16 ans, 5 de 17 à 18 ans, 1 de 19 ans, 1 de 22 ans, 4 de 30 à 39 ans, 10 de 40 à 49 ans, 9 de 50 à 59 ans, 2 de 60 à 69 ans, 5 de 70 à 79 ans. Parmi les 262 déportés, il y a 227 hommes et 35 femmes. On remarquera la proportion relativement forte des enfants entre 12 et 16 ans.

Le recensement officiel opéré dans les villages indiqués dans le chapitre III (réquisitions) accuse, sous le titre : « partis avec l'ennemi ou emmenés par lui », le chiffre de 563 personnes.

A en juger d'après les dépositions des témoins, dont je

n'ai publié qu'une partie à titre d'exemple, les autres étant
parfaitement semblables, la cause de la grande majorité
de ces déportations paraît avoir été en premier lieu le
désir de se procurer de la main-d'œuvre, surtout pour
les transports. Mais il s'est greffé ensuite sur ce premier
but un second : celui de vider le pays autant que possible,
car sans cela on aurait permis à ces gens de rentrer,
comme on l'a fait pour d'autres qui ont été forcés de travailler aux transports bulgares et allemands. Certes,
quelques-uns n'ont plus pu rentrer chez eux parce que,
entre temps, les Bulgares ont été chassés des villages.
Mais ils forment une petite minorité, car tous les villageois évacués par les Bulgaro-Allemands à Bitolj ont pu
regagner librement leurs foyers après la prise de cette
ville par les Alliés.

Pourquoi les Bulgares voulaient-ils vider le pays ? Pré-
voyaient-ils sa reprise par les Serbes et désiraient-ils alors
y laisser aussi peu de monde que possible ? Je ne crois
pas que c'en soit la cause, en tout cas, ce n'est pas la cause
principale. Je crois plutôt qu'ils voulaient préparer la
« colonisation » de ces contrées par des Bulgares de Bulgarie ou des Macédoniens à leur dévotion. Ils auraient
déclaré les biens de ceux qu'ils avaient enlevés « propriétés
d'État », comme ils l'ont fait en Serbie et ailleurs en
Macédoine, et auraient peuplé le pays de leurs sujets.
Ceci explique pourquoi ils ont forcé de partir des pères
avec leurs fils, et, souvent, des femmes et des enfants.

Les causes des déportations de Bitolj sont de plusieurs
sortes. Dans cette ville, que les gens de Sofia croyaient
définitivement acquise au royaume de Ferdinand de
Bulgarie, il importait en premier lieu de faire disparaître
tous les militants de la cause serbe. Mais les notables,
Grecs et Roumains, n'étaient pas moins gênants et, comme
les premiers, bien que, à cette époque, la Grèce ne fût
pas en guerre avec la Bulgarie, on les a déportés.

De plus, ces déportations ont, comme nous l'avons vu
dans les chapitres précédents, rapporté un joli bénéfice à
l'État et aux fonctionnaires civils et militaires, qui ont
confisqué les biens des déportés et se les sont partagés.

Les déportés étant, en majeure partie, des gens ayant une certaine fortune, le butin a dû être considérable.

Enfin, comme le prouve l'unanimité des dépositions monastiriotes, une partie des déportés se recrute aussi parmi ceux que les Bulgaro-Allemands ont raflé dans la rue, pendant les derniers jours de leur occupation, pour les faire travailler aux fortifications et aux routes nécessitées par l'avance des Alliés. Les témoins ont dit que les soldats s'inquiétaient fort peu de l'état social de ceux qu'ils ramassaient ainsi dans les rues. Tout leur était bon comme main-d'œuvre.

A relever aussi le cas du Dr Asdari, Grec et neutre cependant, qui, avec quatre autres médecins, fut déporté de force en Bulgarie pour y exercer son art. J'ai su, d'autre part, que tous les médecins de la ville furent emmenés par les Bulgares, sauf deux médecins bulgares qui sont partis avec leur armée. Ainsi cette ville, relativement grande, fut presque complètement privée d'assistance médicale.

Mes investigations, aidées par les documents des autorités serbes mis à ma disposition, m'ont permis d'établir, en ce qui concerne les déportations à Bitolj, les chiffres suivants (pour les trois plus grands quartiers de la ville) :

Le total des déportés de ces trois quartiers de Bitolj est de 644, dont 68 furent raflés les derniers jours de l'occupation bulgare. Ils furent employés aux travaux de fortifications et aux routes et emmenés ensuite, lors de l'évacuation de la ville. Les données officielles n'indiquent que 2 femmes déportées. En réalité, le nombre des femmes emmenées de force de Bitolj doit être bien supérieur car, suivant les dépositions concordantes de plusieurs témoins, les femmes des fonctionnaires ou des militaires serbes auraient été expédiées en Bulgarie ou dans l'intérieur de la Macédoine.

D'ailleurs, le total pour toute la ville (cinq quartiers) doit être beaucoup plus élevé encore que 644, puisque ce chiffre ne comprend que trois quartiers, les plus populeux, il est vrai.

Les professions des déportés sont très diverses. A côté

d'un grand nombre de notables, commerçants, médecins, instituteurs, professeurs, on trouve des hommes de positions modestes. Leur choix paraît avoir été dicté aux ennemis de l'Entente par les motifs énoncés plus haut. A relever aussi que, parmi les déportés, il s'en trouvait 220 de religion musulmane.

Les renseignements recueillis ne me permettent de fixer d'une façon certaine que l'âge de 213 des personnes emmenées (y compris 7 hommes recrutés dans l'armée bulgare qui ne figurent pas dans le chiffre total des déportés). Il y a donc 438 personnes dont l'âge exact n'est pas établi.

La répartition suivant l'âge des 213, est la suivante :

AGE	DÉPORTÉS	AGE	DÉPORTÉS	AGE	DÉPORTÉS
12 ans	3	33 ans	4	52 ans	2
15 ans	3	35 ans	8	53 ans	1
16 ans	7	36 ans	8	54 ans	2
17 ans	1	37 ans	1	55 ans	5
18 ans	16	38 ans	5	56 ans	1
19 ans	2	40 ans	21	57 ans	1
20 ans	8	41 ans	3	60 ans	12
21 ans	1	42 ans	2	63 ans	2
22 ans	4	43 ans	1	65 ans	3
23 ans	1	44 ans	1	66 ans	3
24 ans	1	45 ans	18	67 ans	1
25 ans	4	47 ans	2	68 ans	1
26 ans	2	48 ans	2	70 ans	2
27 ans	1	49 ans	1	75 ans	1
28 ans	4	50 ans	18	80 ans	1
30 ans	18	51 ans	1		

Le résultat de mon enquête directe sur place est entièrement corroboré par les témoignages que j'ai recueillis et qui décrivent ce qui se passe dans la Macédoine non encore libérée. Nous avons d'abord la déposition très importante de VASSILIE TRBITCH, qui a passé des mois dans les districts de Velès, Prilep et Poretch envahis par les Bulgaro-Allemands :

« Au mois de décembre 1915, toute la population mâle des villages (districts de Velès, Prilep et Poretch) qui avait échappé aux massacres, fut ramassée et dirigée sur Sofia. La première moitié fut, à la date du 6/19 janvier 1916, incarcérée à la forteresse de Nich. L'évêque de Kitchevo télégraphia au roi Ferdinand en le priant de faire rentrer ces gens dans leurs villages car, en traitant ainsi la population, on prouverait au monde qu'elle est serbe et non pas bulgare. Le roi a cédé et l'ordre de rentrée a trouvé une partie des déportés à Nich, les autres à Vrania, Koumanovo, Velès et Prilep. Parmi ces « grâciés » on a choisi 500 otages, prêtres et notables, et on les a envoyés à Sofia. Une partie de ceux-ci fut retenue dans cette ville, l'autre fut distribuée dans les villages de Bulgarie. « Vous êtes libres; travaillez et gagnez votre vie, sinon crevez », leur disaient les Bulgares. Au mois de juin 1916, ces derniers, demandèrent une caution de 700 lèves à chaque otage pour lui permettre de rentrer chez lui. Ceux qui ont payé ont pu rentrer, les autres sont restés. La plupart de ceux qui ont payé et sont revenus ont été en liberté pendant une dizaine de jours; mais, arrêtés de nouveau, ils ont été ramenés en Bulgarie. Au mois de juillet 1916, les déportations en masse de l'ancienne et de la nouvelle Serbie recommençaient. Des familles entières furent ainsi déportées. De cette époque au 25 décembre 1916 (a. st.), date à laquelle j'ai quitté la contrée, plus de 10.000 familles des nouveaux territoires serbes furent déportées. Entre Sofia et Knéchevo, dans une plaine marécageuse, des baraquements furent construits pour y loger une partie des déportés. Les autres furent emmenés à l'intérieur. Les villages de Prisren et de Prichtina ont été presque entièrement dépeuplés. Lorsque je suis allé à Skoplié, j'y ai trouvé 50 familles de Prisren qui ont mis 7 jours pour y arriver, et on ne leur a donné, pendant ces 7 jours, qu'une demi-miche de pain. Ont été déportées : de Bogomil 50 familles, de Kapinovo 14 familles, de Papradichté 12 familles, d'Orehov Dol 15 familles, de Mogrena 10 familles, d'Omorani 12 familles, de Mardovtzi 2 familles, de Zrechnivo 6 familles, de Bélitza 25 familles, de Tachevo 6 familles, de Bresnitza 6 familles, de Dounia 8 familles, de Nebregovo 3 familles, de Stepantzi 1 famille, de la ville de Prilep 170 familles, de Krouchevo 70 familles. Je ne connais pas le nombre des familles déportées dans les autres villages, mais les déportations continuent.

« Les familles de Poretch ont été déportées au mois de novembre par le froid et la neige. *Les propriétés des familles déportées sont confisquées par l'État bulgare.* J'ai été témoin oculaire, à plusieurs reprises, des déportations des familles. Les gendarmes procédaient avec une brutalité inouïe. »

Le passage concernant l'intervention de l'évêque bulgare de Kitchevo auprès du roi Ferdinand est intéressant, parce qu'il nous montre toute la mauvaise foi des gens du gouvernement de Sofia dans leurs revendications touchant la Macédoine. Cet évêque n'intervient pas en faveur des malheureux déportés par pitié, par commisération, non, il prie son maître de rapporter les dispositions prises « car en traitant ainsi la population on prouverait au monde qu'elle est serbe et non pas bulgare ». C'est un aveu implicite de l'imposture bulgare !

La déposition de Trbitch nous montre également l'importance des déportations en Macédoine. De juillet 1916 au 25 décembre de la même année, les Bulgares ont déporté plus de 10.000 familles et les déportations continuaient lorsque le témoin a quitté la contrée. En comptant pour chaque famille une moyenne de 5 membres, les familles sont prolifiques dans ces contrées, plus de 50.000 personnes furent ainsi chassées de leurs foyers ! Et où les a-t-on transportées ? Trbitch nous le dit : en partie dans les marécages entre Sofia et Knéchévo pour que, autant que possible, toutes y périssent de la fièvre paludéenne et d'autres maladies contractées dans cette région malsaine. Et le fait de chasser ces femmes, ces vieillards et ces enfants en plein hiver de leurs demeures et de les envoyer à pied dans la boue et dans la neige faire de longues étapes, poussés par des gendarmes se conduisant avec la dernière brutalité, n'est-ce pas là un acte que des gens tant soit peu civilisés ne conçoivent qu'avec peine ?

Enfin le témoin confirme que les propriétés des expulsés déportés sont confisquées par l'Etat, qui trouve ainsi un gain considérable dans son action contraire à tout droit et à l'humanité !

Bojidar Mladenovitch, de Skoplié, 24 ans, ancien soldat

serbe et incorporé dans le 11e régiment d'infanterie bulgare, raconte ce qui s'est passé à Skoplié et dans les régions environnantes : « Les Bulgares ont interné tous les notables, dont ils ont tué un grand nombre. Des prêtres et des instituteurs ont été emmenés et on n'a jamais plus entendu parler d'eux. Parmi ces déportés, je connais : Athanassie Petrovitch, pope, Traiko Kovatchevitch, pope, Docha Djurovitch, instituteur, Nacha Douchkitchevitch, pope, Tassa Simitch, pope, Sima Tasitch, tailleur, etc. Environ 400 à 500 personnes de Skoplié furent ainsi déportées. Dans le Poretch, les Bulgares ont tué beaucoup de monde et ils voulaient déporter le reste. Le métropolite bulgare Kosma, avant 1912, métropolite d'Ochrida (évêque de Kitchevo en 1916), est intervenu. Un groupe de 700 déportés du Poretch a été enfermé dans une mosquée à Skoplié et à Koumanovo, où on en a tué 80. A Sliven, il y a 5 à 6.000 internés serbes. Environ 500 sont dans des baraques, les autres, parmi lesquels il y a des femmes et des enfants, sont logés en plein air. On les maltraite de toute façon. Leur nourriture est absolument insuffisante. »

Voilà ce que dit le Dr Athanasiadès, médecin grec, des déportations-internements à Prichtina ; « La ville de Prichtina a immédiatement été départagée en partie bulgare et partie allemande, la rivière qui passe par la ville formant la séparation. Les Bulgares ont alors commencé à interner la population. Parmi les internés je connais Sava Stoyanovitch, ancien député sous les Turcs, dont j'ai entendu dire qu'il s'était évadé ultérieurement. On internait principalement les prêtres, dont pas un n'est resté... Les Allemands permettaient à tous ceux qui avaient un certificat d'inaptitude au service militaire de rentrer en Serbie. Ils n'internaient que ceux qui n'en avaient pas, mais les Bulgares internaient tout le monde. »

« Les personnes emprisonnées à Kavadar, etc., ont été internées en Bulgarie et on ne les a relâchées, sur la demande de leurs familles, que vers la fin de 1916. Mais les comitadjis les ont fait interner de nouveau. » — Velia Mantchitch, sergent serbe et déserteur bulgare.

Le même témoin donne aussi des détails sur la vie des internés en Bulgarie : « En Bulgarie il y a énormément d'internés serbes, répartis dans les divers départements. Ces internés sont très mal nourris : 300 grammes de pain par jour et de la soupe deux ou trois fois par semaine. Très mal habillés, ils sont maltraités par les Allemands qui ont presque toujours le commandement des camps d'internés. Il y a 12.000 femmes et enfants seulement à Dobritch. C'est après la révolte qu'on a brûlé tous les villages et déporté la population. Les soldats de mon régiment ont escorté ces malheureux. On les fait travailler aux champs. »

Danka Popovitch, 22 ans, institutrice à Bitolj, dépose devant un fonctionnaire du Ministère de l'intérieur serbe : « Les premiers jours les autorités bulgares ont laissé les Serbes à Bitolj, mais après 20 ou 30 jours ils ont institué un comité, composé uniquement de comitadjis, qui a procédé immédiatement aux expulsions et aux internements. Ce comité, qui s'appelait « Comité de la Sûreté publique », avait donné ordre que tous les citoyens indiqués par lui se présentassent à ses bureaux, à des jours fixés. Là, on leur faisait subir des interrogatoires dans le but d'obtenir des révélations. Les expulsions et internements en masse (à Bitolj) ont commencé avec l'arrivée de Christo Matoff comme président du comité spécial. Tous les Serbes suspects étaient déportés à Sofia ou dans d'autres localités de Bulgarie. Ceux dont on voulait simplement se débarrasser étaient envoyés n'importe où ailleurs. Les internements ont redoublé après la déclaration de guerre de la Roumanie. On internait tous les jours un grand nombre des personnes les plus connues de la ville et, surtout, des villages de Boukovo, Magarevo, Trnovo, Batch et Velouchina. La cause principale de ces internements était que la population de ces contrées montrait une grande aversion pour les Bulgares et leur disait ouvertement qu'elle préférait le régime serbe. J'ai entendu un paysan de Trnovo, qui avait été jeté en prison comme suspect et à qui on refusait même l'eau, crier à la sentinelle : « Il n'y a qu'un Bulgare qui puisse refuser de l'eau à un prisonnier. »

Les témoins prisonniers bulgares nous confirment qu'il y a beaucoup de déportés serbes et macédoniens en Bulgarie.

Ainsi *le n° 37, 18 ans, recrue du 2° régiment d'infanterie bulgare, 3° compagnie, 2° bataillon,* dit : « Il y a beaucoup de déportés serbes en Bulgarie. » Il en a vu un grand nombre qu'on emploie dans les fabriques. Les vieillards ont été envoyés en Serbie (?). Il y a aussi beaucoup de gens qui sont pauvres et qui sont venus de Macédoine, de Bitolj pour vivre dans les villes bulgares. Ils travaillent et ne paient pas de loyer. Il a vu des familles à Lom Palanka, venant de Macédoine ; elles étaient surtout de Bitolj et de Florina. C'est le comité allemand qui les a envoyées en Bulgarie. »

Le témoin était certainement de bonne foi lorsqu'il me raconta que des « pauvres » et des « familles de Lom Palanka » sont allés vivre de leur propre gré dans les villes bulgares. On le lui aura dit quand ce jeune homme, curieux de savoir ce que tout ce monde étranger faisait dans son pays qui n'avait déjà pas trop de vivres, en a demandé la cause. Mais ces « pauvres » et ces « familles » étaient tout simplement des déportés et il n'est pas étonnant qu'on ne leur demandât pas de loyers. Pourquoi de pauvres Macédoniens auraient-ils quitté leur foyer, si misérable qu'il soit, pour vivre encore plus tristement en pays étranger ? Ceci est tout à fait contraire à la psychologie bien connue du paysan de tous les pays, psychologie qu'à maintes reprises j'ai pu observer dans cette guerre et qui fait qu'il préfère se faire tuer par les obus sur son lopin de terre ou dans sa masure plutôt que de l'abandonner à la merci d'étrangers.

Le n° 38, 25 ans, caporal du 3° régiment d'infanterie bulgare, dépose : « J'ai entendu dire qu'il y a beaucoup de déportés serbes en Bulgarie. »

Le n° 39, 26 ans, sergent au 2° régiment bulgare, témoigne dans le même sens : « Il a entendu dire qu'il y a des déportés serbes en Bulgarie. »

Le n° 40, 20 ans, du 21° régiment d'infanterie, les a vus :

« J'ai vu des internés serbes en Bulgarie qui sont traités comme des prisonniers. Il y a aussi des femmes, mais la population leur vient en aide. »

Le n° 41, 29 ans, du 10° régiment d'infanterie bulgare :
« Il y avait un ordre du général Protogheroff de lui indiquer tous ceux qui n'étaient pas contents du régime pour les déporter. Beaucoup de gens furent ainsi déportés : femmes, enfants, vieillards. Le gouvernement a confisqué leurs biens. Ce général a aussi donné ordre de déporter en Asie Mineure tous les parents de ceux qui furent exécutés. »

Ce dernier témoin parle de la déportation des Serbes macédoniens en Asie Mineure, déportation qui sera étudiée plus longuement dans la seconde partie de ce travail. Nous aurons d'ailleurs à reparler en détail des déportations en général, car si les adversaires de l'Entente ont déjà utilisé largement ce moyen pour terroriser et exterminer en Macédoine, ils en ont usé d'une façon encore beaucoup plus considérable en Vieille Serbie.

Pour le moment je me contente de constater que l'enquête a démontré comment les ennemis de l'Entente, et tout spécialement les Bulgares, ont arraché de leurs foyers et déporté des milliers de Macédoniens et comment ils ont confisqué à leur profit les biens de ces malheureux. Inutile d'insister sur l'illégalité de tels procédés contraires à toutes les conceptions modernes du droit des gens et de l'humanité et qui nous ramènent au plus sombre moyen âge, quand les peuples vaincus étaient exterminés ou emmenés en esclavage. Il a été réservé aux Allemands, qui se vantaient pourtant d'être à la tête de la « culture », d'inaugurer de nouveau ces pratiques barbares et sauvages. Leurs fidèles vassaux bulgares ont encore renchéri sur eux en accompagnant ces pratiques du crime de la spoliation ou du vol par la force, représenté par la confiscation des biens des déportés !

X

RECRUTEMENT DES SUJETS SERBES

Les usages et les lois de la guerre défendent expressément le recrutement par la force des sujets ennemis dans l'armée de l'envahisseur d'un pays.

D'ailleurs le simple bon sens et, surtout, le sentiment du devoir humanitaire interdisent à un belligérant d'avoir recours à un pareil moyen pour augmenter sa puissance militaire. Et pourtant les Bulgares l'ont utilisé en Vieille Serbie et en Macédoine. Dans ce chapitre, je n'étudierai que le recrutement par les Bulgares des sujets serbes macédoniens et je dirai dans la seconde partie de ce travail ce qu'ils ont fait dans la contrée serbe de la Morava.

Voici ce que racontent à ce sujet une série de témoins des villages libérés :

Village de Jivonja. — « Les Bulgares recrutaient des jeunes gens de 18 ans du village, mais la retraite ne leur a pas permis d'incorporer ces hommes dans l'armée ». — Vasilie Georgevitch, 56 ans ; Risto Lazarevitch, 53 ans ; Georges Petritch, 38 ans, et Danas Kouljevitch, 60 ans.

Village de Dobroveni. — « On avait publié que tous ceux qui étaient aptes à porter les armes devaient se présenter à Bitolj. Tous se sont rendus dans cette ville, mais les combats avaient commencé et ces jeunes gens se sont enfuis ». — Todor Petrovitch, 68 ans, kmet du village ; Naidan Todorovitch, 49 ans ; Naoum Petrovitch, 41 ans, et Bojine Naideff, 60 ans.

Village de Batch. — « Les Bulgares ont recruté les

jeunes gens du village, mais ils ont dû partir avant de
pouvoir les enrégimenter. » — TRAIKO YOVANOVITCH,
40 ans ; STOYAN STOIKOVITCH, 55 ans.

Village de Tepavtzi. — « Cinq hommes ont été emmenés
comme comordjis (conducteurs de chars) et six ont été pris
comme soldats : Spasse Grouieff, 28 ans, Slate Petroff,
28 ans, Petre Mize, 26 ans, Vidan Miteff, 28 ans, Stoyan
Siljevitch, 22 ans, et Krste Athanasovitch, 27 ans. Ces
hommes furent recrutés à la mi-septembre 1916. Ils ont été
emmenés à Prilep. Les villageois ont reçu des lettres d'eux
datées de Sofia. » — BOGOJE TRAJANOVITCH, 53 ans, kmet
du village, et YOVAN PETROVITCH, 86 ans.

Village de Skotchivir. — « Tous les soldats originaires
de la Macédoine qui ont été faits prisonniers ont été incorporés dans l'armée bulgare. » — STOICHO RISTITCH,
65 ans ; RISTO KOULEVITCH, 60 ans ; RISTO TCHEBLAGOVITCH,
62 ans, et RISTE KOTEVITCH, 39 ans.

Village de Veleselo. — « Il y a deux jeunes gens d'environ 20 ans, Nikola Simonovitch et Stoyan Nedeljkoff, qui
ont été recrutés comme soldats. » — TRAJAN RISTITCH,
60 ans, kmet du village ; BOJIN MARKOVITCH, 70 ans ;
ANTOINE PETKOFF, 60 ans ; TRAJAN TRAIKOFF, 17 ans.

Village de Kenali. — « Les hommes ont été appelés à
Bitolj devant une commission de recrutement. Beaucoup
ont été pris comme aptes au service et ils devaient se présenter à une date ultérieure, mais les Bulgares n'ont pas eu
le temps de les enrégimenter. Ils ont dû partir avant. » —
OMER RACHID, 35 ans ; déposition confirmée par tous les
témoins du village.

Village de Srednie Egri. — « Des soldats serbes, originaires du village, ont été faits prisonniers par les Austro-
Hongrois et remis par ceux-ci aux Bulgares. Ce sont le fils
du kmet Ilia Athanasoff, 22 ou 23 ans ; Ilia Tasevitch,
25 ans ; Kosta Yovanovitch, 26 ou 27 ans ; Riste Yovanovitch, environ 40 ans ; Nikola Krsteff, environ 40 ans ;
Mitre Krsteff, 27 ans ; Riste Mitreff, 26 ans ; Spasse Tasse-
vitch, 27 ans ; Petre Taneff, 25 ans ; Petre Vassilievitch,

30 ans ; Kosta Temelkoff, 40 ans. Les villageois ont reçu des lettres de ces hommes. D'autres également ont été pris, mais on n'a pas de nouvelles d'eux. » — ATANASSIE DIMITRIEFF, 58 ans, kmet du village ; SPASA TOLEFF, 32 ans ; NEDELJKO VASILIEVITCH, 40 ans ; TRAJAN NEDELJKOVITCH, 40 ans ; DIMITRIE STOYANOVITCH, PAVLE PETKOVITCH, 40 ans ; ANDJEL HOFF, 16 ans.

Village de Negotine. — « Comme ailleurs, les Bulgares ont voulu faire le recrutement, mais ils n'en ont pas eu le temps. » — TZVETKO DIMO, 55 ans, et TRAITCHE KITANOFF, 56 ans.

Village de Kanina. — « Tzvetko Lazar Talevitch a été soldat serbe et il fut fait prisonnier par les Autrichiens. Ceux-ci l'ont remis aux Bulgares pour être incorporé dans leur armée. » — DIMITRIE IVANOVITCH, 39 ans, kmet du village ; STEVAN NIKOLJEVITCH, 62 ans ; PETAR SPASEVITCH, MARKO YOVANOVITCH, 65 ans ; KOSTA RISTEFF, 70 ans, et SPASE BOYEFF, 60 ans.

Village de Zabjani. — « Trois hommes ont été pris par les Bulgares pour servir dans l'armée : Athanasie Yovanovitch, 25 ans ; Grosdan Pétrovitch, 25 ans, et Stoyan Saklevitch, 25 ans. Ils font partie des sept qui furent emmenés. » — SPASOYE YOVANOVITCH, 40 ans, kmet du village ; APOSTOL SEKOULOVITCH, 45 ans, et PETKANA CHRISTOFF, 50 ans.

Village de Brnik. — « Huit hommes ont été recrutés pour l'armée bulgare : Stevan Athanosoff, 28 ans ; Mitre Georgevitch, 35 ans ; Veljko Georgevitch, 22 ans ; Riste Veljkovitch, 20 ans ; Mitre Ristevitch, 24 ans ; Mitre Ristevitch II, 20 ans ; Daſin Todorovitch, 30 ans ; Stoyo Todorovitch, 34 ans. Le recrutement fut fait en septembre 1916. » — STOYAN TZVETKOVITCH, 65 ans, kmet du village ; ATHANASIE YOCHEVITCH, 26 ans ; YASNA NEDELKOVITCH, 50 ans, et VELIKA NEDELJKOVA, 45 ans.

Village de Makovo. — « Neuf hommes ont été recrutés pour l'armée bulgare : Traiko Stoyanovitch, 40 ans ; Dimitrie Athanasovitch, 28 ans ; Dimo Markovitch, 18 ans ; Riste Temianovitch, 25 ans ; Mile Stoikovitch, 25 ans ;

Riste Traikovitch, 25 ans ; Traiko Stoikovitch, 20 ans ; Stoiko Stoyanovitch, 20 ans ; Atanassie Trptchevitch, 20 ans. Huit soldats de l'armée serbe, faits prisonniers par l'armée autrichienne, ont été enrôlés dans l'armée bulgare. » — Dimo Tzvetkovitch, 55 ans, kmet du village ; Yovan Koitovitch, 65 ans ; Tale Kolevitch, 65 ans ; Riste Krstevitch, 62 ans, et Nikola Damianovitch, 60 ans.

Village de Paralovo. — « Les Bulgares n'ont pas recruté dans le village, mais trois soldats serbes du village, prisonniers des Autrichiens, ont été incorporés dans l'armée bulgare. Ce sont : Petro Voynovitch, 30 ans ; Yovan Ristevitch, 28 ans, et Milé Petrevitch, 26 ans. A Souvodor, il y a également des soldats serbes incorporés dans l'armée bulgare : Bojin Mitrevitch, 25 ans ; Tirtcho Stoyanoff, 25 ans ; Temeljko Talevitch, 30 ans ; Steva Petrevitch, 30 ans. » — Mitzo Ilitch, 45 ans, kmet du village ; Mitzo Yochevitch, 61 ans.

Village de Vranjevtzi. — « Lés Bulgares n'ont pas recruté à Vranjevtzi même, mais ils ont incorporé dans leur armée des villageois, soldats serbes faits prisonniers par les Austro-Hongrois : Tole Bojinovitch, 30 ans ; Anastassie Bojinovitch, 25 ans ; Nedeljko Markovitch, 38 ans ; Spase Ristevitch, 25 ans ; Anastassie Georgevitch, 30 ans ; Petre Ristevitch, 48 ans ; Tale Veljanovitch, 35 ans ; Bojine Kitanovitch, 37 ans ; Mio Talevitch, 25 ans, et Petko Talevitch, 45 ans. » — Groujo Veljanovitch, 47 ans, et Todor Georgevitch, 70 ans.

Village de Loubojna. — « Pante Simovitch, 27 ans ; Andjel Risteff, 22 ans ; Mouzan Manovitch, 20 ans, furent emmenés de force et recrutés dans l'armée. Cinq soldats serbes du village, faits prisonniers, ont également été enrôlés dans l'armée : Lazar Vasilievitch, Andjel Pavlevitch, German Ristebitch, Stevan Stoyanovitch, et Nikola Vasilievitch. » — Spiro Lazarevitch, 55 ans, kmet du village ; Nikola Lazarevitch, 64 ans ; Mitré Yankovitch, 65 ans, et Sekoula Lazarevitch, 45 ans.

Village de Krani. — « Les Bulgares ont recruté pour leur

armée des musulmans et des orthodoxes. Ainsi 6 musulmans et 4 orthodoxes furent incorporés.» — VASSILIE RISTÉVITCH, 70 ans; RAKIB ISLAM, 65 ans; ROUSTAN MOUEDINE, 57 ans.

Village de Strbovo. — « Trois villageois ont été recrutés : Kole Stoyanovitch, 22 ans; Petre Ristevitch, 20 ans, et Yoche Dimevitch, 23 ans. Deux anciens soldats serbes du village sont maintenant dans l'armée bulgare. » — DJIRE TINOFF, 48 ans, kmet du temps bulgare; TASSE KARAPHILOVITCH, 75 ans, ancien kmet, et RISTE PETROVITCH, 46 ans.

Village de Harvati. — « Les Bulgares ont recruté au village 5 musulmans et 4 orthodoxes. C'étaient des jeunes gens. » — TZVETKO KRSTINOFF, 58 ans; GEORGE LAZAR, 60 ans, et ABEDIN CHABAN, 47 ans.

Village de Bradoutchina. — « Sept jeunes gens ont été recrutés : Randjel Naidovitch, Todor Ivanoff, Bojin Lazarovitch, Pante Spirovitch, Tale Christovitch, Pavle Lambrovitch et Yovan Christovitch. Les soldats serbes suivants, faits prisonniers par les Autrichiens, ont été incorporés dans l'armée bulgare : Spassa Naoumovitch, Stoyan Kostevitch, Spassa Andjelovitch, Rista Donevitch et Petar Traikovitch ». — NOVAK NAOUMOVITCH, 56 ans, kmet du village; YOVAN NIKOLOVITCH, 45 ans; pope CRISTA ILITCH, 74 ans; SPIRO ILITCH, 70 ans; KRSTA YOVANOVITCH, 60 ans; GEORGE ANDJELKOVITCH, 49 ans, et RISTA TOMOVITCH, 35 ans.

Village de Nakoletz. — « Sept jeunes gens du village ont été recrutés. Cinq anciens soldats serbes, faits prisonniers par les Austro-Hongrois, ont été enrôlés dans l'armée bulgare. » — MITAR STEPHANOVITCH, 28 ans, kmet du village; JORGATCH NIKOLOFF, 40 ans; ABEDIN HAMID, 40 ans; ISLAM CHÉRIFF, 50 ans, et MARKO POPOVITCH, 17 ans.

Village de Velouchina. — « Les Autrichiens ont pris trois jeunes gens de Velouchina : Yovan Spassevitch, Vassilie Lazarevitch et Naoum Todorovitch. Ils les ont remis aux Bulgares qui les ont enrôlés dans l'armée. Mais tous les trois se sont enfuis lorsque les Bulgares se sont retirés. »

— Krsta Ilitch, 34 ans, président de la commune de Velouchina.

Ville de Bitolj. — « Il y a un mois environ, les Bulgares ont recruté tous les hommes de 20 à 30 ans. Quelques-uns se sont cachés. Ceux qui se sont présentés ont été emmenés. » — Mihailo Belitch, 53 ans, commerçant, et Gortcha Kourtevitch, 42 ans, hôtelier.

Un fait résulte des dépositions des témoins civils appartenant aux régions aujourd'hui libérées : les Bulgares ont recruté et incorporé dans leur armée des sujets appartenant à un autre État, qui est en guerre avec eux, et ceci au mépris du droit des gens et des conventions et lois de la guerre. Les dépositions sont catégoriques et nettes. On donne des chiffres et des noms. Le total des recrutés des villages occupés aujourd'hui de nouveau par leurs légitimes propriétaires est de 124 hommes, total qui aurait été de beaucoup supérieur si l'armée d'Orient des Alliés, par son avance victorieuse de l'automne 1916, n'avait pas empêché les Bulgares de parfaire leur œuvre, qu'on doit qualifier de criminelle. En effet, dans beaucoup de villages les paysans racontent que, après avoir procédé au recrutement, l'armée de Ferdinand de Cobourg n'a pas eu le temps de les enrégimenter. Elle a dû partir avant, traquée par les troupes serbes, françaises, russes et italiennes.

Parmi les 124 recrutés, il y a 81 hommes dont je possède les noms dans mon dossier, 63 dont je connais les âges et qui se répartissent comme suit :

18 ans	1	26 ans	4	38 ans	1
20 ans	8	27 ans	4	40 ans	4
22 ans	5	28 ans	7	45 ans	2
23 ans	1	30 ans	7	48 ans	1
24 ans	1	35 ans	4		
25 ans	12	37 ans	1		

Dans bien des villages, on m'a donné les noms de soldats serbes faits prisonniers par les Austro-Hongrois et remis ensuite par ceux-ci aux Bulgares pour être incorporés dans l'armée. Ce fait est absolument authentique. J'ai personnellement interrogé un certain nombre de jeunes gens dans ce cas et que les militaires de Charles II ont livrés ainsi pour être forcés de combattre leurs propres frères dans les rangs bulgares. L'Autriche-Hongrie s'est donc faite complice de l'abominable crime des Bulgares.

Le recrutement fut fait à la fin de l'été et au commencement de l'automne 1916. C'est probablement une commission qui parcourait les villages pour établir le nombre des hommes aptes à porter les armes, etc. Mais presque au même moment commencent les opérations et l'avance victorieuse des Alliés. En certains pays, les commissions n'ont pas eu le temps d'achever leur besogne. Ceci explique pourquoi dans quelques villages écartés des grandes routes, à Ostretz par exemple, on n'a pas procédé à cette opération.

A Bitolj, je n'ai pu établir avec certitude que les noms de 7 recrutés. Il est certain que le nombre de recrues monastiriotes est beaucoup plus considérable. Mais ces recrutés se trouvent sûrement en grande partie parmi les déportés et je n'ai pu vérifier le nombre de ceux-ci que dans trois quartiers sur cinq.

Voilà maintenant ce que disent, à propos du recrutement en Macédoine, les témoins serbes qui ont pu s'échapper des troupes bulgares :

« Toute la population mâle de la Nouvelle Serbie (Macédoine) de 18 à 30 ans, a été recrutée par les Bulgares. Les soldats serbes des nouveaux territoires faits prisonniers par les Austro-Hongrois ont été remis aux Bulgares. Les Autrichiens avaient dit d'abord que ceux qui se déclareraient Serbes rentreraient en Autriche comme prisonniers et que ceux qui se déclareraient Macédoniens seraient seuls envoyés en Bulgarie. Mais, comme très peu se déclaraient Macédoniens, les Austro-Hongrois prétendirent qu'il n'y avait pas de Serbes en Macédoine et ils les envoyèrent tous chez les Bulgares. » — Vassilie Trbitch, 35 ans.

« Je fus traité en « Macédonien ». Incorporé comme simple soldat, j'ai dû travailler aux routes à l'arrière. Les Bulgares font un triage parmi les « Macédoniens ». Quelques-uns sont envoyés directement au front, mais on évite d'envoyer ceux dont on n'est pas sûr. Les « Macédoniens » sont encore plus mal nourris que les soldats bulgares. Ce sont les Allemands qui ont la meilleure nourriture. Tous les Macédoniens livrés aux Bulgares ou faits prisonniers par eux ont été d'abord renvoyés chez eux. Trois mois après ils furent incorporés dans l'armée. J'ai été incorporé à Roustchouk, où j'ai reçu un équipement allemand neuf. Les cartouchières étaient autrichiennes, les ceinturons bulgares. Il y a beaucoup de « Macédoniens » incorporés de force dans l'armée bulgare. Les Serbes de Serbie sont employés à l'arrière pour les routes. » — Velia Mantchitch, 22 ans, sergent dans l'armée serbe, prisonnier et livré par les Austro-Hongrois aux Bulgares.

« De là les Austro-Hongrois ont emmené les Macédoniens à Achak en Hongrie et ensuite on nous a envoyés à Nich chez les Bulgares. Nous étions près de 300. Les Bulgares nous ont répartis dans les différentes divisions et moi je fus envoyé dans la troisième division balkanique. J'étais d'abord inscrit dans les services complémentaires du 24e régiment à Bourgas. Lorsque les recrues macédoniennes arrivèrent, je fus attribué au 11e régiment, à Sliven, en Bulgarie. J'étais resté à Nich seulement pendant trois ou quatre jours. De Sliven, après un séjour de dix mois dans cette ville, j'allai au front à Golo Bilo, à la seconde armée. Pendant le transport au front, j'ai vu du côté de Demir Kapou des jeunes gens de Serbie de 16 à 20 ans qui ont été recrutés dans l'armée bulgare après la révolte en Serbie. » — Bojidar Mladenovitch, de Skoplié, 24 ans, ancien soldat serbe, incorporé au 11e régiment d'infanterie bulgare.

Ce même témoin, dans un second interrogatoire, nous fournit les détails intéressants suivants : « Même en Macédoine, les Bulgares n'ont pu procéder à un recrutement complet et ils ont été forcés d'interrompre ce recrutement, car une révolte était sur le point d'éclater, révolte dont ils avaient une grande peur. Radoslavoff a été obligé de l'avouer publiquement dans la presse bulgare, parce que la moitié des recrues de Macédoine ont été condamnées à 3 ans de prison et plus pour s'être opposées au recrutement forcé. La plupart des appelés n'ont pas répondu à l'appel de mobilisation. »

« Tous les Macédoniens ont été envoyés en Bulgarie
(été 1916) en plusieurs groupes. Le premier en comptait
400, le second 230 et le troisième 250. A ce moment, 70 à 80
Macédoniens restaient au camp (Heinrichsgrün). On a également envoyé, des autres camps de prisonniers, tous les
Macédoniens en Bulgarie. Ils sont arrivés en chemin de
fer à Sofia après être passés par Prague et avoir traversé la
Serbie. Ils ont continué de Sofia jusqu'à Trnovo et de là, à
pied, à Sevliévo, où ils ont reçu un uniforme et où un commandant leur a dit : « Maintenant que les Bulgares les ont
libérés, les Macédoniens doivent prêter leur concours à
l'œuvre commune. » Quelques Macédoniens ont accueilli
ces paroles avec enthousiasme, mais la grande majorité est
restée silencieuse. De Sevliévo ils ont été envoyés à Sofia,
où ils sont restés un jour et y ont reçu les armes, puis on
les a expédiés en groupes de 600 par chemin de fer à
Gradsko et de là à Prilep, où ils sont restés une semaine.
Dans cette ville, 400 d'entre eux ont été choisis pour Dre-
novo, Kavadar, Bochava et les 200 autres furent envoyés
en complément des unités vers Bitolj. A Bochava, on les a
exercés pendant un mois, puis, vers la fin de novembre
1916, ils ont été répartis dans les unités. Le témoin fut versé
dans la cinquième compagnie, deuxième bataillon du 46ᵉ régiment. Il s'est rendu le 15/28 janvier 1917 près du village
de Nonte aux troupes de la 122ᵉ division française. » —
George Yovanovitch, de Gostirazna, du 5ᵉ régiment serbe,
versé comme prisonnier dans l'armée bulgare.

« Le témoin, agriculteur de Mrsan Oraovatsa, arrondissement de Négotine, département de Tikvèche (Macédoine),
actuellement sergent dans l'armée serbe, s'est rendu aux
Français du lac de Prespa : « Au commencement de la
guerre, j'étais à l'école des sous-officiers de Belgrade. Passé
au troisième régiment, je fus promu sergent. Après l'attaque des Bulgares nous nous sommes retirés de Nich par
Kourchoumlia-Prisren-Elbassan. Près du village de Chili
Ponta nous fûmes cernés par des comitadjis bulgares et je
fus fait prisonnier avec trois de mes camarades. On nous a
amenés à Sofia par Podgradetz Ochrid-Réssane-Bitolj. Je
suis resté trois mois à Sofia comme prisonnier, puis on m'a

laissé aller chez moi parce que j'étais Macédonien. Je fus
de nouveau amené à Sofia et incorporé dans l'armée comme
fantassin au 5e régiment à Roustchouk. Mon régiment fut
envoyé au front macédonien le 1er avril, au lac de Prespa,
où je me suis rendu aux Français avec dix autres camarades. Tous les Macédoniens de 17 à 45 ans ont été déportés. Certains, en qui on n'avait pas confiance, ont été
internés en Bulgarie, les autres ont été incorporés dans
l'armée. Une partie de ces derniers se trouve sur le front
de Macédoine, le reste est en Roumanie. » — VELIA MANT-
CHITCH, second interrogatoire.

« Au mois de mars dernier, on avait ordonné de séparer
tous les prisonniers de la Nouvelle Serbie et de les faire
exercer. Je fus de la partie. On nous exerça pendant deux
mois. Aux souffrances morales et matérielles, qui ne ces-
sèrent de nous torturer pendant tout le temps de notre
odieuse captivité, vint s'en ajouter une nouvelle : on nous
défendit de parler serbe. Pour toute contravention à cette
interdiction, on nous punissait de peines dont le raffinement était incroyable. « Vous n'êtes pas des Serbes, » nous
disait-on, « il n'y a plus de Serbes. Ils sont supprimés de
la surface du monde. » L'instruction terminée, nous fûmes
envoyés en garnison dans diverses villes et, quelques
temps après, dans les régiments sur le front où je n'atten-
dais que la première occasion pour me rendre. » — AND-
JELKO DJ. TZVETKOVITCH, de Draitchika, du 24e régiment
serbe, déserteur du 45e régiment bulgare.

« Sous la fenêtre de la cellule où j'étais enfermé à Nich,
un soldat macédonien se trouvait en faction. Je suis entré
en conversation avec lui et il m'a dit qu'il était Serbe... J'ai
vu à Nich des Albanais et des Musulmans comme soldats
réguliers. Ils m'avaient reconnu et me saluaient, car ils étaient
de Prichtina. Je crois, comme me l'a dit le soldat qui était
sous ma fenêtre, qu'il y a aussi des Serbes dans le service
armé, mais je n'en ai point vu. » — DR. A. ATHANASIADÈS,
Grec, médecin de l'arrondissement de Gratchanitza.

« Au mois de septembre de l'année passée (1916), on a
ordonné à Bitolj le recrutement de notre population pour
l'armée bulgare. J'ai vu les affiches concernant ce recrute-

ment, affiches qui ont été apposées dans toute la ville, mais je ne les ai pas lues. Je sais que dans la commission de recrutement figurait comme membre Michel Pope Stareff, qui est resté à Bitolj après le départ des Bulgares. Il pourra fournir des renseignements. » — Danka Popovitch, 22 ans, institutrice de Bitolj.

« Vers le 20 août 1916, l'ordre général fut donné de recruter tous les Macédoniens de 20 à 30 ans. Tous les hommes devaient se rendre le 1er septembre aux endroits indiqués par les autorités militaires. Nous autres, de Prilep et environs, nous fûmes envoyés séparément à Velès et de là, tous ensemble, en Vieille Bulgarie. De Prilep seulement il y avait 850 hommes, sans compter ceux des villages des environs. Cependant, les appelés ne venaient pas tous. Beaucoup se sont cachés. Découverts, on les a envoyés sous escorte militaire à Vratza. Les Turcs (musulmans) ont été également recrutés pour l'armée. Cependant ceux des villes furent envoyés à Sofia d'où on les a expédiés à Constantinople pour les enrôler dans l'armée turque. Tous les villageois, orthodoxes comme musulmans, de la contrée de Kossovo et de plus loin, de Prizren et Débar ont été incorporés dans l'armée bulgare. On feignit de les considérer comme Albanais. Personne en Macédoine, de n'importe quel culte, n'a accepté avec plaisir ce recrutement, excepté quelques rares Turcs qui furent envoyés à Constantinople. 600 à 700 Turcs de Prilep sont partis pour Constantinople. » — George Todorovitch, de Prilep, infirmier serbe, sergent bulgare évadé.

Ces dépositions des Serbes ayant pu s'échapper de chez les Bulgares confirment donc entièrement les conclusions tirées des témoignages des paysans, etc., des régions délivrées. Elles fixent aussi définitivement la complicité des Austro-Hongrois dans ces actes contraires à toutes les lois. Il est intéressant à ce propos de retenir ce que dit Vasilie Trbitch de la manœuvre tentée par les Austro-Hongrois pour envoyer le plus possible de prisonniers serbes à l'armée bulgare.

Bojidar Mladenovitch rapporte que le recrutement en

Macédoine a failli provoquer une révolte, de sorte que les Bulgares, qui avaient grand peur de cette révolte, ont été forcés d'interrompre ce recrutement. Mladenovitch n'est pas le seul à le dire, je l'ai entendu aussi d'autres.

Enfin Todorovitch donne des renseignements intéressants sur le recrutement des musulmans de Macédoine. Il les appelle Turcs, mais en réalité ce sont des musulmans devenus sujets serbes après les guerres balkaniques. La désignation « Turcs » pour les mulsulmans est très répandue dans les Balkans.

J'ai voulu savoir ce que disaient les prisonniers bulgares du recrutement des Macédoniens dans leur pays. J'en ai interrogé un certain nombre à ce propos, et la plupart d'entre eux ne firent aucune difficulté pour avouer l'incorporation illégale des habitants de la Macédoine dans les troupes du Cobourg. Voici quelques-unes de leurs dépositions :

N° 42, sergent au 2° régiment d'infanterie bulgare : « Il y a des recrues macédoniennes dans certains régiments. Ainsi il y a des Macédoniens à Belasitza Planina. »

N° 43, 22 ans, du 2° régiment d'infanterie : « Le témoin n'a pas vu beaucoup de paysans en Macédoine. Les Bulgares les ont pris dans l'armée. Ces soldats macédoniens ont été répartis dans les divers régiments. De plus il y a un régiment entièrement macédonien. Celui-ci est sur le front de Gjevgjeli. Il n'y avait pas de Macédoniens dans son régiment. »

N° 44, 18 ans, 2° régiment d'infanterie bulgare : « Il n'y avait pas de recrues de Serbie dans son régiment. On avait cependant procédé au recrutement en Serbie, mais lorsque la révolte a éclaté, on n'a plus osé continuer le recrutement et les recrutés n'ont pas été appelés. Le témoin a vu des recrues macédoniennes. C'étaient des hommes faits prisonniers par les Autrichiens et remis ensuite aux Bulgares. Il a vu plusieurs régiments formés de Bulgares et de Macédoniens. En Macédoine, on a recruté parmi les hommes jusqu'à 45 ans. Le témoin dit qu'il n'y pas eu de révolte de ces

Macédoniens, mais les Bulgares ont peur qu'ils ne se rendent. Et il y a toujours des soldats qui se rendent. Pour les en empêcher, on les menace ainsi que les soldats bulgares, de confisquer leurs biens s'ils désertent. On a si peur de la désertion que l'artillerie tire immédiatement sur les soldats, dès qu'ils quittent les tranchées. La réserve est formée par les Allemands et c'est cette réserve qui fait la police.... Les jeunes recrues de Nich sont de Bulgarie et des Grecs, Turcs, etc., de la Macédoine. Elles ont été recrutées depuis le 4 mars. »

N° 45, caporal du 3ᵉ régiment d'infanterie, 25 ans : « Il y a des Macédoniens dans ce qu'on appelle les régiments macédoniens. Ils sont de toute la Macédoine : de Bitolj, de Prilep, etc. On a beaucoup recruté en Macédoine. Il y a des Macédoniens qui se rendent. »

N° 46, caporal du 2ᵉ régiment, 29 ans : « Il y a des régiments où il y a des Macédoniens. Dans le second régiment, il n'y en a pas. Le témoin a vu des soldats macédoniens du du côté de Magarichte, lorsqu'ils allaient au repos. C'étaient des jeunes gens et des vieux. Ils étaient bien traités. »

N° 47, 32 ans, du 21ᵉ régiment d'infanterie : « Dans le 2ᵉ régiment il n'y avait pas de Macédoniens, mais il y avait des Turcs. Il y a au 43ᵉ des Macédoniens. Ce sont des jeunes gens et aussi quelques hommes plus âgés. Les Bulgares ont peur qu'ils ne se rendent et ils prennent leurs précautions. Ils les envoient le moins possible sur le front afin qu'ils ne puissent pas déserter. D'autres, par contre, sont envoyés aux endroits les plus dangereux. »

N° 48, 22 ans, du 21ᵉ régiment d'infanterie : « A Nich, il y a des troupes au repos et des troupes de complément. Il n'y a pas de recrues de Serbie. Par contre, il y a des soldats macédoniens un peu partout dans tous les régiments. On a pris tous les Macédoniens aptes à porter les armes, spécialement les jeunes. On les traite comme les autres soldats, mais on n'a pas confiance en eux. La 11ᵉ division, où il y a beaucoup de Macédoniens, a été placée dans des positions dangereuses. »

Comme je l'ai dit plus haut, les déclarations des prisonniers bulgares sont un aveu net et clair du recrutement des sujets serbes de la Macédoine. Mais elles nous apprennent aussi que les Bulgares se méfient d'eux et prennent toutes sortes de précautions pour les empêcher de déserter. Ce sont les Allemands qui, suivant le témoin 44, se chargent de la surveillance du « loyalisme » des soldats macédoniens. Et leur surveillance est vigilante et terrible. J'ai pu le constater à plusieurs reprises au cours des batailles de l'automne 1916 par la quantité des morts bulgares et même allemands tués par les balles ou les shrapnells de l'armée de Guillaume de Hohenzollern.

Le recrutement des Macédoniens, sujets serbes, est ainsi dûment constaté.

Les Bulgares essayeront sûrement de l'expliquer et de le justifier, car il leur sera impossible de le nier. Ils diront que la Macédoine étant ethniquement bulgare, ils n'ont rien fait d'autre que d'enrôler des « frères de race » pour combattre un ennemi commun. Je ne veux pas discuter ici les prétentions des Bulgares sur la Macédoine au point de vue ethnique. Je dirai seulement qu'elles ne sont pas fondées et que les Serbes ont autant de droit qu'eux à réclamer comme leur ce coin de l'Europe. Je me contenterai de constater que les régions dont ils ont recruté les habitants, appartenaient légalement au royaume de Serbie et que, par conséquent, ces habitants étaient et sont encore des sujets d'un pays ennemi envahi et qu'ils le seront tant qu'un traité de paix en due forme n'en aura pas décidé autrement. La Macédoine fût-elle mille fois un pays ethniquement bulgare, le droit des gens et les conventions de la guerre interdisent formellement au gouvernement du Cobourg d'enrôler de force les Macédoniens sujets serbes dans l'armée. En le faisant, le peuple bulgare a enfreint ce droit des gens et ces conventions de la guerre, et il devra en rendre compte devant la société des nations.

Les Bulgares tenteront alors de s'excuser en prétendant que les Macédoniens ont volontairement pris les armes pour combattre avec « leurs frères bulgares » et qu'aucune convention internationale ne peut empêcher les gens de se joindre à ceux qui ont leur préférence. Je ne veux nullement nier qu'il y ait eu en Macédoine serbe des éléments favorables aux Bulgares. Les dépositions des paysans des contrées délivrées, dépositions citées dans les chapitres précédents, en témoignent. Qu'il s'y soit trouvé des gens qui, par sympathie ou par intérêt, ont pris les armes en faveur de la cause bulgare, cela ne fait pas de doute.

Mais ces défenseurs belliqueux ont été relativement fort rares. La grande masse, même ceux qui, avant cette guerre, étaient encore bulgarophiles, était opposée de toutes ses forces à l'action violente ; au contraire, elle n'aspirait qu'à une chose : avoir enfin la tranquillité nécessaire pour travailler ses champs en toute sécurité. Et c'est dans cette masse que l'armée bulgare cherchait ses nouvelles recrues.

D'ailleurs, si les Bulgares veulent faire croire au monde que les sujets serbes, macédoniens, sont entrés de leur propre gré et par enthousiasme dans leur armée, ils savent bien que c'est là une contre-vérité. Ils se méfient terriblement de ces « patriotes macédoniens », comme nous le rapportent leurs propres soldats, et leurs alliés allemands sont chargés de mitrailler les Macédoniens qui lâchent pied et qui désertent. Cette méfiance va jusqu'à envoyer les Macédoniens aux endroits les plus périlleux pour leur enlever la possibilité de se rendre à l'adversaire et pour les faire hacher par sa mitraille. Agit-on ainsi avec des gens qui volontairement se sont joints à vous pour vous aider ?

Non, l'action qu'ont commise les Bulgares en enrôlant les Macédoniens dans leur armée pour combattre les Alliés de l'Entente et spécialement les Serbes, parmi les troupes desquels se trouvent beaucoup de leurs propres frères de sang, est inexcusable et abominable. Les Austro-Hongrois, en livrant aux Bulgares pour l'enrôlement les prisonniers serbes originaires de la Macédoine, se sont rendus complices du forfait bulgare.

XI

ORGANISATION DES SERVICES ADMINISTRATIFS, etc.

Il était important de savoir comment les envahisseurs ont organisé les services administratifs, etc., services qui ont laissé commettre tous les dégâts que nous avons signalés dans les chapitres précédents. J'ai donc interrogé à ce propos mes témoins villageois, les prisonniers et les évadés serbes et j'ai recueilli autant de renseignements que possible. Dans ce qui suit on va lire un certain nombre de dépositions, qui permettront au lecteur de se faire une idée suffisante de l'administration bulgare dans les contrées serbo-macédoniennes. On y verra que les fameux comitadjis ont joué, dans cette administration, un grand rôle, qui sera examiné à part dans le chapitre suivant. On verra également que les autorités bulgares avaient en vue beaucoup moins le bien public que leurs intérêts propres. Les dépositions de source bulgare, nécessairement très réservées, confirmeront ce qu'ont dit les témoins serbes au sujet de l'organisation pratiquée par leur pays dans les régions envahies. Citons d'abord les témoignages recueillis dans les contrées à l'heure actuelle délivrées.

Village de Petalino. — « Les Bulgares ont laissé le kmet en charge. » — Ilia Traikovitch, 39 ans, kmet du village.

Village de Grounichte. — « Les Bulgares ont destitué le kmet serbe et l'ont remplacé par un autre villageois. » — Les témoins de Grounichte.

Village de Boudimirtzi. — « Ilko Sivevitch était kmet

du village du temps serbe, mais un beau jour on l'a appelé à Staravina et on lui a dit qu'il n'était plus kmet à partir de ce jour. On a mis à sa place un certain Stoyo Volchevitch, un homme méchant, détesté dans le village. Il est parti avec les Bulgares. Les habitants du village n'étaient pas libres de circuler. Ils devaient rester au village. » — ILKO SIVEVITCH, 52 ans, et DIMITRIE VASSILIEVITCH, 43 ans.

Village de Jivonja. — « Le kmet d'avant l'occupation fut laissé en charge, mais il paraît être un déserteur de l'armée serbe. Il est maintenant parti avec les Bulgares. Le pope et le crieur public du village sont également partis avec les Bulgares. » — VASSILIE GEORGEVITCH, 56 ans ; RISTO LAZAREVITCH, 53 ans ; GEORGES PETRITCH, 38 ans, et DANATZ KOULJEVITCH, 60 ans.

Village de Slivitza. — « Le président de la commune, qui comprend les villages de Batch, Brod, Dobroveni et Slivitza, était un comitadji bulgare, Philippe Athanasovitch (d'autres l'appellent Vilipe Indoff), qui a fait beaucoup de mal. » — PETAR SRÉBINOVITCH, 65 ans ; ILIA GEORGEVITCH, 37 ans ; GRIGOR TRAIKOVITCH, pope, 45 ans ; YOVAN TRAIKOVITCH, 55 ans ; LAZAR TRAIKOVITCH, 48 ans ; NEDELJKO TOLEVITCH, 40 ans.

Village de Batch. — « Le kmet du village, Delo Talevitch, a été nommé par les Bulgares. » — TRAIKO YOVANOVITCH, 40 ans, et STOYAN STOIKOVITCH, 55 ans.

Village de Polog. — « Lorsque les Bulgares sont venus, ils ont changé le kmet. Le nouveau kmet était Petar Risteff, qui est parti avec eux. Ce Petar Risteff était un ancien comitadji bulgare du temps des Turcs. » — PETAR KOLEFF, 49 ans.

Village de Krémian-Koinari. — « Les Bulgares ont nommé comme kmet un Turc, Ahmed. Celui-ci s'est montré très méchant ; il a été en relations avec Delo Taleff, de Batch. » — STOYAN MITREFF, 80 ans ; NAOUM TCHEDELOFF, 70 ans, et sa femme VELIKA.

« Pour aller au village de Batch il fallait une permission écrite. » — RAMADAN OSMAN, 50 ans, et MEFAIL AHMED, 40 ans.

Village de Tepavtzi. — « Le témoin était le kmet du village pendant les deux premiers mois de l'occupation bulgare. Ensuite les Bulgares ont nommé comme kmet Rote Troyanovitch, son cousin. Ils ont changé de kmet, parce qu'ils n'avaient pas confiance en Bogoye Trajanovitch, qui était déjà kmet du temps serbe. Leur village dépendait du président de Brod. » — Bogoye Trajanovitch, 53 ans, kmet du village; Yovan Petrovitch, 86 ans.

Village de Skotchivir. — « Le chef militaire du village était le colonel Bakardjieff. Il y avait aussi un officier, le capitaine Dimitrieff, qui remplaçait le colonel. C'est Dimitrieff qui a fait tout le mal aux villageois. C'est lui qui enlevait aux habitants leurs moutons, etc., et qui battait les femmes. » — Stoicha Ristitch, 65 ans; Risto Kouljevitch, 60 ans; Risto Tcheblagovitch, 62 ans, et Rista Kotevitch, 39 ans.

Village de Veleselo. — « Les Bulgares ont voulu le forcer « à prendre le bonnet noir » (le bonnet bulgare). » — Trayan Ristitch, 60 ans, kmet du village.

Village de Kenali. — « Omer Ahmed, un comitadji bulgare, était kmet du village. Les pandours, les gendarmes et les gardes champêtres étaient tous des comitadjis. » — Omer Osman, 40 ans, kmet du village; Chaman Ahmed, 45 ans; Mahmoud 'Alil, 40 ans, et Aden Chériff, 50 ans.

Village de Négotine ou Négotchani. — « Les Bulgares ont destitué le kmet et ont mis à sa place Mitre Athanasoff. C'est Athanasoff qui a procédé aux réquisitions, bien qu'il fût du village. Le pandour était également du village. » — Tzvetko Dimo, 55 ans; Traitche Kitanoff, 56 ans.

Village de Yarotok. — « Les villageois pouvaient aller d'un village à l'autre sans permission spéciale. » — Yovan Petroff, 52 ans; Stoïko Ritkoff, 81 ans, et Bojin Stoïkovitch, 17 ans.

Village de Lajetz. — « Lors des derniers combats, les villageois voulaient se mettre en sûreté à Bitolj, mais les

Bulgares les en ont empêchés. Au dernier moment, ils leur disaient : « Fuyez maintenant! » Ils leur ont tout enlevé. » — ANDRIA ILIEVITCH, 38 ans, pope du village.

Village de Dragoch. — « Le kmet du temps de l'occupation bulgare était Bojin Bogosavlevitch, qui était déjà kmet du temps des Serbes. On a obligé les habitants à garder les tranchées faites par les soldats. Pandil Chichkoff (un voivode des comitadjis) est venu au village et a installé ses comitadjis de Banitza et de Kladerop comme gardes champêtres et pandours. Lorsque les combats ont commencé, les Bulgares ont évacué la population pour pouvoir piller le village vide. » — PAVLE RISTITCH, 55 ans; ATHANASSIE STOYANOVITCH, 37 ans, kmet du village.

Village de Bistritza. — « Les Bulgares ont nommé kmet du village Plase Yovanovitch, qui est actuellement à Bitolj. Il a dû faire ce que les Bulgares lui commandaient. » — TZVETAN TALEVITCH, 59 ans, kmet du village; DIME RISTEVITCH, 67 ans.

Village de Brnik. — « Stoyanoff, un comitadji qui vivait avec les soldats, a été nommé kmet du village. Traikovitch, tué par Stoyanoff, a été kmet du temps serbe. Nikola Petrovitch, du village, a été garde champêtre bulgare et c'est lui qui aidait Stoyanoff à extorquer de l'argent aux villageois. » — STOYAN STOIKOVITCH, 65 ans, kmet du village; ATHANASSIE YOCHEVITCH, 26 ans; YASNA NEDELJKOFF, 56 ans, et VELIKA NEDELJKOVA, 45 ans.

Village de Nakoletz. — « Pendant l'occupation bulgare, il n'y avait pas de kmet au village. Le président de la commune formée par les villages de Nakoletz, Bradoutchina, Harvati, Krani, Strbovo, Ljoubojna, Dupeni et Slimnitza était Spiro Simonoff, de Ressan. Ce Simonoff était pandour à Ressan du temps serbe et s'est affilié aux Bulgares lors de leur arrivée dans cette ville. » — MITAR STEPHANOVITCH, 28 ans, kmet du village; YORGATCH NIKOLOFF, 40 ans; ABEDIN HAMID, 40 ans; ISLAM CHÉRIFF, 50 ans; MARKO POPOVITCH, 17 ans.

Ville de Bitolj. — « Le chef de la police était le fils du

général Boyadjieff, un affilié des comitadjis. Les comitadjis
avaient pris en mains tout le commerce d'alimentation.
Partout les Bulgares ont placé des comitadjis comme chefs
de la police. » — Chrisostomos, métropolite grec de Bitolj.

« Il y avait un préfet pour l'arrondissement et un préfet
de la ville. Ce dernier fut Alexandre Boyadjieff, un militaire, fils du général du même nom. Les hommes qui
faisaient la police n'étaient pas de la ville, tous étaient
étrangers. Il y avait un comité formé des gens de la ville
qui s'occupait de la distribution de la farine... Les Autrichiens, Allemands et Bulgares avaient leurs espions qui
se dénonçaient souvent mutuellement, et furent mis en
prison et relâchés ensuite. C'était ainsi que les Monastiriotes apprenaient qu'il y avait beaucoup d'espions en
ville. Il existait aussi une police secrète formée par des
anciens habitants de Bitolj partis ensuite avec les Bulgares.
Le président de la municipalité était Naoum Vladoff, natif
de Ressan, mais établi depuis de longues années en Bulgarie. C'était un partisan de Radoslavoff. Les autres membres de la municipalité étaient de la ville. Vladoff avait
deux adjoints : Petre Robeff et Atza Doreff, tous les deux
connus pour leurs sentiments bulgarophiles. Ils sont partis
avec les Bulgares. » — Mihailo Belitch, 53 ans, commerçant ; et Gortcha Kourtevitch, 42 ans, hôtelier.

« Le témoin n'était pas à Bitolj le 10 novembre 1915, lors
de l'entrée des Bulgares en ville. Il était à ce moment à
Skoplié et ne rentra à Bitolj que le 20 décembre de la
même année. La ville de Bitolj était régie par le comité
macédonien de Sofia, et le préfet dépendait directement de
ce comité. C'était ce comité qui indiquait les personnes à
emprisonner, les suspects, etc. De temps en temps arrivaient des délégués du comité central, entre autres le
D\u1d63 Pentcheff, maître absolu de la ville. Les Bulgares
avaient créé des cafés-concerts. Les officiers donnaient des
représentations théâtrales au café « Bosna » et organisaient des bals. Les invités étaient des Israélites, des Turcs,
des Grecs et des Bulgares. Personne ne pouvait refuser
ces invitations. » — Mihailo Belitch, 53 ans, déjà entendu.

« Toutes les fonctions étaient remplies par les comitadjis. » — VELIKA, femme de KOSTA RISTITCH, 50 ans ; VASSILIA, femme de RISTO DIMITRIEVITCH.

« Le témoin a été à Bitolj pendant toute la durée de l'occupation bulgare. La ville était en réalité régie par un comité composé d'anciens chefs de bandes bulgares et de personnes appartenant au comité central macédonien à Sofia. Boyadjieff, le préfet de la ville, un jeune homme de 30 à 32 ans, était très méchant, mauvais fonctionnaire, coureur de femmes et voleur. Le maire de la ville était un certain Naoum Vladoff, natif de Resna, établi depuis de longues années à Sofia comme petit fabricant d'eau gazeuse. Il était du parti de Radoslavoff. C'était un homme très malhonnête, voleur et il était président de la commission de ravitaillement. Comme tel il prenait, par exemple, 20.000 kilogrammes de sel sur un envoi de 30.000 kilogrammes, les vendait aux paysans, pêcheurs, etc., et les portait ensuite sur sa liste comme distribués. Il procédait de même pour la farine et le pétrole. Tous les fonctionnaires et officiers se sont enrichis aux dépens de la population. » — SOTYR SEKOULOVITCH, 57 ans, commerçant.

« Le préfet Boyadjieff était très malhonnête. Il prenait beaucoup d'argent et était un coureur de femmes. Boyadjieff était célibataire. Il était presque toujours en civil. Le maire de la ville, Naoum Vladoff, était un ivrogne, un petit fabricant d'eau gazeuse très mal élevé qui se trouvait tout d'un coup maire d'une grande ville. Il avait ses hommes à lui. Comme il recevait les envois du ravitaillement, il vendait une petite partie des marchandises au prix normal et cachait le reste. Lorsqu'on les réclamait, il répondait qu'il n'avait plus rien. En réalité il les faisait vendre, à des prix très élevés, par ses hommes et mettait tout cet argent dans sa poche. Les fonctionnaires et militaires bulgares se sont enrichis au détriment de la population. Le commandant de la place, le colonel Ivanoff, était un honnête homme qui défendait autant que possible les intérêts de la population, mais sans grand succès, car il n'avait aucune influence et était forcé de s'incliner devant le comité. Ce comité était

composé de délégués du comité central macédonien de
Sofia et de quatre membres de Bitolj. » — PETAR BOYAD-
JITCH, 64 ans, commerçant.

« Les Bulgares n'ont laissé aucun médecin en ville. Il
n'y avait que deux médecins bulgares de Bitolj et ceux-ci
sont partis avec l'armée. » — VICTORIA ASDARI, femme du
D\u207f ASDARI, médecin de l'hôpital grec, 42 ans.

« Les autorités étaient excessivement sévères. Pour la
moindre chose elles faisaient arrêter les gens. Le comité
formé par le comité central de Sofia avait tout en mains. »
— D. MIHAEL VIRIASTA, 49 ans, directeur de l'hôpital grec.

« Avant l'évacuation après la bataille de Kenali, les Allemands ont destitué le préfet Boyadjieff et ont laissé la place
vacante. Boyadjieff avait beaucoup de comitadjis avec lui.
Ces comitadjis faisaient la police. » — BRANISLAVA MARIN-
KOVITCH, 17 ans.

La méthode employée par les Bulgares dans les villages
macédoniens ressort très nettement des dépositions de mes
témoins : on éliminait de l'autorité communale tous ceux
qui avaient des attaches avec le régime serbe et on les remplaçait par des hommes sans prestige du village même ou,
le plus souvent, par des Bulgares ou des affiliés à l'organisation des comitadjis bulgares. Comme nous l'avons vu
dans le chapitre consacré aux emprisonnements et aux
extorsions, un certain nombre de paysans ont dû payer de
leur liberté, ou par des sommes versées aux Bulgares,
l'honneur d'avoir été kmets sous les Serbes.

Il résulte aussi nettement de ce que m'ont raconté les
villageois que les Bulgares ont utilisé amplement l'élément
comitadji pour « bulgariser » et administrer les villages.
Dans la plupart des endroits, en effet, nous trouvons
comme kmets, comme pandours (police du village), gardes
champêtres, etc., des comitadjis ou leurs affiliés. Ces
comitadjis, employés comme « autorités » dans les villages,
venaient souvent des centres de comitadjis bulgares en
Macédoine grecque, de Kladérop, de Banitza, de Neaukasi, etc. Les chapitres précédents nous ont déjà enseigné
ce qu'était ce régime de comitadjis, où les habitants étaient
maltraités et exploités de toute façon. Le chapitre suivant

contiendra des précisions relatives à la composition même de ce personnel de comitadjis. Ce dernier paraît avoir dépendu directement du « comité » de Bitolj, qui exerçait, par ses délégués, une surveillance active non pas en faveur des paysans, mais pour que ceux-ci et leurs biens soient exploités autant que possible. Les témoins de Dragoch parlent ainsi du voïvode Pandil Chichkoff venu dans leur village pour installer des comitadjis comme gardes champêtres et pandours. Pandil Chichkoff était un comitadji bulgare très connu et il fut nommé, par les Bulgares, commissaire de police à Bitolj.

Comme il est dit plus haut, les Bulgares choisissaient, dans une partie des villages, des kmets originaires de l'endroit même. La plupart du temps c'étaient de leurs créatures affiliées à l'organisation des comitadjis, parfois c'étaient des villageois sans influence et craintifs qui n'osaient rien faire pour défendre leurs administrés. Beaucoup de kmets nommés par les Bulgares sont partis avec ceux-ci et, comme il a été dit dans le chapitre « réquisitions », ont emporté en même temps les bons de réquisition. A relever également la phrase de Trajan Ristitch, de Veleselo : « Les Bulgares ont voulu me forcer à prendre le bonnet noir. » Or le bonnet noir signifie « le bonnet bulgare », et le témoin paraît viser par là les essais faits par les Bulgares pour « bulgariser » de force les habitants, essais qui, cependant, sont restés sans résultat.

A cette place il faut également relever la contradiction qui existe entre les prétentions de la propagande bulgare concernant la Macédoine et la façon d'agir des Bulgares dans ce pays aussitôt qu'il est en leur pouvoir. En effet, les gens de Sofia affirment que les Macédoniens sont bulgares. Pourquoi alors ont-ils soin de remplacer les autorités du pays par des hommes à eux, de Bulgarie ou d'ailleurs ? N'est-ce pas là la meilleure preuve de leur imposture, car, si on a la conscience tranquille, se méfie-t-on de « ses frères libérés » ?

Les dépositions de mes témoins fournissent également des indications intéressantes sur l'organisation des services administratifs par les Bulgares à Bitolj. Avant de les résumer et de les discuter, je reproduirai encore la déposition curieuse suivante, faite par DANKA POPOVITCH, 22 ans, institutrice de Bitolj.

« Pendant toute l'occupation bulgare jusqu'à environ un mois avant leur retraite, il y avait des comités qu'ils appelaient « milices » et qui avaient pour but de surveiller la population et de ramasser les armes de toutes sortes, même les couteaux ordinaires. Les membres de ces milices avaient des laissez-passer de la préfecture. Ils étaient adjoints à toutes les autorités pour leur prêter aide et protection dans toutes les circonstances. Le travail et l'organisation de ces « milices » étaient tenus dans le plus grand secret. Elles ont fait énormément de mal à la population, mais je ne connais pas de cas concrets à cause du mystère dont on enveloppait leurs agissements. Le préfet du département, Zacharieff, a demeuré chez nous pendant deux mois et j'ai pu lire une dépêche qu'il avait reçue de Sofia, où on l'informait qu'il y avait une révolte en Bosnie et qu'il fallait surveiller les mouvements des Serbes. J'ai appris ensuite par ma sœur sa réponse : « qu'il avait mis bon ordre parmi les Serbes et qu'il n'y avait rien à craindre ».

A la tête du « département » de Bitolj il y avait donc un préfet, Zacharieff, dont mes témoins ont peu parlé. Il ne paraît pas s'être signalé, ni par ses bonnes ni par ses mauvaises qualités. Par contre, le préfet de la ville de Bitolj, le capitaine Alexandre Boyadjieff, est décrit par tous comme un homme méchant, cruel, vicieux, qui a fait beaucoup de mal à la population. En effet, tour à tour, nous l'avons vu de la dernière cruauté lors de l'exécution de Vanko Grigorovitch, persécuteur des femmes dans la déposition de Branislava Marinkovitch, pilleur et s'attribuant les plus beaux objets des maisons serbes dévalisées, affilié aux comitadjis, la terreur de la population, etc. Certes, les gouvernants de Sofia ont bien choisi leur homme pour faire sentir aux malheureux Monastiriotes les beautés du régime bulgare !

Boyadjieff était secondé par le maire, Naoum Vladoff, ce petit fabricant d'eau gazeuse de Sofia devenu subitement maire d'une grande ville. Vladoff a su profiter de cette aubaine. Il a consciencieusement pillé à son profit les maigres secours que le gouvernement a envoyés à cette ville jadis riche, aujourd'hui ruinée par le pillage, les réquisitions et le bombardement bulgare.

Mais Boyadjieff et Vladoff avaient un maître tout puissant devant lequel ils devaient s'incliner : le fameux comité formé par des délégués du comité central macédonien à Sofia et quatre membres affiliés de Bitolj. C'est ce comité-là qui, en réalité, régnait dans cette partie de la Macédoine envahie. Il avait appelé pour l'aider dans sa besogne tous les comitadjis disponibles de Bulgarie. Beaucoup d'entre eux étaient d'anciens habitants de ces contrées, forcés de se retirer en Bulgarie après la seconde guerre balkanique.

Les comitadjis occupaient tous les emplois de la police depuis l'emploi de simple agent jusqu'à celui de commissaire et chef de la sûreté. Pandil Chichkoff, par exemple, un comitadji farouche, fut commissaire de police à Bitolj. Nous avons vu ce que ces hommes ont fait : par les moyens les plus odieux, ils s'enrichissaient aux dépens de la population. On se rappelle leur méthode de soutirer de l'argent aux citoyens sous la menace d'emprisonnement ou de déportation. Et tout cela fut fait au su et avec le consentement des autorités bulgares de Sofia, car tout ce monde dépendait du fameux comité central macédonien de la capitale qui collabore avec le gouvernement.

Le régime bulgare à Bitolj fut un régime de terreur et de pillage, où fonctionnaires civils, militaires et comitadjis ont cherché à s'enrichir personnellement.

Les témoignages recueillis sur ce qui se passe dans les régions macédoniennes encore actuellement sous le joug de l'envahisseur montrent que ce système de terreur et de pillage fut appliqué partout par les Bulgares.

Voici quelques-uns de ces témoignages :

« Les autorités à *Débar* étaient exclusivement constituées par des comitadjis bulgares. En faisaient partie, entre autres, le Dr Pentcheff, le président du comité « Jedrenou Makedonia », ainsi que le voïvode Silko Raitchki, de Raitch près Débar. Ces deux hommes étaient les maîtres absolus de la ville. Ils étaient la terreur des habitants et obéis aveuglément par les soldats. Leur bureau était installé dans la maison de Stressa Joftcheff. Le préfet de la ville était Yovan Alexoff, instituteur bulgare de Débar. » — Nikola Blachitch, 48 ans, de Débar.

« Les Bulgares ont formé des commissions constituées par des comitadjis et dirigées par les sous-préfets. Ces commissions parcouraient les villages et emprisonnaient les notables, dont beaucoup furent tués en prison. » — Vassilie Trbitch, 35 ans.

Skoplié. — « Les Bulgares ont institué leurs autorités composées surtout de comitadjis. Au commencement, un fonctionnaire de la police bulgare, Slatareff, était maire de la ville. Le préfet du département était l'officier de marine en retraite, Hidroff. Le personnel comprenait tout ce qu'on voulait : des comitadjis, des garçons de café, des cochers. Le sous-préfet était un certain Traiko Palankalieff, garçon coiffeur et comitadji avant l'occupation bulgare. Étaient encore fonctionnaires bulgares (tous d'anciens comitadjis) : Nikola Hadja, de Stip, commissaire de police à Skoplié (cocher de son métier) ; Kousman Kraitcheff, de Tétovo, garçon de café, nommé commissaire de police ; Apostol Nikoloff, de Skoplié, ancien cordonnier, et sous-chef de la police de sûreté. Le chef de la police de sûreté était Albanski, de Skoplié, instituteur et président d'un comité de comitadjis. En général tout le personnel de l'administration était composé de « voyous », qui ne cherchaient qu'à piller. Le général Ratcho Petroff, demeurant à Skoplié, était gouverneur de la Macédoine. Ratcho Petroff, favori du roi Ferdinand, avait une très belle femme qu'on disait l'amante de Ferdinand de Cobourg. On l'appelait la sultane Petrovka. Petroff est maintenant chef de l'état-major général. Il a été remplacé comme gouverneur de la Macédoine, vers la fin de 1916, par le général Tochef. Il y a eu aussi un commandement allemand à Skoplié. Mackensen y est resté pendant près d'un an. Il n'en est parti qu'à la déclaration de guerre de la Roumanie. Le général Ratcho Petroff tenait le record du pillage. Avant la guerre, en Bulgarie, il fut inculpé trois fois de concussion comme président du conseil. Le système de Ratcho Petroff était le chantage. Il menaçait les gens de déportation et les forçait ainsi à payer ce qu'il voulait. Bairoff était l'homme de confiance et le délégué du général. C'était un voyou de Bulgarie que Petroff avait amené tout spécialement pour ce travail (extorsions, etc.). Au dire même des Bulgares à Skoplié, Bairoff était un des filous les plus connus de Bulgarie. » — BOJIDAR MLADENOVITCH, de Skoplié, 24 ans, ancien soldat serbe et déserteur du 11e régiment bulgare.

Ces témoignages montrent que le système d'administration bulgare dans les autres villes de Macédoine est le même que celui inauguré à Bitolj. A Bitolj c'est le capitaine Boyadjieff, fils d'un général, et le « comité » qui pillent et rançonnent; à Skoplié c'est le général Ratcho Petroff en personne qui, avec son Bairoff, ses coiffeurs et ses garçons de café, devenus hauts fonctionnaires, s'enrichit au détriment de la population par les moyens les plus condamnables. Partout c'est le régime de la terreur et des comitadjis.

Les prisonniers bulgares sont eux-mêmes forcés d'avouer ce régime de comitadjis-policiers, mais ils appellent euphémiquement ces derniers des « Macédoniens ».

N° 49, 28 ans, aspirant-officier au 43° régiment d'infanterie : « A Skoplié le général Ratcho Petroff était gouverneur général de la Macédoine. Le témoin n'a connu ni le préfet, ni le maire, mais il sait que le maire était probablement de Skoplié ; le préfet n'en était pas. »

N° 50, 22 ans, 12° régiment d'infanterie : « La police en Macédoine est faite par « des Macédoniens » qui étaient avant la guerre à Sofia et qui sont rentrés avec les troupes en Macédoine. Le témoin en a vu à Débar et dans les environs de la ville. Partout les comitadjis font la police. »

N° 51, 20 ans, du 12° régiment d'infanterie : « Le témoin sait qu'à Bitolj et à Débar beaucoup de « Macédoniens » ont été nommés dans la police. »

N° 52, 22 ans, 12° régiment d'infanterie : « A Bitolj ce sont les « Macédoniens » qui font la police, de même qu'à Débar. »

N° 53, 27 ans, du 12° régiment d'infanterie : « Le témoin était à Bitolj. Le préfet de cette ville était de Bulgarie. »

N° 54, 22 ans, du 24° régiment d'infanterie : « Le témoin séjourna à Skoplié pendant un mois. Le maire de la ville était de Skoplié, le préfet était un Macédonien. »

Il va sans dire que le système d'exploitation militaire et civile pratiqué en Macédoine par les envahisseurs et tout spécialement par les Bulgares, a eu des conséquences terribles pour les habitants. Voilà une série de témoignages qui montrent bien ce que l'administration bulgaro-allemande a fait de ces régions macédoniennes où la vie était à bon marché avant la guerre.

Village de Tepavtzi. — « Dans les villages on trouvait encore de la nourriture, car les villageois en avaient caché. En ville (à Bitolj) on mourait de faim ». — THANASSIE DIMOVITCH, 38 ans, et YOVAN PETROVITCH, 86 ans.

Ville de Bitolj. — « Les comitadjis avaient pris en main tout le commerce d'alimentation. Ils vendaient les divers articles aux commerçants du pays à des prix très élevés. Le sel et la farine furent seuls vendus à bon marché. » — CHRISOSTOMOS, métropolite grec de Bitolj.

« Le ravitaillement de la ville était absolument insuffisant et les prix très élevés. Le pain noir se vendait de 4 à 6 francs la miche. La viande coûtait entre 3 et 4 francs l'occque. Le lait valait de 1 franc à 1 fr. 50 le litre ; le dernier prix des œufs était 1 fr. 50 la pièce. Le sucre se vendait de 12 à 14 francs l'occque, quand on en trouvait. Le pétrole était introuvable. Le comité a pu distribuer plusieurs fois des quantités minimes de farine à 70 centimes (paras) l'occque et un peu de sucre à 3 francs l'occque. De même il a distribué du sel. Mais ces distributions étaient tout à fait insuffisantes. » — MIHAILO BELITCH, 53 ans, commerçant, et GORTCHA KOURTEVITCH, 42 ans, hôtelier.

« Comme la ville manquait de tout, les Bulgares ont envoyé un peu de blé et de maïs, mais en quantité tout à fait insuffisante. La farine de blé et de maïs a été distribuée très partiellement par le comité présidé par le maire Vladoff.

— 161 —

11

La ville était affamée et les boulangeries fermées. » — Mihailo Belitch, 53 ans, déjà entendu.

« Il était très difficile de se procurer de la nourriture. Ce que donnaient les autorités était plus qu'insuffisant. Si les Alliés avaient tardé à venir seulement quinze jours, il y aurait eu beaucoup de morts par inanition. Il y a eu d'ailleurs plusieurs cas de mort par la faim soit en ville, soit à la campagne. Lorsque les Serbes ont dû se retirer de Bitolj, ils ont affiché un avis disant que chaque citoyen devait rester tranquillement chez lui et vaquer à ses affaires. De plus ils ont distribué aux habitants tous les vivres qu'ils ne pouvaient pas emporter. » — Sotyr Sekoulovitch, 57 ans, commerçant.

« Le témoin (dont le mari a été emprisonné comme ami des Serbes) n'a pas été ravitaillée par les Bulgares, qui lui disaient : « Va avec ton mari te faire nourrir par les Serbes ». Elle subvenait à ses besoins en faisant des ménages. » — Vassilka, femme de Kousman Tzvetkovitch, 30 ans.

« Il n'y avait que très peu de nourriture en ville et les habitants souffraient cruellement de la faim. Les autorités bulgares ne donnaient que très peu de nourriture. Les pauvres achetaient du pain aux soldats. » — Victoria Asdari, 42 ans, femme du médecin de l'hôpital grec.

« La population attendait tous les jours qu'on lui donnât des vivres qui manquaient absolument. Celui qui les donnait était le bienvenu. » — D. Michael Viriasta, 49 ans, directeur de l'hôpital grec.

« Le prix des vivres est très élevé en Macédoine. A Kouchevo, une ocque de farine se paie 4 francs, à Kochatchik, 6 francs. » — Vassilie Trbitch, 35 ans.

Les prisonniers bulgares et allemands disent également que la famine règne en Macédoine :

N° 55, 23 ans, sous-officier au 42ᵉ régiment d'infanterie prussien : « Dans les villes, à Prilep et à Tchoupria, on peut encore acheter du pain, des saucissons, du vin, etc. »

N° 50, 18 ans, du 2ᵉ régiment d'infanterie bulgare : « Le témoin passa à Prilep 4 ou 5 jours. Il y a du monde dans

la ville, mais il n'y a pas de pain. La miche de pain coûte
de 3 à 4 francs. »

N° 57, 22 ans, du 23° régiment bulgare : « Le témoin a
été dans les villages macédoniens du front. Les habitants
n'ont pas assez à manger et vivent dans la misère. »

N° 58, 29 ans, caporal au 2° régiment bulgare : « La
population vit très mal parce qu'elle n'a rien à manger.
Partout où il y a quelque chose, l'armée le prend. La
famine règne partout. »

N° 59, 32 ans, du 21° régiment bulgare : « Le prisonnier
a tout spécialement vu le village de Dounje. Les gens y
meurent en grand nombre parce qu'ils n'ont rien à manger. »

N° 60, 20 ans, du 21° régiment bulgare : « Les habitants
vivent misérablement parce qu'ils n'ont rien à manger. »

Villageois, témoins de la ville, témoins serbes et prisonniers ennemis sont donc tous d'accord sur ce point que la
situation de la Macédoine est misérable. Et l'administration tant militaire que civile bulgaro-allemande, est la
cause de cet état de choses. Le prisonnier 58 dit : « Partout
où il y a quelque chose, l'armée le prend ». Nous avons vu,
dans les chapitres consacrés au pillage et aux réquisitions,
qu'il dit la vérité.

Personnellement j'ai constaté dans les villages aujour-
d'hui libérés et à Bitolj la misère extrême dans laquelle se
trouvait la population après le départ des Bulgaro-Allemands. Dans les rues de Bitolj, où je suis arrivé immédiatement après la libération, on était assailli par de pauvres
enfants aux joues creuses qui demandaient du pain.

On trouvera dans les prix des vivres indiqués par les
témoins quelques chiffres qui, comparés avec les prix
payés actuellement dans d'autres pays, ne paraissent pas
exagérés, par exemple le prix de l'ocque de viande à Bitolj
que le témoin Belitch affirme être de 3 à 4 francs. Pour
pouvoir apprécier ce que signifie pour les Monastiriotes
l'ocque de viande à 3 ou 4 francs, il faut avoir vécu dans
ces villes avant la guerre ou même encore pendant la première période de la guerre. La meilleure viande ne valait

guère plus d'un franc l'ocque. Naturellement ce sont les pauvres qui ont été atteints le plus par ce renchérissement des vivres. La viande devenait pour eux un luxe qu'ils ne pouvaient plus se payer.

Il résulte de l'enquête que les autorités bulgares, après avoir vidé le pays, ont bien envoyé quelques secours en farine, sel et maïs à la ville de Bitolj, mais en quantité absolument insuffisante. Et ces maigres secours furent encore pillés par des fonctionnaires malhonnêtes tels que Naoum Vladoff, le maire de la ville. Pour les villages, les Bulgares n'ont rien fait du tout. La misère qui y régnait a même frappé les soldats bulgares : « Les gens y meurent en grand nombre parce qu'ils n'ont rien à manger », disent-ils. Régime de famine et de pillage !

XII

COMITADJIS

Nous avons vu dans les chapitres précédents quel grand rôle les comitadjis ont joué dans le traitement infligé par les Bulgares à la Macédoine envahie. Il était donc important de faire préciser ce rôle par des témoignages indiscutables. C'est ce que j'ai fait et, autant que possible, j'ai vérifié les dépositions reçues à l'aide d'autres faites indépendamment des premières. Citons d'abord une série de témoignages venant de gens appartenant aux régions actuellement libérées.

Village de Boudimirtzi. — « Il n'y avait pas de comitadjis au village, seulement des soldats réguliers. Au village de Sovitch, par contre, les Bulgares ont nommé kmet un comitadji, Rista Stoleff. Sovitch étant le chef-lieu de la commune, dont faisait aussi partie Boudimirtzi, ce comitadji avait là haute main sur toute la contrée. » — Ilko Sivevitch, 52 ans, et Dimitrie Vassilievitch, 43 ans.

Village de Dobroveni. — « Il y avait beaucoup de comitadjis au village et les paysans ont beaucoup souffert par leur faute. Ils entraient dans les maisons et prenaient tout. Ils brutalisaient les gens quand on ne leur donnait pas tout de suite ce qu'ils voulaient et ils forçaient aussi les habitants à leur servir de guides. Ainsi, ceux-ci étaient contraints de rester parfois trois ou quatre jours hors de chez eux. Le voïvode de ces comitadjis était Krsta Londeff, de Neaukasi. Un autre s'appelait Ilia et était de Banitza. Les comitadjis arrivaient de Bitolj. Ils ne portaient pas le costume des paysans, mais ils étaient tous habillés de la même façon. Leur costume n'était pas l'uniforme militaire. » — Todor Petrovitch, 68 ans, kmet du village ; Naidan Todorovitvh, 49 ans ; Naoum Petrovitch, 41 ans, et Bojin Naideff, 60 ans.

« Les comitadjis qui étaient au village, ne sont pas venus chez lui. Les comitadjis servaient partout de gendarmes, gardes champêtres et policiers. » — Kosta Dintalovitch, 43 ans, pope du village.

Village de Slivitza. — Le comitadji bulgare Nikola Gogefl faisait plus de mal que le président de la commune, le comitadji Athanassievitch (alias Filip Indoff). Ce Gogeff faisait le mouchard et dénonçait tout le monde au président, qui mettait les gens en prison. Gogeff, qui était des environs de Kostour, battait les habitants. Il y avait encore d'autres comitadjis qui restaient avec le président de la commune de Brod (Indoff) et de là ils rayonnaient partout. Les comitadjis ne prenaient rien dans les maisons, mais ils volaient les moutons, les poules, en général tout ce qui leur faisait plaisir. Des comitadjis bulgares de Banitza, de Lerina (Florina), de Vochtaran passaient la frontière serbe, organisaient la police et terrorisaient la population. Si les paysans refusaient de leur donner ce qu'ils demandaient, ils les dénonçaient au préfet comme Serbes et celui-ci les emprisonnait. » — Petar Srbinovitch, 65 ans ; Ilia Georgevitch, 37 ans ; Grigor Traikovitch, pope, 45 ans ; Yovan Traikovitch, 55 ans ; Lazar Traikovitch, 48 ans ; Nedeljko Tolevitch, 40 ans.

Village de Batch. — « Il y avait des comitadjis bulgares au village. Leur voïvode était Christo Londeff. Ces comitadjis, installés au village, n'ont pas autrement maltraité la population. Ils venaient de Banitza. Dans tous les villages les comitadjis faisaient la police. Ils s'appelaient entre eux « poliatz ». — Traiko Yovanovitch, 40 ans, et Stoyan Stoikovitch, 55 ans.

« Les comitadjis qui étaient avec Délo Taleff, venaient du territoire grec, de Banitza, Urbeni, etc. Ces gens étaient venus sur territoire serbe lorsqu'on eut établi la frontière. Pour les occuper, les autorités serbes en avaient employé

quelques-uns comme gardes champêtres, etc. A l'arrivée
des Bulgares ils se sont ralliés à ces derniers. Le préfet
bulgare n'est venu qu'une fois à Batch, mais le voïvode des
comitadjis, Georges Christoff, y venait souvent en uniforme
militaire et donnait des ordres à Délo Taleff et à ses aides. »
— PETAR YANKOVITCH, 62 ans.

Village de Brod. — « Filip Indoff était un comitadji
bulgare qui demeurait dans le village même et qui fut
nommé président de la commune par les Bulgares. Ce
Indoff (alias Athanassievitch) se proclamait Serbe pendant
le régime serbe. Il était le voïvode de 40 à 50 comitadjis
demeurant à Brod. » — STOYAN DONEVITCH, 50 ans, kmet
du village.

Village de Tepavtzi. — « Au village il y avait des comitadjis que les Bulgares ont fait venir du territoire grec. Ils
étaient gardes champêtres, pandours, gendarmes, etc. Ces
comitadjis ont fait beaucoup de mal. » — BOGOYE TRAJANO-
VITCH, 53 ans, kmet du village ; YOVAN PETROVITCH, 86 ans.

Village de Skotchivir. — « Le chef des comitadjis, qui
étaient au village avec les soldats, était Tatcho, de Tikvech.
Les comitadjis sont venus chez la femme du témoin et lui
ont demandé 40 louis. Ils disaient vouloir égorger son
enfant si elle ne les donnait pas. Elle ne les avait pas et elle
leur a remis 6 louis. » — STOICHA RISTITCH, 65 ans.

Village de Veleselo. — « Philippe Athanassoff (alias Athanassievitch, alias Filip Indoff, de Brod) avec ses hommes
est venu au village et a pris dans toutes les maisons, sans
payer, tout ce dont il avait besoin. » — TRAJAN RISTITCH,
60 ans, kmet du village ; BOJIN MARKOVITCH, 70 ans ;
ANTOINE PETKOFF, 60 ans ; TRAJAN TRAIKOFF, 17 ans.

Village de Kenali. — « Les comitadjis de Chichkoff et
de Krsta Londeff, de même qu'un professeur (Pentcheff)
sont venus souvent au village. Omer Ahmed, un comitadji
bulgare, y était kmet. Les pandours, gendarmes, gardes
champêtres étaient tous des comitadjis. Les deux chefs-
comitadjis étaient mal ensemble et la population a profité
de leur désaccord. » — OMER OSMAN, 40 ans, kmet du

village ; Chaban Ahmed, 45 ans ; Mahmoud Aalil, 40 ans, et Adem Cheriff, 50 ans.

« Ce sont les comitadjis qui sont venus les premiers. Ils ont pris tout ce qu'ils voulaient. Personne n'osait leur dire quelque chose. » — Omer Rachid, 35 ans.

Village de Medzidli. — « Krsta Londeff et Pandil Chichkoff venaient assez souvent au village voir ce qui s'y passait. Les comitadjis étaient du territoire grec, de Neaukasi, de Banitza, etc. » — Moustafa Rouchan, 40 ans ; Ibrahim Osman, 45 ans ; Ilia Ibrahim, 25 ans, et Abdoula Osman, 12 ans.

Village de Lajetz. — « Il y avait beaucoup de comitadjis au village et Chichkoff, d'Ekchissou, avait le rayon de Gradechnitza, Lajetz et Medzidli. Les comitadjis ramassaient tout ce qu'il y avait à manger. Le « sergent » comitadji Todor Dimitrieff a exigé 20 livres turques du kmet pour le libérer de la prison. C'est lui et Pandil Chichkoff qui, avec des soldats, ont fait le carnage des soldats serbes à Gradechnitza. Les comitadjis, ainsi que les soldats, prenaient tout ce qu'il y avait dans le village. » — Nikola Todorovitch, 36 ans, kmet du village ; Andria Ilievitch, 38 ans, pope.

« Les témoins affirment qu'il y avait beaucoup de comitadjis au village et qu'ils ont dû les nourrir à leurs frais et les loger. » — Sekoula Petrovitch, 46 ans ; Bojan Tachkovitch, 58 ans ; Kosta Militch, 62 ans, et Mehmed Moustafa, 58 ans.

Village de Gradechnitza. — « Le voïvode des comitadjis venus au village était Todor, de Kladerop (alias T. Dimitrieff). George Tasseff, de Bitolj, un comitadji, était pandour du village. » — Rista Dimitrieff, 60 ans, kmet pendant l'occupation bulgare ; Yovan Petrovitch, 73 ans, et Nikola Stoyanoff, 68 ans.

« Le témoin fut pandour du village au temps serbe. Lorsque les Bulgares arrivèrent, les comitadjis de Todor commencèrent à le persécuter. Todor voulut l'envoyer à Sofia comme espion. Il se rendit alors à Bitolj et s'expliqua avec le préfet, et celui-ci lui donna une sorte de laissez-passer, ce qui lui a valu la tranquillité. Cependant on ne l'a jamais laissé sortir du village, de sorte qu'il n'a pas pu travailler ses champs. » — PANTA NAOUMOVITCH, 56 ans, kmet actuel du village.

Village de Holleven. — « Le garde champêtre, Stoitcheff, était un comitadji très méchant. Il prenait tout ce qu'il voulait. » — MARA et MITRA KRSTEVA, 19 et 16 ans.

Village de Bistritza. — « Les comitadjis sont venus au village et ce sont eux qui ont emmené le frère de George-vitch. Ces comitadjis étaient du village de German. C'est pendant la nuit qu'ils sont venus dans la maison de Geor-gevitch et qu'ils l'ont emmené ainsi que son père et son frère. Il a réussi à s'évader. Le voïvode des comitadjis, George Popoff, demeurait à Christifor. Il a fait beaucoup de mal à la population. Popof était de Christifor, mais il habitait la Bulgarie depuis une trentaine d'années. » — RISTA GEORGEVITCH, 21 ans ; TZVETAN TALEVITCH, 59 ans, kmet du village, et DIME RISTEVITCH, 67 ans.

Village d'Iven. — « Au début de l'arrivée des Bulgares, il y avait 12 comitadjis qui sont partis ensuite. Ils étaient sous les ordres de Georges Stoyanoff de Brnik, qui est parti avec les Bulgares. Les comitadjis n'ont fait que passer. » — BOJIN SEVEITCH, 50 ans ; GEORGE PETROVITCH, 67 ans ; TRAIKO RISTEVITCH, 50 ans, et RISTA STOYANOVITCH, 45 ans.

Village de Rapech. — « Des comitadjis sont venus au village avant les troupes. Ils sont partis et ne sont plus revenus. Leur chef était un certain Dinko du village de Polchiste. Les comitadjis ont beaucoup pillé et ont pris beaucoup d'argent. » — STOYAN NAIDEVITCH, 54 ans, kmet du village, KOSTA YOVANOVITCH, 67 ans ; PETKO RISTEVITCH, 67 ans et MIO PETKOVITCH, 19 ans ; NAIDE TRAIKOVITCH, 69 ans ; PETKO MITREVITCH, 70 ans ; GEORGE KOULJEVITCH, 19 ans.

Village de Brnik. — « Une vingtaine de comitadjis ont passé dans le village avant l'entrée de l'armée. Ils ne sont plus revenus. George Stoyanoff, qui a commis deux meurtres dans le village, appartenait à l'organisation bulgare. C'était un comitadji qui terrorisait les villages de Brnik, Yven et Makovo. Il est parti ainsi que toute sa famille avec les Bulgares. A Makovo il a également assassiné. » — STOYAN STOÏKOVITCH, 65 ans, kmet du village ; ATHANASSIE YOCHEVITCH, 26 ans ; YASNA NEDELJKOVITCH, 50 ans, et VELIKA NEDELJKOVA, 45 ans.

Village de Makovo. — « Avant l'arrivée des troupes une bande d'une trentaine de comitadjis, venant de Rapech, a passé près du village et a demandé des vivres, mais les hommes ne sont pas entrés dans le village. George Stoyanoff (le président de la commune et en même temps le kmet de Brnik), un comitadji de vieille date, venait souvent dans le village et persécutait le parti patriarchiste, le village étant divisé en patriarchistes et exarchistes. » — DIMO TZVETKOVITCH, 55 ans, kmet du village ; YOVAN KOÏTOVITCH, 65 ans ; TALE KOLEVITCH, 65 ans ; RISTA KRSTEVITCH, 62 ans, et NIKOLA DAMIANOVITCH, 60 ans.

Village de Souvodol. — « Il y avait au village beaucoup de comitadjis dont les chefs étaient : Mialtche, de Smiljevo, et Itze, de Bitolj. C'est chez eux que Ristevitch a déposé l'argent pour le voïvode Kristoff. Les villageois ont été forcés de donner à manger à ces comitadjis, qui étaient très exigeants. Les paysans avaient peur de ces hommes et leur donnaient tout ce qu'ils voulaient. » — STOYAN RISTEVITCH, 45 ans, kmet du village du temps serbe, et NAOUM VESDINOVITCH, 58 ans.

Village d'Orechovo. — « Il n'y avait pas de comitadjis au village, mais Itze, de Bitolj, et Mialtche, de Smiljevo, venaient souvent et prenaient des renseignements sur les habitants, pour savoir s'ils étaient du parti des Serbes, etc. » — VELJAN BOGOJEVITCH, 48 ans, kmet du village, et GROSDAN KOLEVITCH, 55 ans.

Village de Dupeni. — « Il y avait des comitadjis au village. Leurs voïvodes étaient Krste de Resna, et Yovan. Ces comitadjis n'ont rien fait à Dupeni, mais les villageois ne savent pas ce qu'ils ont fait ailleurs. » — Vassilie Popovitch, 45 ans, kmet du village ; Krsta Popovitch, 46 ans ; George Ristevitch, 40 ans, et Krsta Toddrovitch, 40 ans.

Village de Ljoubojna. — « Pendant une dizaine de jours, il y eut au village des comitadjis de Kostour qui furent ensuite transférés à Bosna. Leur voïvode était un certain Boyeff. Ils ont fait beaucoup de mal. Ils prenaient tout ce qui leur faisait plaisir et la population était obligée de les nourrir. » — Spira Lazarevitch, 55 ans, kmet du village ; Nikola Lazarevitch, 64 ans ; Mitra Yankovitch, 65 ans, et Sekoula Lazarevitch, 45 ans.

Village de Krani. — « Les comitadjis venaient très souvent au village et volaient tout ce qu'ils trouvaient. » — Vasilie Andjelovitch, 50 ans, kmet du village.

Village de Strbovo. — « Il y avait des comitadjis des environs de Kostour avec les Bulgares, comitadjis qui volaient tout ce qu'ils pouvaient voler. » — Djire Tineff, 48 ans, kmet du village du temps bulgare ; Tasse Karaphilovitcb, 75 ans, ancien kmet ; Rista Petrovitch, 46 ans.

Village de Harvati. — « Des comitadjis ont passé au village et prenaient tout ce qu'ils voulaient. Lorsque les paysans essayaient de les en empêcher, ils les battaient cruellement. » — Tzvetko Krstinoff, 58 ans ; George Lazar, 60 ans ; Abedin Chaban, 47 ans.

Village de Bradoutchina. — « Les comitadjis, avec le voïvode Krste, de Ressan, sont venus souvent et les habitants ont dû les nourrir. » — Novak Naoumovitch, 56 ans, kmet du village ; Yovan Nikolovitch, 45 ans ; pope Christa Ilie, 74 ans ; Spiro Ilitch, 70 ans ; Krsta Yovanovitch, 60 ans ; George Andjelkovitch, 49 ans ; Rista Tomovitch, 35 ans.

Village de Nakoletz. — « Il y a eu des comitadjis au village avec le voïvode Krste, de Ressan. Ils ont volé, mais ils n'ont pas maltraité la population. » — Mitar Stephanovitch, 28 ans, kmet du village ; Yorgatch Nikoloff, 40 ans ; Abedin Hamid, 40 ans ; Islam Chériff, 50 ans ; Marko Popovitcb, 17 ans.

Ville de Bitolj. — « Les comitadjis ont pris en main tout le commerce d'alimentation. C'était eux qui vendaient tous les articles. Partout les chefs de la police étaient des comitadjis. » — CHRISOSTOMOS, métropolite grec de Bitolj.

« Les comitadjis ont rempli toutes les fonctions. Lorsque Velika a été libérée de la prison, elle a dû se présenter tous les jours aux comitadjis. Ceux-ci n'étaient pas de Bitolj. » — VELIKA, femme de KOSTA RISTITCH, 50 ans; VASSILIA DIMITRIEVITCH.

« Les chefs comitadjis de Bitolj étaient : Risoff, Popoff, Doreff, Robeff, Altiparmakoff, Boris Grabtcheff. Ce dernier a volé les effets du Dr Nikolitch. Ils sont partis avec les Bulgares. » — DANKA, femme de SVETOZAR STOILJKOVITCH, 20 ans.

« Les comitadjis, soutenus par le préfet Boyadjieff, faisaient tout ce qu'ils voulaient. La police officielle et le préfet étaient absolument impuissants devant eux, qui étaient les vrais policiers de la ville. » — SOTYR SEKOULOVITCH, 57 ans, commerçant.

« Le lendemain de la prise de Bitolj par les Bulgares, le voïvode Pavle Christoff est venu dans leur maison et a pris le fusil de son mari, mais le témoin ne voulut pas donner le revolver. Ce n'est que le jour suivant que Vassilka a été forcée de le donner. Le chef des comitadjis, Milan Djourloukoff, arrivait souvent à la prison de Prilep et battait les prisonniers avec sa cravache en disant : « Vous attendez les Serbes! » Il voulait forcer son mari à travailler pour les Bulgares. Celui-ci refusa. Alors Djourboukoff le menaça : « Je veux te faire rendre l'âme. » Il y avait beaucoup de comitadjis à Bitolj. » — VELIKA, femme de KOUSMAN TZVETKOVITCH, 30 ans.

« Les comitadjis faisaient la police. Il y en avait beaucoup avec le préfet, le capitaine Boyadjieff. » — BRANISLAVA MARINKOVITCH, 17 ans.

« Les autorités de *Débar* ont été constituées exclusivement par les comitadjis bulgares. Entre autres se trouvaient là le Dr Pentcheff, président de la « Jedrenou Makedonia », et le voïvode Siljko Raitchki, de Raitch près Débar. Ces gens étaient la terreur de la population et ils étaient aveuglément obéis par les soldats. Leur bureau était dans la maison de Stressa Yovtcheff. » — NIKOLA BLACITCH, 48 ans, de Débar.

Les témoins serbes évadés des Bulgares nous fournissent des renseignements précieux concernant les comitadjis dans les régions encore actuellement aux mains des Bulgaro-Allemands et confirment, en même temps, le résultat de mon enquête sur place.

« Dans tous les villages des arrondissements de Velès, Prilep et Poretch les gendarmes, gardes champêtres et présidents des communes sont des comitadjis. Le chef de l'arrondissement de Prilep (sous-préfet) est le voïvode Jordan Trenko ; Pandil Chichkoff a été dernièrement à Velès. Partout la surveillance par les bandes de comitadjis est très sévère. Petre Lesoff est le chef de tous les comitadjis à Velès. Milan Djourloukoff est chef-comitadji dans la région de Prilep. Yovan Latovatz est voïvode de la région de Poretch. Ce sont là les principaux chefs. Les comitadjis opèrent conjointement avec des paysans musulmans. Dans la bande de la région du Poretch il y a 280 Turcs. Lors des grands massacres, les femmes des massacrés furent distribuées aux comitadjis. » — VASSILIE TRBITCH, 35 ans.

« C'étaient les comitadjis qui, avec l'assentiment des autorités bulgares, tuaient les gens. Lorsque j'étais dans mon village, les comitadjis l'avaient quitté. Les chefs des comitadjis qui ont massacré dans mon village, étaient Stoyan Ivanoff, du village même, et Dame, de Prilep. Il y avait aussi Vassilie Karageorge, de Kavadartze. Ils étaient en tout une vingtaine. » — VELIA MANTCHITCH, 22 ans, de Fariche.

« Dans le personnel de la préfecture de Skoplié, il y avait tout ce qu'on voulait : des comitadjis, des garçons de café, des cochers. Comme sous-préfet fonctionnait un certain Traiko Palankalieff, de Skoplié, comitadji, garçon de café avant l'occupation bulgare. Avant la guerre, les journaux bulgares avaient annoncé que les Serbes l'avaient tué et, pendant ce temps-là, il était tranquillement installé en Bulgarie d'où il est revenu comme sous-préfet. Etaient encore fonctionnaires bulgares les anciens comitadjis : Nikola Hadjia, de Stip, autrefois cocher, ensuite commissaire de

police à Skoplié; Kousman Kraitcheff, de Tétovo, garçon
de café, nommé commissaire de police; Apostol Nikoloff,
de Skoplié, ancien cordonnier et sous-chef de la police de
sûreté. Le chef de la sûreté était Albanski, de Skoplié, instituteur et président d'un comité de comitadjis. » — BOJI-
DAR MLADENOVITCH, de Skoplié, 24 ans, ancien soldat serbe
et déserteur du 11° régiment bulgare.

« Les comitadjis bulgares sont arrivés à Prilep avant
l'entrée des troupes régulières. Ils ont fait beaucoup de mal
et ont maltraité la population de telle façon qu'ils se sont
attiré la haine même des bulgarophiles. Ils ont persécuté
les Serbes et les serbomanes; ils les ont pillés et tués. Ils se
sont vengés de tous les Serbes loyaux et de tous les serbo-
philes. Ce sont encore les comitadjis qui ont extorqué de
l'argent aux gens sous prétexte qu'ils étaient « suspects ».
Cela a été si loin que les Bulgares ont été forcés de les éloi-
gner en les attribuant aux troupes régulières (11° division)
et en envoyant les chefs à Nich pour y représenter les
« révolutionnaires macédoniens » devant le Kaiser. A côté
des autorités légales et régulières fonctionnait, avec les
mêmes pouvoirs, le voïvode des comitadjis Milan Djourloukoff avec ses hommes. » — GEORGE TODOROVITCH, de
Prilep, ancien soldat serbe, déserteur du 15° régiment
bulgare.

Enfin, voilà ce que disent les prisonniers bulgares des
comitadjis en Macédoine :

N° 61, 22 ans, du 12° régiment bulgare : « Les comitadjis étaient à la frontière de la Macédoine, à Vranja,
Stip, etc. Une bande de comitadjis macédoniens était aussi
à Skoplié. Nous savons que ces hommes sont des comitadjis, mais les officiers évitent d'en parler. »

N° 62, 22 ans, du 12° régiment bulgare : « Il n'a pas vu,
mais il a entendu dire que des comitadjis ont commis beaucoup d'excès et qu'ils ont menacé les gens de leurs revolvers. Il a entendu dire aussi que des villageois ont été tués
par les comitadjis qui tiraient par les fenêtres. »

N° 63, 20 ans, 12° régiment : « Le témoin n'a vu de comitadjis que dans le 4e régiment. Ce régiment est macédonien et tous les Macédoniens y ont été incorporés. »

N° 64, 27 ans, du 12e régiment d'infanterie bulgare : « Le témoin n'a pas vu de comitadjis, mais il a vu des Macédoniens, anciens comitadjis, qui forment maintenant un régiment. Beaucoup sont aussi dans le 12e régiment. »

N° 65, 35 ans, du 56e régiment : « Les comitadjis ont fait du mal, mais on a dissous leurs bandes et on a versé les hommes dans les régiments. »

N° 66, 40 ans, 43e régiment bulgare : « Il a su qu'il y avait des bandes de comitadjis et que les autorités ont tout fait pour les dissoudre. Ces bandes vont dans les villages, volent ce qu'elles trouvent et se cachent dans les montagnes. Il connaît un cas, où un comitadji bulgare a mis des habits serbes et a volé dans les villages. Ce comitadji a été capturé et exécuté. »

N° 67, 22 ans, du 2e régiment d'infanterie : « Il a vu une « tcheta » de comitadjis qui était près de l'état-major de sa brigade. Les comitadjis restent derrière les troupes et ils sont chargés d'exécuter les soldats condamnés par le conseil de guerre. Il ne sait pas s'ils tuent aussi des civils. »

N° 68, sous-officier au 2e régiment d'infanterie bulgare : « Il y a beaucoup de comitadjis bulgares en Serbie qui volent chez les paysans et violent les femmes. »

N° 69, 18 ans, du 2e régiment d'infanterie : « Les comitadjis sont dans l'armée comme simples soldats. »

Les prisonniers bulgares sont donc bien obligés d'avouer la présence de bandes de comitadjis en Macédoine envahie et d'admettre la conduite sauvage de ces gens ; mais redoutant l'effet produit par cet aveu, quelques-uns cherchent à faire croire que ces bandes existent contre le gré des autorités bulgares et que celles-ci font leur possible pour les dissoudre. D'autres disent que les comitadjis, qu'ils appellent « Macédoniens », « anciens comitadjis, » sont répartis dans les régiments réguliers.

Il est certain que, dans certains cas, des bandes de comitadjis ont été dissoutes. Le témoin serbe Todorovitch nous parle de cette bande de Prilep qui fut dissoute et dont les hommes furent versés dans les troupes régulières ou envoyés à Nich pour être montrés au Kaiser comme spécimens de « révolutionnaires macédoniens ». Mais ces dissolutions paraissent résulter beaucoup moins du souci qu'ont les autorités bulgares de protéger la population indigène contre les excès de ces gens, que du désir de se débarrasser de gens qui leur faisaient une trop grande concurrence dans leur propre travail de pillage.

En effet, tous les témoignages recueillis sont unanimes à déclarer que les bandes de comitadjis ont travaillé en liaison avec l'armée. Ce sont elles qui ont été envoyées en avant-gardes dans les villages, qu'elles ont quittés lors de 'arrivée des réguliers. Ensuite des comitadjis sont revenus pour occuper les charges officielles de kmets, pandours, gardes champêtres, gendarmes, etc. A noter aussi à cette place la présence de musulmans, de « Turcs », dans ces bandes. Trbitch raconte que dans la seule bande opérant dans la région du Poretch, il y avait 280 Turcs. D'autre part, j'ai su aussi que Djourloukoff avait dans sa fameuse bande, appelée « la peste du Vardar », un grand nombre de musulmans. Ceci n'est nullement étonnant quand on se rappelle que, déjà avant l'entrée en guerre de la Bulgarie, les bandes de comitadjis bulgares, qui en automne 1914 et au printemps 1915 ont attaqué le pont de Stroumnitza, travaillaient d'accord avec des bandes turques dirigées de Constantinople. Dans le dossier de mon enquête en Serbie en 1914 et en 1915, je possède des preuves de ce fait.

En général, les comitadjis semblent avoir été chargés d'administrer la Macédoine envahie et cela sous la haute surveillance du comité central de Sofia, dont un des membres les plus importants, le Dr Pentcheff, professeur à Sofia, était sur place. Ce que fut cette administration, je n'ai pas besoin de le dire. Cela résulte nettement de la lecture des témoignages. Cependant je dois relever que, dans certains endroits, les comitadjis paraissent avoir fait moins de mal que dans d'autres. Ceci provient de ce que ces villages étaient schismatiques, c'est-à-dire adhéraient à l'exarchat bulgare, ou de ce que leurs habitants avaient eu antérieurement de bonnes relations avec les comitadjis. Toutefois le seul fait d'être schismatiques n'a pas toujours protégé les villageois contre les exactions des comitadjis.

Les comitadjis qui ont travaillé dans la partie aujourd'hui libérée de la Macédoine ont été en grande partie amenés par les Bulgares, surtout des centres d'agitation bulgare sur territoire grec. Ils venaient de Banitza, de Neaukasi, de Kladerop, de German, d'Ekchissou, de Vrbeni, de Vochtarau, de Florina, de Kostur, etc.

En utilisant les renseignements obtenus au cours de mon enquête, j'ai essayé d'établir la liste des chefs-comitadjis qui ont opéré dans les environs de Bitolj et à Bitolj même. Evidemment ma liste est incomplète, mais elle offre cependant un certain intérêt, parce qu'elle montre l'organisation et la division du travail adoptées par les comitadjis et leurs dirigeants.

Celui auquel paraissent avoir obéi tous les comitadjis est le Dr Pentcheff, professeur à Sofia et président du comité « Jedrenou Makedonia », également à Sofia. Il a demeuré à Débar dans la maison de Stressa Yoftcheff, mais il semble que, de cette ville, il a rayonné partout dans cette partie de la Macédoine.

Viennent, après Pentcheff, les voïvodes les plus importants suivants :

Krsta Londeff, que nous trouvons à Dobroveni-Batch-Kenali-Medzidli.

Pandil Chichkoff, avec le rayon Kenali-Medzidli-Lajetz-Gradechnitza. On le retrouve à Velès et il occupe le poste de commissaire de police à Bitolj.

Pavle Christoff, à Bitolj et ses environs.

Milan Djourloukoff, avec sa bande de « la peste du Vardar », région de Prilep.

Yordan Trenko, sous-préfet de Prilep.

Petar Lesoff, région de Velès.

Yovan Latovatz, région du Poretch.

Siljko Raitchki, de Raitch, région de Débar.

George Christoff, Batch-Bitolj.

Chefs ayant un rayon moins étendu et sous le commandement des précédents :

Ilia de Banitza, Dobroveni.

Filip Indoff, alias Philippe Athanassievitch ou Athanassoff, président de la commune de Brod.

Tatcho de Tikvèche, Skotchivir.

Todor de Kladérop, Gradechnitza.

George Tasseff, de Bitolj, Gradechnitza, adjoint à
Todor.

George Popoff, Christifor-Bistritza.

Dimko de Polchiste, Rapech.

George Stoyanoff, kmet d'Iven et président de la commune, Brnik-Makovo-Iven.

Mialtche de Smiljevo, Souvodol-Orehovo.

Itzé de Bitolj, Souvodol-Orehovo.

Krste de Ressan, Dupeni-Bradourchina-Nakoletz.

Yovan, Dupeni.

Bayeff, Loubojna.

Rista Stoleff, kmet de Sovitch.

Nikola Gogeff, adjoint de Filip Indoff de Brod, Slivitza-
Brod et région.

Délo Taleff, kmet de Batch.

Todor Dimitrieff, « sergent-comitadji », Lajetz.

Stoïtcheff, garde champêtre à Holleven.

Stoyan Ivanoff ; Dame de Prilep, Fariche et environs.

Vassilie Karageorge, de Kavadartze, région de Fariche.

Chefs-comitadjis dans les villes occupant des fonctions
de police :

Risoff ; Popoff ; Doreff ; Robeff ; Altiparmakoff ;
Boris Grabtcheff, Bitolj ; Traïko Palankalieff, sous-
préfet de Skoplié.

Nikola Hadja, de Stip, commissaire de police à Skoplié.

Kousman Kraitcheff, de Tétovo, commissaire de police
à Skoplié.

Apostol Nikoloff, de Skoplié, sous-chef de la Sûreté à
Skoplié.

Albanski, de Skoplié, chef de la Sûreté.

XIII

BOMBARDEMENT DES VILLES OUVERTES
ET DES FORMATIONS SANITAIRES

Comme sur le front occidental, les Centraux et leurs vassaux bulgares n'ont nullement respecté les conventions et lois de la guerre qui défendent expressément le bombardement des villes ouvertes et des formations sanitaires. C'est surtout la ville ouverte de Bitolj qui, depuis sa reprise aux Bulgaro-Allemands par l'Armée alliée d'Orient, a eu à souffrir de cette transgression des lois de la guerre. Je résumerai dans ce qui suit l'enquête que j'ai menée dans cette ville, où j'ai fait de nombreux séjours, la plupart du temps en plein bombardement.

Bombardement de la ville de Bitolj

A l'aide de documents officiels, j'ai pu établir les chiffres suivants comme résultat du bombardement de la ville ouverte de Bitolj :

Du 21 novembre 1916 (v. s.) au 21 octobre 1917 (v. s.) furent tués et blessés par le bombardement (civils seulement) :

TUÉS		BLESSÉS	
Hommes	124	Hommes	129
Femmes	140	Femmes	229
Enfants	150	Enfants	254
Sexe non spécifié	92	Sexe non spécifié	32
	506		644

Le nombre total des victimes civiles du bombardement de Bitolj par les Bulgaro-Allemands, victimes dont on a établi officiellement la mort ou les blessures, est de 1.150 (à la date du 24 octobre 1917, vieux style). Parmi les victimes il y a 253 hommes, 369 femmes, 404 enfants, sexe indéterminé 124.

Les chiffres que je viens de citer ne représentent pas toutes les pertes en vies humaines qu'a provoquées le bombardement de la capitale de la Macédoine du Sud. J'ai la conviction, la certitude même que beaucoup de victimes n'ont pas été connues des autorités et, par conséquent, n'ont pu être enregistrées officiellement. Qu'on s'imagine une ville qui contient encore aujourd'hui près de 25.000 habitants, surtout des vieillards, femmes et enfants et qui est souvent bombardée jour et nuit avec des obus de gros calibre. 2797 maisons sont fortement endommagées ou détruites. Malgré tout le courage dont font preuve le préfet, le maire de la ville, les commissaires de police et les gendarmes, il leur est impossible d'être partout et de fixer à l'aide d'actes authentiques tous les dégâts fait par l'ennemi. Le nombre des projectiles de gros et moyen calibre, lancés sur Bitolj et officiellement enregistrés, est de 20.724 ! Il est vrai que, aujourd'hui, le bombardement de la ville même est devenu plus rare et moins intensif. Les chiffres recueillis ces derniers temps représentent donc bien toutes les pertes, mais dans la première période de bombardement presque journalier tous les dégâts n'ont sûrement pas été enregistrés.

Les ennemis de l'Entente paraissent avoir nettement pour but la destruction de cette ville que la vaillance des troupes alliées leur a arrachée. Ils prétendront que le bombardement était dirigé contre les soldats qui passaient par la ville. Il est certain que des troupes ont passé par Bitolj, située au fond d'une vallée et ne possédant pas de route qui la contourne. Mais c'est le cas pour un grand nombre de localités ouvertes qui, cependant, sont protégées par la Convention de la Haye. Si les législateurs de la Haye ont proclamé le caractère illégal du bombardement des villes ouvertes, même si elles se trouvent sur le chemin des armées, c'est qu'ils savaient que celui qui veut empêcher le passage par une telle ville, n'a qu'à barrer par des obus

son entrée et sa sortie, et qu'il n'est nullement nécessaire
de toucher son centre. Les Bulgaro-Allemands auraient pu
suivre, d'autant plus aisément, cette tactique qu'ils connaissaient, par une occupation de onze mois, les détails de
chaque coin de Bitolj et de ses environs.

Les obus bulgaro-teutoniques sont tombés dans tous les
quartiers de la ville. J'ai souvent pu constater personnellement ce fait. Ainsi, le 10 décembre 1916, l'ennemi a envoyé
une douzaine de gros projectiles tout autour de la maison
de la rue du Roi Pierre, où je me trouvais. Le 3 avril 1917,
12 obus sont tombés près de l'hôpital hollandais, où je
logeais. Le bâtiment de cet hôpital avait été antérieurement
atteint de 3 projectiles. Le 5 décembre 1917, à 1 h. 1/2 de
l'après-midi, je me trouvais à la préfecture lorsque les
Bulgaro-Allemands ont envoyé 7 obus du calibre de 150
tout autour de ce bâtiment au milieu de la ville. L'un des
obus a atteint la coupole de la grande mosquée à 50 mètres
de la préfecture, un autre la maison du Serbian Relief
Found à 20 mètres de ce bâtiment. Dans la cuisine du
Serbian Relief Found il y avait de nombreux pauvres qui
venaient chercher la soupe. Heureusement l'obus a éclaté
sur le toit et personne n'a été blessé.

Les petites ruelles, loin des quelques rues pouvant servir
de passage aux contingents et aux convois de ravitaillement, n'ont pas été épargnées. Ceci tend également à
démontrer que les adversaires de l'Entente cherchaient
autre chose que de barrer le passage à l'armée de leurs
ennemis. Ils pourront objecter qu'ils supposaient que les
Alliés avaient des positions d'artillerie dans la ville. La
réponse est facile. S'il est parfaitement exact qu'à un moment donné les troupes de défense eurent quelques canons
sur la périphérie de Bitolj, c'est qu'elles étaient forcées
de la protéger contre le bombardement continuel germano-
bulgare, qui s'effectua dès la reprise de la cité, et sans
qu'un seul canon ait été placé dans la ville. De plus l'Etat-
Major ennemi des Serbes ne pourra pas prétendre avoir
cherché dans toute la ville l'emplacement des canons. Ses
avions survolaient assez souvent Bitolj pour qu'il connût
dans tous ses détails tout ce qui s'y passait. Ses espions

n'étaient pas inactifs non plus, de sorte que sa connaissance de la ville bombardée a dû être parfaite.

Les Bulgaro-Allemands savaient sûrement aussi que, depuis longtemps, Bitolj ne contenait plus aucun canon — le centre n'en a jamais eu — et que les quelques pièces de défense étaient placées aux extrémités de ses faubourgs. Pourquoi ne se sont-ils pas contentés d'arroser ces endroits de leurs marmites ? Et pourquoi, précisément depuis ce moment, ont-ils intensifié d'une façon formidable le bombardement du centre de la ville ?

Enfin, une dernière et grave constatation ruine complètement le système de défense des Centraux et de leurs vassaux. Dans la nuit du 16 au 17 mars 1917, l'artillerie bulgaro-allemande a commencé à jeter en pleine ville des obus à gaz asphyxiants. Cette nuit-là, 19 personnes furent tuées par les éclats des projectiles et 62 par les gaz. Parmi ces dernières il y avait 25 femmes et 32 enfants, 61 personnes étaient empoisonnées et la plupart d'entre elles mouraient au cours de la journée suivante. Depuis cette date des obus à gaz asphyxiants tombaient presque journellement sur tous les quartiers de la malheureuse ville. Les ennemis les lancent surtout pendant la nuit, de sorte que les pauvres habitants sont surpris dans leur sommeil et ne peuvent pas se sauver.

L'effet des gaz est terrible. Les gens empoisonnés présentent les symptômes suivants : mal à la gorge, difficulté à respirer, lourdeur de l'estomac. Leur visage est cyanosé. Des rescapés m'ont affirmé que les gaz sentaient légèrement l'amande amère, ce qui ferait supposer que c'est de l'acide prussique. Cependant, si vraiment c'eût été cet acide, la mort aurait dû être presque instantanée. En réalité, elle ne survenait qu'au bout de 30 à 45 minutes. Les gaz sont très lourds et forment un nuage légèrement poussiéreux. N'ayant pas l'outillage nécessaire à ma disposition, je n'ai pas pu en faire l'analyse. Toutefois j'ai l'impression que les gaz utilisés à Bitolj par les Germano-Bulgares doivent être dans le genre de l'oxyde de carbone. Les obus explosent sans grand bruit et contiennent au milieu un tube entouré de plaques de métal formant radiateur. C'est ce tube qui

doit contenir la substance se transformant en gaz probablement sous l'influence de la chaleur.

Dans la nuit où les Bulgaro-Allemands ont employé
pour la première fois les projectiles à gaz, ils les ont lancés
dans le quartier turc, au centre, dans le quartier juif et
autour de la maison du métropolite serbe. Dans cette dernière il y avait beaucoup de réfugiés dans les caves,
37 furent tués par les gaz. Depuis lors, cette maison a reçu
presque chaque nuit des obus semblables, mais les gens
étaient avertis. Aussitôt que le projectile tombait à proximité, ils montaient aux étages supérieurs où ils étaient à
l'abri de ces gaz très lourds. La maison du métropolite est
loin des rues pouvant servir de routes de passage. Il n'est
donc pas possible que son bombardement ait eu pour but
d'empêcher le ravitaillement pendant la nuit. Ce bombardement bulgare devait viser l'habitation du chef de l'Eglise
serbe.

De plus, l'artillerie ennemie s'est servie également d'obus
incendiaires. Déjà dans la journée du 8/21 mars 1917, douze
maisons furent ainsi incendiées. Depuis lors, des obus
incendiaires tombèrent souvent sur la ville et, le 4/17 août
1917, les ennemis des Alliés incendièrent un quart de la
cité avec de tels engins. Ce jour-là, vers 2 heures de l'après-
midi, les Bulgaro-Allemands ouvrent sur la ville un feu de
shrapnells. A 5 heures du soir, toutes leurs batteries tirent
sur la ville sans discontinuer jusqu'à 10 heures du soir.
Plus de 2.000 obus de tout calibre furent lancés et parmi
eux beaucoup d'obus incendiaires. Le feu a pris partout et
le vent eut vite fait de propager l'incendie. On ne pouvait
pas secourir la partie de la ville en feu, malgré les onze
pompes à incendie dont on disposait, car l'ennemi conti-
nuait à tirer avec des shrapnells. Les soldats et les habitants étaient forcés de se réfugier dans les caves. Il n'était
pas possible non plus d'appeler au secours d'autres unités
stationnées plus loin, car les fils télégraphiques et téléphoniques étaient coupés par le bombardement et l'incendie. A 10 heures le bombardement cessa, mais l'incendie
continua à faire rage à cause du vent. Dans une maison, la belle-mère du professeur roumain Georgi et sa

petite fille furent brûlées. 2 soldats français furent également brûlés en essayant de porter secours aux habitants. Il y a eu en tout 8 personnes brûlées — sans compter celles qu'on ignore et qui sont restées sous les décombres — et 26 blessées ; 22 furent tuées par les obus. Parmi les victimes il n'y eut que 4 soldats brûlés. 700 maisons ont été incendiées. Après l'incendie on a évacué à peu près 3.000 habitants, mais il en reste encore de 22 à 25.000 en ville.

Des engins incendiaires ne sont jamais employés contre des troupes ou même contre l'artillerie, mais bien pour la destruction de bâtiments. Leur emploi montre nettement le but de ceux qui les ont jetés sur Bitolj : ils veulent anéantir la ville !

Et pourquoi les Centraux et leurs amis utilisent-ils des gaz asphyxiants pour bombarder une ville ouverte ? S'imaginent-ils pouvoir ainsi tuer des soldats alliés qui ne font que passer et qui, par dessus le marché, sont tous munis de masques ? Aucun soldat n'est mort à Bitolj jusqu'à aujourd'hui par suite de l'absorption du gaz des obus germano-bulgares. Par contre les victimes civiles sont très nombreuses. Et c'est précisément les habitants civils de l'infortunée cité qu'on veut frapper avec ce moyen barbare de destruction. On sait très bien où se trouvent les canons ennemis, et 'que les vieillards, les femmes et les enfants apeurés se cachent dans les caves. On les atteindra plus sûrement avec les gaz perfides qu'avec les obus ordinaires. C'est la première fois que des belligérants, en se débarrassant de tout sentiment d'humanité, utilisent de tels moyens pour exterminer des non-combattants.

C'est cette extermination de la population qui est le vrai but du bombardement bulgaro-allemand. Voyant que Bitolj est définitivement perdue pour eux, les Bulgares se vengent sur les malheureux habitants. Le traitement qu'ils ont infligé à la ville pendant le temps de leur occupation passagère avait déjà montré combien peu sincères étaient leurs « sentiments de frères » envers les Monastiriotes. Leur bombardement sauvage détruira les dernières illusions que certains, demeurés malgré tout secrètement bulgarophiles, avaient encore conservées.

Il va sans dire que la population de Bitolj vit misérablement dans cette ville continuellement bombardée et à moitié détruite par les obus et l'incendie. Les autorités serbes,
secondées par l'autorité militaire française, le Serbian
Relief Found anglais et la Croix-Rouge américaine font
tout leur possible pour ravitailler les habitants, au nombre
d'environ 20.000, dont la plupart sont des pauvres ou de
petits artisans. Mais ce ravitaillement est rendu très difficile par le bombardement, par la distance qui sépare la
ville du port de Salonique, par les difficultés du transport
et par les conditions générales du ravitaillement. La population souffre beaucoup et la vie continuelle dans les caves,
dépourvues de toute installation hygiénique, a propagé à
un très haut degré les maladies consomptives telles que la
tuberculose. La mortalité, surtout infantile, a beaucoup
augmenté. Non seulement la ville est ravagée par les obus
ennemis, mais la santé publique est atteinte aussi par les
conséquences du bombardement.

Bombardement de la ville de Vodena.

Le 30 avril 1917, la ville ouverte de Vodena fut bombardée par des avions ennemis. J'y fus envoyé par le grand
Quartier Général de l'armée serbe pour faire une enquête.
Voici le rapport que j'ai remis aux autorités militaires
serbes :

« Le soussigné, R.-A. Reiss, docteur ès sciences, professeur à l'Université de Lausanne, expert auprès des tribunaux, s'est rendu, sur réquisition du Grand Quartier Général de l'armée serbe, à Vodena le 1er mai 1917 pour y faire
une enquête concernant le bombardement de cette ville par
des avions ennemis le 30 avril 1917.

Au cours de son enquête, l'expert a fait les constatations
suivantes :

Le 30 avril, entre 9 h. 30 et 10 heures du matin, sept
avions ennemis ont survolé la ville ouverte de Vodena et
l'ont bombardée avec des projectiles de différents calibres.
Ces avions venaient de Vertekop. Le commandant V., de

l'aviation franco-serbe se trouvait à cette heure à l'endroit indiqué et a vu 14 avions ennemis venant de la direction de Dragomantzi. Un des avions est allé voler sur la gare de Vertekop et y a lancé 4 bombes. Un autre s'est détaché du groupe et a survolé le champ des escadrilles de l'aviation franco-serbe près des hôpitaux de Vertekop. Ces deux derniers ne sont pas allés à Vodena. Les aviateurs franco-serbes, au nombre de douze, ayant pris l'air pour chasser les Bulgaro-Allemands, cinq des avions de ces derniers sont partis dans la direction de Gumendjé pendant que les sept autres ont fait un crochet sur Vodena pour repartir ensuite dans la direction des premiers. Le nombre de sept avions est reconnu exact par la plupart des témoins interrogés.

Les avions ont jeté un certain nombre de bombes sur Vodena. Le soussigné n'a pas pu établir exactement ce nombre, cependant il a vu personnellement une vingtaine d'excavations provoquées par l'explosion des projectiles. Les endroits où sont tombées les bombes sont les suivants: près des casernes, au marché, à la gare, dans les vergers devant la gare, près de la mission américaine, près de la grande mosquée, près du cimetière turc à la sortie de la ville (direction d'Ostrovo), dans la vallée qui s'étend devant la colline de Vodena.

La gare est distante du centre de la ville de 450 mètres. Une seule bombe de grand calibre l'a atteinte. Elle est tombée à côté des W.-C. et y a creusé un trou profond sans causer de dégâts notables aux bâtiments. Une seconde bombe du même calibre est tombée, sans exploser, sur la colline au nord de la station, à environ 150 mètres du bâtiment principal. C'est à la gare que furent tués ou blessés les soldats serbes et français, de même que le lieutenant français Sior, qui était allé aux W.-C. Les avions ennemis ont lancé aussi des bombes de petit et grand calibres dans les vergers qui sont directement devant la gare. Le soussigné y a relevé personnellement deux excavations provoquées par de petites bombes et situées l'une à côté de l'autre, et celle produite par une grande bombe. Plusieurs civils furent tués ou blessés à cet endroit.

L'aviation franco-serbe avait cinq tentes près du cimetière turc et la Mission américaine de la Croix-Rouge en
possède, tout près également, quelques-unes pour y héber-
ger les réfugiés de Bitolj. De plus, ce jour-là les femmes
turques avaient étendu du linge au cimetière de sorte que
les aviateurs ennemis ont pu croire que, à cet endroit, se
trouvait un campement militaire important. Ils y ont jeté
un groupe de cinq bombes qui, d'après les dépositions
reçues par le soussigné, sont tombées ensemble.

Les autres bombes ont été lancées au hasard dans les
différents quartiers de la ville. Au Marché, par exemple,
deux projectiles ont tué ou blessé nombre de civils. Les
distances entre les points d'incidence des bombes jetées
sur la ville et ceux des bombes de la gare varient entre 450
et au moins 800 mètres, distances qui sont trop grandes
pour pouvoir être attribuées à des erreurs de lancement.
On peut se demander aussi ce que cherchaient les ennemis
dans la vallée devant la colline de Vodena. Une seule
bombe est tombée près du monastère, les autres ont été
éparpillées sur une distance d'au moins un kilomètre.

Les bombes jetées sur la ville sont de deux calibres : de
petits projectiles tels que ceux qu'on utilise pour l'attaque
des troupes, et de grandes bombes de destruction de 50 kg.
Quelques maisons ont été atteintes et fortement endommagées. Cependant la perte matérielle est relativement faible
comparée au grand nombre des victimes humaines du
bombardement. Il faut également insister sur ce que les
projectiles jetés sur la ville sont des projectiles isolés,
c'est-à-dire lancés l'un après l'autre.

En ce qui concerne les victimes, leur nombre est assez
élevé : 17 morts et 26 blessés. D'après les dires du maire de
Vodena, quelques personnes furent blessées si légèrement
qu'elles n'ont pas jugé nécessaire d'en avertir les autorités.
Ces blessés ne sont pas compris dans le chiffre total donné
plus haut.

Parmi les morts il y a 3 soldats serbes et 14 civils. Il y a
9 hommes, 2 femmes et 6 enfants. Parmi les blessés : 3 soldats serbes, 1 lieutenant français, 2 soldats français, 20 civils. Il y a 13 hommes, 6 femmes et 7 enfants.

Le lieutenant français Sior, lorsque le soussigné l'a vu,
était mourant. Il faut donc l'ajouter au nombre des morts.

Les noms des civils tués ou blessés sont les suivants :

Tués : Bogoumir Milanovitch, cafetier, 40 ans ; Lazare
Nouchi, 40 ans ; Vanosli Fintchi, 12 ans ; Marie Fintchi,
8 ans (fillette) ; Athanassie Rodavni, 13 ans ; Athanassie Co-
rona, 11 ans ; Dimitri Zlatane, 45 ans ; Gabriel Koupoussi-
natz, 49 ans, pope-aumônier à l'hôpital ; Nadiré Aline Mahmoud, 7 ans ; Aiché Abdullah, 20 ans (femme enceinte) ;
Ektché Mustapha, 5 ans ; Fatima Dango Alipe, 38 ans
(femme) ; un coiffeur, 40 ans.

Blessés : Dorothé Vaveri, 38 ans (femme) ; Zéra Béchi,
50 ans (femme) ; Nikola Chané, 21 ans ; Alich Dji Osman,
19 ans ; Hadji Osman, 60 ans ; Petro Tarpané, 36 ans ;
George Djiger, 10 ans ; Leporli Mehmed, 25 ans ; Gotsi
Démichone, 11 ans ; Yovan Valtadom, 35 ans ; Mitsi Tri-
foune, 35 ans (femme) ; Choukri Bessine, 14 ans ; Jivoine
Vouktchevitch, 45 ans ; George Bélo, 11 ans ; Kosta Vadra-
lescu, 17 ans ; Christo Tressintché, 16 ans ; Panaia Tcho-
kala, 30 ans (femme) ; Marie Laso Risto, 30 ans (femme) ;
Petra George Mihali, 25 ans (femme) ; Laza Hadji-Andono-
vitch, 8 ans (fillette).

Le soussigné a visité la plupart des blessés et s'est entre-
tenu avec eux. Presque tous furent blessés en vaquant à
leurs occupations. Plusieurs furent atteints dans leurs
maisons. Les bombes du Marché ont fait beaucoup de
victimes.

Le soussigné a cherché également à se rendre compte du
but que poursuivaient les aviateurs germano-bulgares en
attaquant Vodena, une ville ouverte ne contenant ni positions d'artillerie ni établissements militaires dont la destruction eût été utile pour l'ennemi. La gare même de
Vodena est petite et sans importance pour le ravitaillement
en vivres et en munitions.

En cherchant la réponse à cette question, le soussigné a
entendu deux explications qu'il croit devoir reproduire
dans ce rapport. La première lui fut donnée par le maire
grec de la ville. Celui-ci prétend que, à l'heure actuelle, les
Bulgaro-Allemands entretiendraient encore un service

d'espionnage très actif en ville, service exécuté par ceux que ce magistrat appelle des « Bulgares », et qui sont en réalité des Macédoniens slaves affiliés à la propagande bulgare. Or, ces derniers jours, le bruit a couru à Vodena que le G. Q. G. de l'armée serbe allait s'y installer, de même que le prince-régent Alexandre. Les ennemis auraient su cela par leurs espions et auraient bombardé la ville croyant que les autorités militaires y étaient déjà installées. Le maire a ajouté que, le matin même, il avait procédé à l'arrestation d'un espion bulgare.

La seconde explication fut fournie par le commandant V. : l'escadre ennemie de 14 avions venait sur Vertekop en formation de bataille. 12 avions de chasse des escadrilles franco-serbes ont pris immédiatement l'air pour les attaquer. Ceci a dérangé le plan des adversaires qui se sont alors disloqués sans pouvoir atteindre le but qu'ils se proposaient. Voyant leur affaire ratée, sept des avions qui survolèrent Vodena, y ont jeté toutes leurs bombes sans but défini, uniquement pour faire du mal à leurs ennemis.

Cette seconde explication paraît tout à fait plausible. Il est certain que le bombardement de Vodena fut exécuté sans plan défini, au hasard. Il n'y a que deux endroits bombardés, où le bombardement aurait pu s'expliquer par une considération d'ordre militaire : la gare et le cimetière turc, où les tentes des aviateurs, celles de la Mission américaine et peut-être aussi le linge étalé par les femmes turques, pouvaient faire supposer l'existence d'un campement de troupes. L'aviateur qui a bombardé ce cimetière est d'ailleurs le seul qui ait déclenché un groupe de projectiles, comme on le fait en cas d'attaque d'un campement.

Le jet de bombes sur la gare peut, à la rigueur, aussi être expliqué par la volonté de détruire un établissement d'utilité stratégique. Les trois bombes lancées dans les vergers ont été probablement destinés à la station du chemin de fer de sorte que, en tout, on l'a bombardée avec trois grandes et deux petites bombes, ce qui est peu pour les sept avions qui ont survolé la ville.

Toutefois, la destruction de la gare doit être attribuée à l'idée spontanée d'un ou, au plus, de deux aviateurs ennemis. Car si elle avait été prévue d'avance, on ne comprendrait pas pourquoi les autres avions auraient dépensé leurs munitions en pure perte, militairement parlant bien entendu, sur la ville, au lieu de seconder leurs camarades qui n'avaient pas réussi à atteindre leur but.

Ces faits montrent précisément que le bombardement de Vodena a été exécuté sans plan, uniquement pour faire du mal à l'adversaire et sans égard pour la population civile, protégée par les lois et les règles de la guerre. Il serait enfantin, en effet, de supposer que les bombes tombées sur la ville étaient destinées à la gare et que les écarts n'étaient attribuables qu'à des erreurs de lancement. Un aviateur-bombardeur, même s'il est peu exercé, ne fait pas des écarts de 450 à 800 mètres. A plus forte raison ceux de l'escadre allemande, très expérimentés, actuellement sur ce front et qui, à maintes reprises, ont montré leur habileté, ne commettront-ils pas de semblables erreurs !

Toutes ces considérations autorisent le soussigné à conclure que le bombardement de la ville même de Vodena n'a été qu'un acte de vandalisme commis dans le but de terroriser la population civile, peut-être aussi, en même temps, dans le but de se venger de ce que les aviateurs alliés avaient empêché l'escadre ennemie d'exécuter des destructions ayant une réelle valeur militaire.

Salonique, le 2 mai 1917.

R.-A. REISS. »

A maintes reprises les Bulgaro-Allemands se sont attaqués aux formations sanitaires. Un exemple typique de leur façon de faire est le bombardement de l'hôpital anglais N° 37, à Vertekop, par leurs avions, le 12 mars 1917. Je reproduirai de nouveau mon rapport-expertise de cette affaire, rapport fait pour l'Etat-Major Général serbe :

« Le soussigné, R.-A. Reiss, docteur ès sciences, professeur à l'Université de Lausanne (Suisse), expert auprès des tribunaux, a été chargé par le G. Q. G. de l'Armée serbe de se rendre à Vertekop et d'y procéder à une enquête-expertise concernant le bombardement de l'hôpital anglais N° 37 par des avions ennemis, le 12 mars 1917. L'expert a exécuté cette enquête le 19 mars.

Il s'est rendu d'abord à la gare de Vertekop, distante de deux kilomètres environ de l'hôpital 37, gare où une partie du dépôt de munitions avait été détruite à la suite du jet de bombes incendiaires par les avions ennemis. Le soussigné a constaté que presque toutes les munitions qui ont explosé, ont éclaté sur place. Les débris lancés au dehors du dépôt incendié sont relativement très peu nombreux. Aucun débris ne fut trouvé à une distance supérieure à 500 mètres du foyer de l'incendie. Ainsi la gare de Vertekop, qui est située à 100, 150 mètres du dépôt, ne montre presque aucune éraflure provenant de projectiles lancés par les explosions successives. Seules les tuiles du toit, de même que les vitres des fenêtres ont souffert par suite du déplacement d'air provoqué par les explosions et, surtout, par l'explosion d'une provision de mélinite qui a creusé un profond cratère circulaire d'un diamètre d'environ 50 mètres. Une quantité considérable d'obus, de grenades, etc., n'a pas même fait explosion.

Le fait que les débris de munitions n'ont pas été lancés à plus de 500 mètres du lieu des explosions ne surprendra nullement les gens qui ont étudié les explosifs. Pour projeter des obus, des balles de cartouches, etc., il faut que la douille portant le projectile et remplie de la matière explosive motrice soit dans l'impossibilité d'éclater elle-même. En d'autres termes, il faut qu'elle soit enfermée dans un tube qui la renforce. Si la matière explosive contenue dans la douille explose et que cette dernière ne soit pas doublée d'un tube résistant, celui d'un fusil par exemple, la douille crève et le projectile tombe sans force. D'ailleurs, même si la douille ne peut pas éclater, pour que le projectile soit lancé à une grande distance, il faut encore que les gaz produits par l'explosion de la poudre, etc., agissent sur lui pendant un laps de temps relativement long, ce qui ne peut avoir lieu que dans un tube fermé (l'âme d'un canon, d'un fusil, d'un revolver, etc.). Sans cela les gaz moteurs s'échappent et le projectile tombe après un parcours plus ou moins court.

A la gare de Vertekop, obus, poudres renfermées dans des douilles, cartouches de fusil, etc., ont éclaté pour ainsi dire en plein air. Seuls les morceaux de ces projectiles explosant sur place ont pu être lancés au loin et cette projection n'a pas dépassé 500 mètres. En tout cas, aucun débris n'a pu atteindre l'hôpital 37, situé à environ 2 kilomètres de la gare.

Après l'examen du dépôt de munitions, l'expert est allé à l'hôpital N° 37, où il a été reçu par le colonel commandant l'hôpital. Celui-ci a déclaré que le bombardement de l'hôpital a eu lieu le 12 mars, entre 8 h. 15 et 8 h. 30 du matin. Deux gardes-malades et quatre infirmiers furent tués, six infirmiers et trois malades serbes furent blessés. Au moment du bombardement, un train passait sur la voie à l'est de l'hôpital.

La première bombe est tombée à deux mètres devant la salle d'opérations et y a tué un garde-malade et un infirmier. De cet endroit à la voie ferrée, il y a au moins 200 mètres. Quelques témoins disent que, à l'instant du jet de la bombe, le train se trouvait à la hauteur de la salle d'opérations. D'autres prétendent qu'il était encore un peu en arrière. Tous sont d'accord sur ce point que les avions venaient de la gare de Vertekop en suivant la voie du chemin de fer.

La seconde bombe est tombée dans la tente des rayons X, à côté de la salle d'opérations. La troisième a atteint le chemin à 3 mètres de la partie postérieure de cette tente. La distance entre la première et la seconde bombe est de 14 m. 60; celle de la deuxième à la troisième, 7 m. 30. La quatrième et la cinquième bombe sont tombées dans et à côté d'une tente de malades qui était vide au moment de l'attentat. Enfin la sixième est entrée dans la tente à côté de cette dernière et y a tué une garde-malade. Les distances sont les suivantes : de la troisième à la quatrième, 7 m. 30; de la quatrième à la cinquième, 4 m. 60; de la cinquième à la sixième, 14 m. 60.

L'ensemble des points d'incidence des bombes présente une ligne brisée. Les distances relativement minimes entre les trous produits par l'éclatement des bombes montrent nettement qu'elles furent déclenchées ensemble et que l'air était calme au moment de leur jet, sans cela les distances qui les séparent, auraient été plus grandes. La direction de l'ensemble des excavations marque aussi la direction du vol de l'avion bombardeur : SO-NE.

La septième bombe est tombée à environ 2 mètres au nord d'une tente de malades située en ligne droite devant la salle d'opérations. Un infirmier y fut tué. Sur le terrain de foot-ball on relève une nouvelle série de six bombes dont les distances respectives sont de : 6 m. 40, 19 m. 50, 5 m. 79, 16 m. 15, 9 m. 44. La direction générale du jet de bombes est à l'équerre avec la direction générale de la première série de bombes. Ceci indique que ces bombes furent lancées, à la fois, par un second avion volant en direction perpendiculaire du premier. Au SE de cette seconde séri et à 70 m. 21, se trouve l'excavation provoquée par l'explo sion d'une bombe isolée. Cette excavation est dans la direc tion du jet des six bombes précédentes et provient proba blement d'une bombe d'essai. En admettant une vitesse de l'avion de 140 kilomètres à l'heure, la bombe d'essai aurait été suivie par le déclenchement de la série des projectiles à 2 secondes d'intervalle.

A droite et à gauche du chemin d'accès, mais déjà dans l'hôpital 37, on constate une nouvelle série de cinq bombes dont la ligne de direction générale prouve qu'elles ont été lancées par un troisième avion. Enfin, une bombe isolée est tombée juste à côté d'une des toiles portant la croix rouge indicatrice. L'hôpital 36, devant l'hôpital 37 et faisant suite à ce dernier, a reçu trois bombés assez près de la ligne de chemin de fer. Trois hommes y furent blessés et un fut tué.

Les hôpitaux 36 et 37 sont entourés de 12 toiles indica trices à croix rouge. Les dimensions du fond de ces toiles sont de 11 m. 88 sur 9 m. 41. Les bras de la croix rouge ont 10 m. 05 et 7 m. 62. Le rouge de quelques croix a pâli, mais, chez la plupart, il est encore très vif.

L'expert a voulu se rendre compte si les dites croix rouges étaient visibles à la hauteur où volaient les avions ennemis (3.000 m.). Il est donc monté à bord d'un avion de l'escadrille de Vertekop et a survolé, à 3.000 mètres, les hôpitaux bombardés. Bien que le temps fût quelque peu brumeux, les douze croix étaient parfaitement visibles à l'œil nu. Il faut ajouter que, le jour du bombardement, leur visibilité a dû être bien plus grande encore, car il faisait un temps radieux.

En volant à cette hauteur, le soussigné a également pu se convaincre de l'importance de la distance séparant les hôpitaux de la gare de Vertekop. Les photographies annexées à ce rapport et faites par le service photographique des escadrilles de Vertekop à une hauteur de 2.000 mètres, montrent très bien la visibilité des croix indicatrices.

L'expert a fait une dernière et importante constatation : les excavations produites par l'éclatement des bombes sont très peu profondes et de petites dimensions. Ceci indique que les projectiles lancés n'étaient pas de grosses bombes destinées à la destruction d'objets résistants, mais des bombes employées ordinairement pour l'attaque d'êtres vivants.

Les constatations du soussigné ont donc démontré que l'hôpital 37 fut attaqué par trois avions et l'hôpital 36 par un avion. Seules les bombes du 36 et une du 37 sont proches de la ligne de chemin de fer. Malgré la présence du train à côté des hôpitaux, peut-on admettre que celui-ci ait été visé par les aviateurs ?

Pour répondre à cette question, il faut constater d'abord que les aviateurs bulgaro-allemands ont su qu'ils étaient au-dessus de formations sanitaires. Ils le savaient par la présence des croix rouges, nettement visibles, et par leurs incursions antérieures dont l'énumération est jointe au présent rapport. Et alors, s'ils savaient qu'ils étaient au-dessus d'hôpitaux et s'ils avaient réellement l'intention de n'attaquer que le train, ils n'avaient qu'à attendre que celui-ci, qui était en marche, ait quitté la zone des hôpitaux. Mais l'attaque du train n'était pas leur but. Ils voulaient atteindre les hôpitaux. Ceci est prouvé : 1/ par la nature même des bombes, qui auraient été des bombes de destruction si l'on avait eu l'intention d'endommager sérieusement le train ; 2/ par le jet de séries de bombes tombant très près les unes des autres, ce qui montre que l'air était tranquille : dans de telles circonstances l'écart entre les emplacements de l'éclatement des projectiles et la voie ferrée est trop grand pour être dû à des erreurs de lancement ; 3/ par le fait que les trois avions ont jeté leurs bombes au milieu de l'hôpital 37 ; 4/ par le lancement d'une bombe d'essai, suivi immédiatement d'une série de six bombes. Les aviateurs ont dû se rendre compte où était tombée la bombe d'essai, et, s'ils en ont, immédiatement après, jeté six autres à la fois, c'est qu'ils ont voulu que celles-ci tombassent à la même place que la première.

Tout ce qui précède autorise l'expert soussigné à conclure :

1° Que l'explosion du dépôt de munitions de Vertekop-Gare n'a rien à faire avec le bombardement des hôpitaux 36 et 37 ;

2° Que le bombardement de l'hôpital 37 au moins, a été exécuté par trois avions ennemis différents ;

3° Que la visibilité des croix indicatrices étant parfaite à la hauteur de 3.000 mètres, les aviateurs ennemis savaient qu'ils se trouvaient au-dessus d'hôpitaux ;

4° Que les bombes utilisées n'étaient pas des grosses bombes ordinairement employées pour la destruction d'objets résistants, mais des bombes destinées à l'attaque d'hommes ;

5° Que le bombardement était dirigé contre les hôpitaux 37 et 36 et non pas contre le train qui passait à côté.

Salonique, le 22 mars 1917.

R. A. REISS. »

L'hôpital 37 a été atteint par des projectiles provenant d'avions ennemis :

Le 10 août 1916, à 7 h. 30 du matin, par deux bombes

tombées dans le terrain de l'hôpital. Une grande tente a été détruite et deux hommes blessés.

Le 19 août 1916, à 6 h. 15 du matin, 24 bombes ont été lancées sur l'hôpital et un homme et deux officiers ont été sérieusement blessés. Six de ces bombes étaient des bombes incendiaires. Deux grandes tentes furent détruites, plusieurs grandes, petites tentes et tentes rondes furent perforées.

XIV

TRAITEMENT DES SOLDATS PRISONNIERS ET BLESSÉS

Il est malaisé de ne point faire de ce sujet un seul chapitre, commun aux deux parties principales de ce travail. En effet, les prisonniers serbes et alliés, faits sur le front macédono-serbe par les Centraux et leurs vassaux, sont ensuite envoyés dans les camps de prisonniers en Bulgarie, où ils partagent les misères de ceux qui ont été capturés en Vieille Serbie en 1915. Toutefois, pour maintenir l'ordonnance de mon résumé, j'ai essayé de scinder le sujet et de le traiter dans les deux divisions. Dans la première je ne décrirai que les cas qui intéressent tout spécialement ce front et je laisserai de côté le traitement des soldats dans les camps de prisonniers, traitement dont je m'occuperai dans la seconde partie du travail.

Voici d'abord quelques dépositions de civils des territoires aujourd'hui libérés :

Village de Lajetz. — « Au mois de décembre 1915 les Bulgares ont amené 37 soldats serbes à l'église de Lajetz. On les sépara en deux groupes et on emmena 21 jeunes gens de 20 à 23 ans, sous escorte commandée par le voïvode de comitadjis Pandil Chichkoff, d'Ekchissou, par le sergent de comitadjis Todor Dimitrieff et par le lieutenant Djenkoff, au village de Gradechnitza. Là, ils furent fusillés. Les villageois ont entendu les coups de feu et les soldats, rentrant à Lajetz, leur ont dit qu'on avait fusillé les prisonniers. Les paysans de Gradechnitza ont raconté que les victimes ont été enterrées à moitié vivantes encore. Les 16 prisonniers restant à Lajetz ont disparu. Les paysans croient qu'on les a évacués par la frontière grecque. » — Nikola Todorovitch, 36 ans, kmet du village; Andria Ilievitch, 38 ans, pope.

« Les quatre témoins ont vu les 21 soldats serbes qu'on amenait à Gradechnitza pour les tuer. C'était vers 2 heures de l'après-midi. » — Sekoula Petrovitch, 46 ans; Boja Tachkovitch, 58 ans; Kosta Militch, 62 ans; et Mehmed Moustapha, 58 ans.

Village de Gradechnitza. — « Au mois de décembre 1915 un certain nombre de soldats serbes ont été amenés de Lajetz au village et tués par les soldats bulgares. » — Riste Dimitrieff, 60 ans, kmet pendant l'occupation bulgare; Yovan Petrovitch, 73 ans; Nikola Stoyanoff, 68 ans.

« Un peu en dehors du village, les soldats qui ont amené les prisonniers de Lajetz, ont commencé à tirer sur eux. Les prisonniers ont essayé de s'enfuir, mais ils ont été tués à coups de fusil. » — Panta Naoumovitch, 56 ans, kmet du village; déposition confirmée par les témoins précédents.

« Les Bulgares ont forcé les deux témoins à enterrer les soldats serbes tués. Près de la rivière ils ont ainsi enterré cinq cadavres. Leurs têtes étaient fracassées par des balles et ils avaient encore des balles dans le corps. D'autres ont été enterrés dans un pré, mais ce ne sont pas les témoins qui les ont ensevelis. Huit environ furent enterrés par les Bulgares. Une des tombes se trouve dans les vignes. Deux ou trois soldats ont pu s'enfuir. Un nommé George a aidé les Bulgares à tuer ces malheureux. Les victimes avaient l'air de comordjis (soldats du train). » — Spasse Georgevitch, 55 ans; Traiko Stoyan, 58 ans.

Ville de Débar. — « A Débar le commandant de la place, le capitaine Todoroff du 12e régiment d'infanterie, a dit à Blachitch : « Je vais t'envoyer sur le pont du Drim, que vous avez fait sauter après le passage des troupes serbes, et je te ferai égorger là-bas comme les mille soldats serbes que j'y ai déjà envoyés. » Et, en effet, des mitrailleuses ayant été placées des deux côtés du pont, les soldats serbes ont été tous tués et jetés dans le Drim. Pendant tout l'hiver les eaux du fleuve rejetaient des cadavres serbes. Blachitch a vu des soldats serbes amenés vers le Drim et il a vu aussi revenir l'escorte seule. De même il a vu des cadavres serbes rejetés par le fleuve. Son gardien lui a dit qu'il serait également envoyé là-bas aussitôt rétabli (le témoin était malade). Blachitch a aperçu les cadavres lorsqu'il revenait d'Albanie. Malitch Aga et Souleiman Beg, de Débar, de même que Deherim Beg pourront témoigner de ces massacres de soldats serbes. Les soldats bulgares ont raconté au témoin qu'une partie des soldats serbes pris à Strouga, ont été massacrés sur le pont de cette ville et jetés dans le fleuve. L'autre partie a été envoyée à Ochrida et massacrée par la cavalerie bulgare qui a chargé les prisonniers. Les cadavres furent jetés dans le lac. » — Nikola Blachitch, 48 ans, attaché au commandement de la place à Bitolj.

Ville de Bitolj. — « Les blessés qui sont restés après l'évacuation de la ville par les Serbes ont été transportés ailleurs par les Bulgares. Le témoin ne sait pas s'ils ont souffert du traitement bulgare. » — Petar Boyaditch, 64 ans, commerçant.

« Le témoin était à Bitolj quand les Bulgares sont entrés dans la ville. Il y avait beaucoup de blessés serbes à l'hôpital grec où il était employé. Les blessés ont été soignés par les médecins grecs. Après guérison, ils furent remis aux Bulgares et évacués. Lorsque tous les blessés serbes ont été évacués, des médecins allemands sont venus à l'hôpital. Les blessés étant soignés par des médecins grecs, ils ne furent pas maltraités à l'hôpital. Ils étaient nourris aux frais de l'hôpital, les Bulgares ne donnaient rien (ce n'est pas exact). Des officiers bulgares venaient pour faire le tour de l'hôpital. » — Naoum Stavrevitch, 65 ans, employé à l'hôpital grec.

« Il y avait 60 blessés serbes qui ont été envoyés à l'hôtal grec par l'hôpital militaire. Ces malades ont été soignés à l'hôpital du 11 décembre au 13 février. Après guérison ils ont été remis aux autorités bulgares. Pendant leur séjour à l'hôpital, deux médecins militaires bulgares sont venus deux ou trois fois pour inspecter. Il y avait aussi un général bulgare qui en faisant une visite à l'hôpital, a dit à propos des blessés serbes : « Pourquoi mettez-vous ces lépreux ici ? Cet hôpital est pour des officiers. Nous allons les mettre sur des brancards et les évacuer. » Sur l'intervention du directeur et des médecins on les a laissés à l'hôpital. Les autorités bulgares fournissaient le pain, la viande et les légumes pour les blessés. » — D' MIHAEL VIRIASTA, directeur de l'hôpital grec.

Les témoins né mentionnent qu'un massacre de prisonniers dans les territoires actuellement libérés, celui de Gradechnitza. 21 soldats serbes prisonniers y furent lâchement assassinés par les Bulgares aidés par le comitadji George Taseff, de Bitolj. Je suis allé constater la présence de leurs tombes dans le village. J'ai trouvé à environ 100 mètres, droit devant l'église, un chemin longeant un mur. C'est à côté de ce chemin que se trouvent 5 petits tertres dont l'un porte un amas de pierres. Ces tertres ont à peu près la longueur d'un homme. C'est ici que 8 des victimes furent enterrées. Guidé par mes témoins j'ai visité également les autres tombes à peine reconnaissables.

Mais le terrain reconquis est petit et, par le témoignage de personnes dignes de toute confiance, nous savons que, dans l'intérieur de la Macédoine, les Bulgares ont commis des massacres inouïs de prisonniers. Ainsi Nikola Blachitch nous rapporte dans sa déposition la menace à lui faite par le capitaine Todoroff, du 12° régiment bulgare : « Je vais t'envoyer sur le pont du Drim et là, je te ferai égorger comme les mille soldats serbes que j'y ai déjà envoyés ». Blachitch savait que cette menace n'était pas vaine car il avait vu de ses propres yeux les prisonniers qu'on emmenait sous escorte vers ce pont et il avait vu aussi l'escorte en revenir seule. De plus, il a contemplé les cadavres rejetés par le fleuve. Les soldats bulgares ont raconté à ce même témoin qu'à Strouga et Ochrida, il y a eu également de grands massacres de Serbes prisonniers.

Il ne paraît pas qu'il y ait eu des tueries de soldats serbes prisonniers ou blessés à Bitolj. Evidemment je n'ai pu savoir ce qui s'est passé dans l'hôpital grec et j'ignore ce qu'on a fait dans les hôpitaux et ambulances bulgares. L'hôpital grec est une fondation philanthropique entretenue par les contributions des membres de la colonie grecque de Bitolj et par des subsides de provenance grecque. Il était tout naturel que le personnel de cet hôpital, resté en charge après l'occupation de la ville par les Bulgares, soignât convenablement ses anciens alliés et reconnût ainsi l'hospitalité dont les Grecs de Bitolj avaient joui depuis le traité de Bucarest.

Le témoin Stavrevitch, employé à cet hôpital, a déposé que les blessés serbes étaient nourris aux frais de l'hôpital et que les Bulgares ne donnaient rien pour eux. Cette assertion ne paraît pas exacte, car le directeur de l'établissement affirme que les autorités bulgares livraient le pain, la viande et les légumes pour les blessés. Je ne crois pas que Stavrevitch a fait sciemment une fausse déposition. Il savait que tous les frais d'entretien et les soins médicaux des blessés étaient à la charge de l'hôpital et il en a déduit qu'il en était de même pour la nourriture. A retenir aussi la parole inhumaine de ce général bulgare venu visiter l'hôpital : « Pourquoi mettez-vous ces lépreux ici ? Cet hôpital est pour des officiers. Nous allons les mettre sur des brancards et les évacuer. » Courageusement, directeur et médecins grecs s'opposent à cet ordre barbare et gardent leurs blessés.

Que s'est-il passé dans les parties de la Macédoine serbe qui sont encore aux mains des Bulgaro-Allemands, et comment les prisonniers et les blessés ont-ils été traités pendant les opérations militaires ? Des témoins serbes et des prisonniers bulgares vont nous donner la réponse.

Nous avons d'abord la longue déposition du prisonnier bulgare *N° 70, sergent-major au 45e régiment d'infanterie* :

« Mon régiment était d'abord à Kitka où il a combattu. De là nous sommes allés à Koumanovo, Sveti Nikola, Skoplié et puis à Katchanik, Guiljané et, enfin, sur la position de Vélia Glava. Seul le troisième bataillon du régiment est arrivé sur cette position. Son commandant était le major Yovtchoff. Le commandant du régiment, le colonel Popoff,

n'est pas venu à Vélia Glava. Tout le 46ᵉ régiment se trouvait déjà sur la position et mes camarades m'ont dit que le
chef de ce régiment était le lieutenant-colonel Rainoff. Je
ne me rappelle pas la date de notre arrivée à Vélia Glava,
mais je me souviens que c'était le soir. Au cours de la
journée, les 9ᵉ et 10ᵉ compagnies avaient fait prisonniers
50 à 60 soldats serbes. On était en train de les attacher par
les mains et par groupes de 3 à 5. C'étaient des soldats du
46ᵉ qui exécutaient cette besogne. Parmi les prisonniers il
y en avait de jeunes et de vieux. Après les avoir liés on
les a fait descendre dans un ravin, et le commandant Yovtchoff a ordonné que deux sections de notre bataillon aillent
aider les 9ᵉ et 10ᵉ compagnies du 46ᵉ régiment qui se trouvaient déjà avec les Serbes dans le ravin. Ma section, ainsi
que celle du sergent de réserve Gele Mitkoff (tué ensuite),
furent désignées pour ce travail. Les Serbes étaient à 10 ou
15 pas. Ce furent d'abord les 9ᵉ et 10ᵉ compagnies du
46ᵉ régiment et ensuite les deux sections du 45ᵉ régiment
qui tirèrent sur eux. Lorsqu'on eut fini de tirer, tous les
Serbes étaient tombés. Les soldats bulgares se sont approchés d'eux pour les dépouiller de leurs vêtements et de
leurs chaussures. Ceux qui n'étaient pas morts ont été ache-
vés à coups de couteau. Les chefs de compagnie commandaient le feu. Le chef de ma compagnie était le capitaine
Dimtcho (Dimtcheff). Il avait donné ses ordres avant le
départ des soldats pour le ravin. Dans le ravin même c'est
moi qui ai commandé le feu. Il n'y avait pas d'officiers. Les
soldats ont pris tout ce qu'ils ont trouvé sur les Serbes,
argent, habits, etc. Quand on trouve de l'argent, pourquoi
ne faudrait-il pas le prendre? Les soldats achevaient les
Serbes avec leurs baïonnettes et des couteaux. Je ne sais
pas s'il y avait des officiers parmi les victimes. Les prisonniers nous demandaient de ne pas les tuer : « Ce sont nos
officiers qui nous ont ordonné de venir ici », disaient-ils.

Les nôtres ne répondaient rien. C'est le lieutenant-
colonel Rainoff qui a ordonné le massacre. C'était la première fois que j'assistais à un massacre de prisonniers.
Dans mon régiment, il était défendu avant ce jour-là de
toucher aux prisonniers. Je sais que ce même mois il y a

eu encore des tueries pareilles dans différents endroits. Le lieutenant-colonel Raïnoff avait ordonné à ses soldats de ne plus faire de prisonniers mais de les tuer tous. Parmi les prisonniers serbes de Vélia Glava il y avait aussi des Macédoniens. Ceux-ci ont été séparés du reste et n'ont pas été tués. »

Le document suivant émanant de la seconde armée serbe résume les renseignements obtenus sur le massacre de Vélia Glava à l'État-Major de cette armée :

« Le commandant de la seconde armée. En interrogeant les prisonniers bulgares du 46° régiment d'infanterie sur la Pocharska Kossa à notre État-Major, on a constaté que le 46° régiment, à la date du 26 au 28 octobre 1915, a fait une centaine de prisonniers sur les positions de Vélia Glava et Kopiliak, dont un commandant et un lieutenant. La plupart des prisonniers déclarent avoir entendu dire que le commandant du 46° régiment, le colonel Abatjieff (le témoin N° 70 dit que c'était le lieutenant-colonel Raïnoff), a ordonné qu'on envoie 15 Serbes des nouveaux territoires à Koumanovo et, après cela, il a fait appeler les soldats disposés à tuer les prisonniers serbes. Quelques-uns des prisonniers bulgares déclarent que le nombre des soldats ainsi tués s'élevait à 200. A l'exécution assistèrent le commandant du régiment, le colonel Abatjieff, le capitaine Milko, le commandant du 3° bataillon et le lieutenant Dobroff, chef de la 11° compagnie du 3° bataillon du 46° régiment. J'ai l'honneur... Par ordre du chef de l'État-Major, signé : Pechith, Ad. O. N° 4420, Le 17 VIII 1916. »

La déposition du prisonnier bulgare N° 70 met au point ces premiers renseignements reçus par l'État-Major de la seconde armée.

Le prisonnier bulgare *N° 71, du 2° régiment d'artillerie de montagne, 9° batterie*, parle aussi des massacres de prisonniers serbes dans la région où se trouvent les positions de Vélia Glava.

« Au cours des opérations de Guiljané, nos troupes, et principalement le cinquième régiment de la première division de Sofia, ont commis de grandes cruautés. Officiellement on n'avait pas donné l'ordre de tuer les prisonniers, mais on le faisait toujours. C'était toujours le capitaine de l'active Strmanoff qui se distinguait dans ces massacres et donnait l'exemple. Cet officier était de Gabrovo et faisait partie de l'État-Major du sixième régiment. Lorsque les soldats amenaient des prisonniers, il leur ordonnait: « Menez-les à Sofia, mais en une demi-heure! » L'on savait que cela signifiait qu'il fallait les tuer. »

Je rappelle à ce propos la déposition du Dr Athanasiadès contenue dans le chapitre Ier : «Assassinats de non-combattants. » A ce médecin, la sentinelle à Nich a raconté qu'elle avait vu l'ordre d'envoyer deux popes, un instituteur et encore une personne serbe à Sofia, mais que l'escorte devait revenir quatre heures après son départ. L'ordre d'envoyer les prisonniers à Sofia paraît donc avoir été, dans bien des cas, un arrêt de mort!

Des soldats serbes disent également ce que les Bulgares ont fait des prisonniers et des blessés :

« Le soldat VÉLIMIR JVANOVITCH, de la batterie de tranchées de la division de la Drina, né au village de Sinochevitch, arrondissement de Potzérié, département de Podrinié, âgé de 26 ans, a déclaré qu'il s'est trouvé, le 12 septembre 1916, avec son commandant de batterie, feu Vladimir Yovanovitch, commandant d'artillerie, dans une tranchée d'infanterie située sur le plus haut point du Kaimaktchalan. Les Bulgares, à 3 heures, s'étaient mis à crier « hurra » d'une tranchée qui était à 50 mètres devant les Serbes, mais sans bouger de celle-ci. Le commandant avait ordonné d'ouvrir le feu contre les Bulgares qui, quelque temps après, attaquèrent notre tranchée à coups de bombes et la dépassèrent. « J'y restai avec mes camarades Zvejo Dimitrievitch et Bradislav. A l'aube, nos troupes contre-attaquèrent les Bulgares qui se retirèrent précipitamment en passant par-dessus la tranchée où nous étions cachés sous des cadavres. De temps en temps nous nous hissions pour voir ce qui se passait et nous assistions de cette façon à des scènes terribles. En effet, les Bulgares se ruaient sur nos soldats blessés au cri sauvage de : «Argent, Serbes! » Nos blessés les priaient de ne pas les tuer et leur disaient : «Laissez-nous l'âme et emportez tout, » tandis que les Bulgares les perçaient de coups de baïonnette toujours au cri de : « Argent, Serbes », ou bien en leur criant : « Est-ce que le lait français est doux ? » ou encore : « Ah! non, Serbe, tu ne rentreras pas chez toi par ce chemin; va sur la route par laquelle tu as quitté ta maison! » Lorsque, le 15 septembre, les Bulgares furent complètement chassés, nous avons pu constater sur leurs morts des gourdes pleines d'eau-de-vie. Il y eut beaucoup de blessés bulgares que nous avions peine à recueillir parce qu'ils étaient ivres-morts.

Dans la tranchée à droite nous avons trouvé notre commandant portant plusieurs coups de baïonnette; de son ventre ouvert, les intestins sortaient. Autour de lui il y avait encore onze soldats horriblement mutilés. » — Interrogatoire fait à l'État-Major de la Division de la Drina le 17 octobre 1916. Ad. O. N° 3625. Certifié conforme par le chef d'État-Major : lieutenant-colonel MILAN ZAVATCHIL.

« Interrogatoire du sergent MATA M. RATKOVITCH, du village de Bresovitza, arrondissement de Déjevo, département de Rachka, et du soldat STOYAN T. MARKOVITCH, du village de Srnié, arrondissement de Razina, département de Krouchevatz, tous deux de la 1re compagnie du 3e bataillon du 14e régiment d'infanterie. Ils ont déclaré que, le 4 octobre de l'année dernière (1916), ils sont allés avec le soldat Andjelko Viktorovitch en patrouille pour voir si, à Kamenita Tchuka, il y avait des Bulgares et combien. Lorsqu'ils furent parvenus au piton même de cette Tchuka, ils y ont trouvé un soldat serbe étendu par terre et ayant une pioche enfoncée dans la poitrine, la pointe en l'air. Ce soldat avait été blessé d'abord à l'épaule gauche. Non loin de celui-ci, ils ont découvert un autre soldat serbe avec une baïonnette enfoncée dans le crâne, au-dessus de l'oreille gauche. Sur le cadavre tout inondé de sang, ils n'ont pas pu découvrir d'autres blessures mais, à en juger d'après la position de ses mains, ils pensent que le malheureux devait être vivant au moment où on lui a enfoncé la baïonnette dans le crâne. Lorsqu'ils se sont approchés du rocher le plus grand du piton, ils ont trouvé un soldat serbe assis, le fusil à la main, dans la position de garde.

Il était tué et le fusil lui avait été attaché de cette façon. Ils n'ont pu voir de quelle manière ce soldat avait péri, parce que les Bulgares les attaquèrent et les forcèrent de se défendre. — Signé : Mata M. Ratkovitch et Stoyan T. Markovitch. Certifié conforme par le commandant M. Miatovitch. Interrogatoire fait à l'État-Major du 3ᵉ bataillon du 14ᵉ régiment, le 22 janvier 1917. Sur le front. Ad. O. Nᵒ 373. »

Cet interrogatoire est confirmé par le rapport suivant du 3ᵉ bataillon du 14ᵉ régiment à l'État-Major de la IIIᵉ armée serbe en date du 5/18 octobre 1916 :

« Il y a cinq jours, notre corps des volontaires a attaqué une colline rocailleuse et a été repoussé. Un certain nombre de nos soldats blessés restèrent sur le champ du combat. J'ai envoyé hier une patrouille à cet endroit afin de le reconnaître, et le chef de la patrouille, le caporal de la seconde compagnie Mata Ratkovitch, m'a rapporté que les Bulgares avaient impitoyablement et bestialement massacré tous nos blessés. Il a constaté qu'un de ces derniers avait une pioche plantée dans la poitrine et un autre une baïonnette serbe passée à travers le crâne. De la position de leurs mains crispées, il ressort que ces pauvres gens ont essayé de se défendre. Un de nos soldats tués a été placé dans la position assise, un fusil dans les mains, la face tournée vers nos positions comme s'il tirait sur nous. J'ai l'honneur de porter ce qui précède à la connaissance du commandant et cela à toute fin utile. — Le chef de bataillon : Commandant M. Miatovitch. »

Voici maintenant quelques faits communiqués par le G. Q. G. de l'armée serbe et constatés par des officiers et soldats entendus en due forme par le service des renseignements du dit G. Q. G. :

1ᵒ Le 4/17 août 1916, une section serbe de mitrailleuses se trouvait au village de Sakoulevo. La cavalerie bulgare avait cerné cette section et sabré presque tous les soldats qui en faisaient partie. L'un d'eux, qui s'est échappé, a été atteint à la tête par une balle ennemie et est tombé de cheval. Les Bulgares ont voulu l'achever et lui ont porté quelques coups de sabre au cou. Il a fait le mort et ils l'ont abandonné. Il a réussi à rejoindre son unité.

2° Le 5/18 août 1916, pendant la retraite du détachement des volontaires vers Kastoria, 5 soldats serbes ont été faits prisonniers par la cavalerie bulgare sur la route entre Smrdès et Bresnitza. Tous ont été tués et mutilés. Les camarades de ces soldats, ainsi que les paysans des environs, ont vu les cadavres mutilés.

3° Une personne digne de foi, qui a abandonné Florina le 4/17 août, fuyant devant les Bulgares, a rapporté : « Le 7/20 août, fuyant de Florina, je suis arrivé au village de Blatz. Les habitants du village m'ont appris que les Bulgares étaient entrés dans le village de Neveska. 18 soldats serbes blessés y étaient cachés dans des maisons grecques. Ils furent découverts et se rendirent, mais les Bulgares les ont massacrés devant les villageois. »

4° Le soldat Louka Loukitch, du détachement des volontaires, natif de Trnova (département de Touzla) qui, pendant sa fuite, fut rejoint par la cavalerie bulgare, a, d'abord, été frappé à coups de crosse, puis blessé à coups de sabre en soixante endroits différents du corps et laissé sur place comme mort. Des paysans et un prêtre grec, l'ayant découvert, l'ont transporté dans un moulin et en ont informé la police grecque de Hrupista. Le chef de la police a envoyé deux gendarmes pour transporter le blessé à Hrupista. En ce moment, il est soigné dans cette localité, et l'on espère le guérir.

5° Le soldat Radomir Maritch, d'Améritch, appartenant à la troisième compagnie, premier bataillon du 21° régiment, est resté le 13/28 août 1916, avec deux camarades blessés, devant nos tranchées. Au cours de la nuit, les Bulgares sont venus jusqu'à eux et les ont forcés d'appeler leurs camarades qui se trouvaient dans la tranchée voisine, pour qu'ils viennent les panser. A leur appel, les soldats serbes sont sortis de leur tranchée et se sont dirigés vers les blessés. Mais les Bulgares ouvrirent le feu sur eux en jetant des bombes et les forcèrent ainsi à s'en retourner. Ce même fait s'est renouvelé encore une fois un peu plus tard. Après quoi, les soldats serbes n'ont plus voulu sortir de leur tranchée. Exaspérés de ce qu'ils

ne se montraient plus, les soldats ont percé de coups
de couteau (baïonnette?) les trois blessés serbes, dont
deux, Vladislav Radivoyevitch et Radomir Mititch, sont
morts des blessures reçues. Dans leur cynisme, les Bulgares ont ordonné au troisième, qui avait reçu huit
blessures, d'aller dans la tranchée serbe pour que ses
camarades le voient.

« Dans le parc (à Ochrida), se trouvaient nos prisonniers. Parmi eux, il y avait beaucoup de malades. Les
soldats bulgares, en voyant qu'ils avaient des souliers
neufs, les attaquèrent pour les leur prendre. Il y eut
des scènes d'une telle sauvagerie, que la femme d'Andjelko
Georgevitch en devint folle. Son état ne fit qu'empirer
quand elle apprit que tous ces prisonniers avaient été
tués sur la route de Bitolj. La plupart d'entre eux ont été
massacrés près du village de Ramné. Dans les environs
d'Ochrida, les Bulgares en ont tué 500. Ils ont déclaré
qu'ils les tuaient parce qu'ils ne s'étaient pas rendus
assez tôt et parce que les Bulgares n'avaient pas de quoi
les nourrir. » — Le Commissaire du Gouvernement serbe,
n° 548.

« C'était affreux de voir la pendaison de douze soldats
serbes faits prisonniers sur le front macédonien. On leur
a lu la sentence : « Vous avez trahi votre drapeau et vos
frères ; vous ne pouvez être des citoyens bulgares loyaux. »
Dis donc aux soldats qu'ils se tuent eux-mêmes s'ils se
trouvent obligés de se rendre, car cela vaut mieux que
de se faire martyriser par ces Tcherkesses. Ils ont pendu
et martyrisé tous ceux qu'ils ont faits prisonniers là-bas. »
— (Lettre de Svetozar Popovitch, instituteur, commandant d'un bataillon d'insurgés à Tchedo Tomitch, capitaine
dans la division de la Morava. 10 mai 1917.)

Il résulte, d'une façon indubitable, de toutes ces dépositions, tant civiles que militaires, que les Bulgares ont
tué un grand nombre de soldats prisonniers et blessés.
Les témoins nous rapportent des massacres de centaines,
même de milliers de ces malheureux à Débar, à Strouga,
à Gradechnitza, à Vélia Glava, au Kaimaktchalan, à

Ochrida, à Ramné, etc. Y avait-il un ordre général de ne point faire de prisonniers et d'achever les blessés, ordre donné à toute l'armée bulgare? Il est sûr que certains chefs, tels que le lieutenant-colonel Rainoff (le document serbe le désigne comme le colonel Abatjieff, ce qui semble erroné), le chef du 46e régiment bulgare, ont donné des ordres semblables. Il y a eu sans doute des unités bulgares dont les chefs ont fait le nécessaire pour que prisonniers et blessés soient traités suivant les lois de la guerre. Mais mon enquête me fait craindre que ces chefs aient été relativement rares, et que, surtout dans la première phase de l'intervention bulgare, les officiers, s'ils n'ont pas tous encouragé ou ordonné les massacres, comme il est certain que quelques-uns l'ont fait, n'ont pas essayé d'empêcher les actes de sauvagerie de leurs subordonnés.

J'ai voulu savoir ce que disent les prisonniers bulgares sur ce point et j'en ai interrogé un grand nombre. En général, et cela se comprend fort bien, ils ont donné des réponses très circonspectes. Ils ne voulaient pas se compromettre. Beaucoup niaient l'existence d'un ordre commandant le massacre des prisonniers et des blessés. Peut-être n'avaient-ils pas tort, car il se pouvait que, dans leur unité, un ordre pareil n'eût pas été donné. Cependant, d'autres avouaient, tel le témoin n° 70 du 45e régiment (déjà cité), qui dit que non seulement ils ont reçu l'ordre de tuer les prisonniers serbes à Vélia Glava, mais que lui-même a commandé le peloton d'exécution de sa section. Et le n° 71, qui accuse le 5e régiment de la première division de Sofia d'avoir accompli des cruautés sans nom! Il ajoute, il est vrai, que le massacre des prisonniers n'était pas ordonné officiellement, mais qu'on exécutait toujours ces malheureux.

Je reproduirai maintenant quelques dépositions nouvelles de prisonniers bulgares touchant les exécutions des prisonniers et blessés :

N° 72, capitaine au 40e régiment d'infanterie : « On n'a pas ordonné, dans son régiment, de massacrer les prisonniers. Il n'a été, d'ailleurs, que cinq jours au front, et, dans son secteur, on n'a point fait de prisonniers·

serbes. Il ne sait pas si, ailleurs, un ordre pareil a été donné.

N° 73, 21 ans, du 28° régiment d'infanterie : « Le témoin ne sait pas ce qu'on a fait avec les prisonniers, car il n'est au front que depuis huit jours, et dans son secteur on n'a point fait de prisonniers. »

Le n° 74, 21 ans, sergent-major au 56° régiment d'infanterie, commence par nier : « Les officiers n'ont pas donné aux hommes l'ordre de tuer les prisonniers. En tout cas, il n'a pas entendu de pareils ordres et il a vu des prisonniers serbes. » Mais au cours de l'interrogatoire il s'embrouille et finit par déclarer : « Il y avait bien, au commencement de la guerre, un ordre disant qu'il ne fallait pas faire de prisonniers, mais qu'il fallait tuer tous ceux qui se rendaient. Ce sont des camarades qui lui ont dit cela. Mais cet ordre aurait été révoqué. »

N° 75, 18 ans, du 11° régiment bulgare : « Les officiers disaient que les Serbes maltraitaient les gens et qu'il fallait se venger. Le sous-lieutenant Topaloff a dit qu'il y avait un ordre qu'il ne fallait pas faire de prisonniers et qu'il fallait tuer tous les Serbes. »

N° 76, 26 ans, du 29° régiment d'infanterie : « Le témoin a entendu dire qu'après la prise de Vranja, le colonel Abatjieff a ordonné de tuer 100 à 150 prisonniers serbes. » (C'est probablement ce colonel que mentionne le document de la seconde armée à la place du lieutenant-colonel Rainoff.)

De tout ce qui précède, il est permis de conclure :

1° Que les Bulgares, en différents endroits sur le front de Macédoine, ont tué beaucoup de prisonniers et massacré des blessés serbes;

2° Que, s'il n'y a pas eu un ordre général de procéder à ces massacres, des chefs de troupe les ont ordonnés à leurs soldats;

3° Que les soldats ont dévalisé les cadavres de leurs adversaires.

XV

CONCLUSIONS GÉNÉRALES DE L'ENQUÊTE
DANS LES TERRITOIRES ACTUELLEMENT LIBÉRÉS

1° Les soldats bulgares et leurs comitadjis ont assassiné dans les territoires actuellement libérés les civils suivants :

A Batch : Petko Krstovitch, 35 ans; Petar Talevitch, 45 ans.

A Ostretz : Démir Bairam, 70 ans.

A Iven : Yovan Ristevitch, 55 ans; Sava Ristevitch, 50 ans (femme).

A Rapech : Ilia Romanovitch, 49 ans.

A Brnik : Zveta Mladenova, 30 ans (femme); Stoyan Traikovitch.

A Makovo : Riste Naidevitch; Jana Naidevitch (femme).

A Novatzi : Stoyan Mitzevitch, de Dobromir, président de la commune de Novatzi.

A Bitolj : Vanko Gligorovitch; Riza Tanasovitch, 40 ans (femme); Tachko Konievitch; Vandjel Vanevitch; S. Ristitch Mizevitch; Koutze Yanevitch.

Méthode Ristitch. — 1⁶ Les assassinats ont été relativement peu nombreux dans ce petit coin de territoire serbe, et cela pour les raisons exposées au chapitre premier. Dans les autres contrées, les massacres furent plus nombreux. Ainsi des renseignements sûrs m'indiquent pour les seuls districts de Velès, Prilep et Poretch plus de 2000 victimes, principalement des femmes et des enfants. Mes témoins

me signalent encore des massacres à Skopljé, à Koumanovo, à Prilep, etc...

2° Les pillages ont été très nombreux et importants. Les
troupes ennemies ont souvent fait évacuer les villages par
la population pour pouvoir piller en toute tranquillité. Bulgares et Allemands ont pris part au pillage. La ville de
Bitolj fut très éprouvée par ces pillages.

3° Bulgares et Allemands ont réquisitionné et pillé à peu
près tout ce qu'il y avait dans le pays, de sorte qu'il est
aujourd'hui complètement ruiné. Les réquisitions n'ont été
payées que pour une toute petite partie et encore, les prix
donnés étaient des plus dérisoires. La plupart du temps
l'ennemi prenait les objets contre des bons de réquisition,
qui n'ont jamais été payés, ou, le plus souvent, il réquisitionnait sans rien donner.

4° Dans beaucoup d'endroits la population fut fort maltraitée par les occupants. Les châtiments corporels étaient
à l'ordre du jour et leur application était souvent si violente
que beaucoup de victimes en étaient malades. Délo Vragovitch, de Batch, en est même mort.

5° Malgré la réserve compréhensible de mes témoins, j'ai
nettement l'impression que les viols ont été très nombreux.
Dans beaucoup de villages les paysans étaient forcés de
mettre leurs femmes en sûreté dans les endroits non occupés par la troupe ou à Bitolj. Pour « bulgariser » la contrée,
les Bulgares ont essayé de marier les villageoises avec
leurs hommes. Les soldats allemands paraissent avoir été
tout spécialement portés au viol.

6° Les habitants furent presque partout forcés d'exécuter
des travaux d'ordre militaire défendus par les lois et conventions de la guerre. Fréquemment les femmes et les
enfants ont dû collaborer à ces travaux contraires au droit
des gens. Fréquemment aussi ces travaux ont été exécutés
dans la zone de feu et des civils furent ainsi tués par les
obus de l'artillerie ou les bombes des aviateurs.

7° Toutes les églises de culte patriarchiste furent fermées
par les Bulgares. Les églises schismatiques ont continué à

fonctionner. Les habitants musulmans n'étaient pas partout libres d'exercer leur culte.

8° Les écoles de tous les villages actuellement libérés des Bulgares ont été fermées.

9° Les emprisonnements de paysans et de citoyens de Bitolj ont été fort nombreux. La cause en était parfois la haine de tout ce qui est serbe, la plupart du temps, cependant, la prison servait à extorquer de l'argent à la population. Fonctionnaires civils et militaires ne cherchaient qu'à s'enrichir au détriment de la population.

10° 262 personnes des villages visités par moi furent déportées par les Bulgares. J'ai pu constater, à Bitolj, 644 cas de déportation. Toutefois, comme je l'ai dit au chapitre IX, le chiffre total des déportés de cette ville doit être encore plus considérable.

11° Contre tout droit les Bulgares ont enrôlé dans leur armée de nombreux sujets serbes de la Macédoine. Dans les seuls villages reconquis actuellement par les Alliés, le nombre des hommes illégalement recrutés est de 124. Dans le reste de la Macédoine ce recrutement, d'après les renseignements tout à fait sûrs que nous possédons, a été encore beaucoup plus considérable. Les Austro-Hongrois se sont rendus complices de cette violation du droit des gens en livrant aux Bulgares les prisonniers serbes de Macédoine pour les incorporer dans leur armée.

12° L'administration de la partie libérée de la Macédoine serbe était entre les mains de fonctionnaires affiliés au « Comité central macédonien » de Sofia et de ses fidèles comitadjis. Ce fut un régime de terreur et d'extorsions. Dans le reste de la Macédoine, le régime semble avoir été le même.

13° Les comitadjis ont terrorisé le pays. Partout ils occupaient les fonctions de la police. Ils ont pillé, maltraité et tué la population.

14° Les Bulgaro-Allemands ont bombardé des villes ouvertes protégées par la Convention de la Haye signée par eux. La ville de Bitolj est en grande partie détruite et les Centraux y ont tué et blessé, jusqu'au 24 octobre 1917,

1150 civils dont 369 femmes et 404 enfants. Des formations sanitaires furent également attaquées par eux.

15° Un grand nombre de prisonniers et blessés serbes ont été massacrés par les Bulgares.

Il est certain que, avant leur occupation, les Bulgares jouissaient d'une certaine faveur auprès d'une partie de la population du petit territoire aujourd'hui libéré. Depuis longtemps leur propagande avait travaillé, encouragée d'ailleurs, du temps turc, par les autorités ottomanes! Ils avaient fondé des écoles, converti par persuasion ou par force beaucoup de villages à l'église schismatique bulgare et ils cherchaient par tous les moyens possibles à s'attirer les bonnes grâces des habitants.

Que pense aujourd'hui cette population des Bulgares après avoir goûté du régime des gens de Sofia et de leurs comitadjis ? La population elle-même nous donnera la réponse :

« Les Bulgares voulaient nous prendre avec eux, mais nous ne les avons pas suivis. En effet ceux-ci, pendant qu'ils occupaient le village, n'ont rien fait que du mal, pendant que les Serbes, durant les trois années de leur occupation, ne nous ont jamais fait de mal. » — Ilko Sivevitch, 52 ans, et Dimitrie Vassilievitch, 43 ans, du village de Boudimirtzi.

Demande : « La population se sentait-elle mieux sous les Bulgares ou sous les Serbes ? »

Réponse : « Comment voulez-vous que nous nous sentions mieux sous les Bulgares, puisqu'ils nous ont pris tout ce que nous avions, pendant que les Serbes n'ont jamais touché à rien. » — Vassilie Georgevitch, 56 ans ; Risto Lazarevitch, 53 ans ; George Petritch, 38 ans ; Danas Kouljevitch, 60 ans, du village de Jivonja.

« On m'a pris mes bœufs et mon blé. Quel plus grand mal voulez-vous que les Bulgares me fassent ? » — Djelil Ibrahim, 60 ans, du village de Jivonja.

A la demande si les villageois sont contents que les Bulgares soient partis, le témoin répond : « Nous sommes un troupeau de moutons et nous sommes obligés de suivre celui

qui vient pour nous conduire. Vous (les Serbes), vous ne
nous avez jamais fait de mal et eux (les Bulgares) nous ont
tout pris ce que nous avions. Naturellement nous sommes
heureux que vous soyez revenus. » — RISVAN REDJE, 72 ans,
du village d'Ostretz.

« Depuis que les Serbes sont venus avec les autres
troupes nous n'avons plus à nous plaindre de rien. Chaque
fois qu'on nous demande quelque chose, on la paie un bon
prix. Lorsque les Serbes étaient ici, nous pouvions faire
ce que nous voulions. Nous étions libres et nous pouvions
librement travailler la terre. Quand les Bulgares sont
venus, nous avons vu « qu'on pouvait faire tourner la terre
à l'envers ». Aussi, si les Bulgares reviennent ici, cherchez-
nous un autre endroit. Nous n'allons sûrement pas les
attendre. » — BOJIN SEVEITCH, 50 ans, GEORGE PETROVITCH,
67 ans, TRAIKO RISTEVITCH, 50 ans ; et RISTE STOYANOVITCH,
45 ans, du village d'Jven (village schismatique !)

« Nous sommes heureux maintenant, bien que, pour le
moment, nous ne puissions demeurer dans notre village à
cause de la canonnade. On ne nous maltraite plus et on ne
nous vole plus. » — DIMO ZVETKOVITCH, 55 ans, kmet ; YOVAN
KOITOVITCH, 65 ans ; TALE KOLEVITCH, 65 ans ; RISTE KRSTE-
VITCH, 62 ans, et NIKOLA DAMIANOVITCH, 60 ans, du village
de Makovo.

« La Serbie est restée chez nous pendant trois ans. On
ne nous a rien pris. Même les soldats qui passaient ne prenaient rien. Les Bulgares, en une année, nous ont tout
pris. » — GRUYO VELJANOVITCH, 47 ans, kmet, et TODOR
GEORGEVITCH, 70 ans, du village de Vranjevtzi.

« Lorsque les Serbes ont dû se retirer, ils ont distribué
un avis disant que chaque citoyen devrait rester tranquillement chez lui et vaquer à ses affaires. De plus, ils ont
distribué à la population tous les vivres qu'ils ne pouvaient
emporter. Si je fais la comparaison entre le départ des
Serbes et celui des Bulgares, je sais quelle conclusion il
faut en tirer. » — SOTYR SEKOULOVITCH, 57 ans, commerçant
de Bitolj.

Les quelques témoignages que je viens de citer — j'en

possède encore d'autres s'exprimant dans le même sens — montrent nettement les sentiments des habitants des régions libérées envers les Bulgares : ils n'en veulent plus ! La propagande bulgare a voulu faire croire au monde que la Macédoine n'était peuplée que de Bulgares. Ses grands chevaux de bataille étaient l'église et l'école. Nous avons vu ce que ces hypocrites ont fait de l'église et de l'école aussitôt qu'ils se sont définitivement crus les maîtres du pays. Certes il y a des Bulgares authentiques en Macédoine, comme il y a des Serbes de pure race. Mais ces Bulgares authentiques sont une toute petite minorité. Il y avait aussi des bulgarisants, c'est-à-dire des gens qui, par intérêt ou par l'éducation scolaire, ont adhéré à la cause bulgare, mais ceux-ci ont reçu une leçon sévère par l'occupation bulgare même.

La grande masse des habitants de ce pays est macédonienne et slave. Même une notable partie des musulmans, des Turcs, est d'origine slave. Près du littoral des Grecs viennent se mêler à cet élément slave comme dans l'intérieur, dans le Poretch par exemple, nous trouvons des Serbes purs. Mes enquêtes en Macédoine serbe et grecque m'ont montré que le vrai Macédonien est un produit de toutes les occupations successives qu'a eu à supporter ce pays. Il a été entre les mains des Grecs, des Turcs et, pendant une centaine d'années, sous les Bulgares. Bien malin l'anthropologue qui voudrait établir les signes d'une seule race. La langue, qui est slave, a aussi subi l'influence des diverses occupations. On y trouve beaucoup de serbe, du bulgare et du turc. Comme je l'ai dit plus haut, l'église et l'école bulgares ont transformé l'esprit d'une minorité d'habitants à un tel point qu'on peut, ou plutôt qu'on pouvait considérer ces gens non pas comme des Bulgares de race, mais comme des Bulgares de sentiment, tout comme les églises et les écoles serbes, beaucoup moins nombreuses que les bulgares, ont créé des serbisants ou serbomanes parmi les Macédoniens.

Mais je le répète, la grande masse des habitants est restée macédonienne. Las du joug turc et de l'oppression des diverses bandes de comitadjis, le Macédonien ne demande

qu'une chose : qu'on lui laisse enfin gagner sa vie en toute
tranquillité. Il lui est ou était au moins indifférent d'être
bulgare, serbe ou grec à condition qu'on le laisse tranquille,
qu'il paie des impôts aussi minimes que possible et qu'il
ait sa liberté. De plus, n'y étant pas habitué, il n'aime pas
le service militaire. Une preuve de l'indifférence des Macédoniens à l'égard de la nationalité est le fait que j'ai vu en
Macédoine du Sud, du temps turc, des familles où un
frère était Serbe, un autre Bulgare et le troisième Grec
ou Turc.

Les Macédoniens slaves (je ne parle pas dés Serbes de
Macédoine, du Poretch et d'ailleurs) ont fait, après le
traité de Bucarest et pendant un court laps de temps, la
connaissance du régime serbe. Tout commencement est
difficile, cependant, en toute impartialité, on doit dire que
les autorités serbes ont tout fait pour ne pas froisser cette
population méfiante. Si la paix avait duré, nul doute que
les Serbes seraient arrivés à en faire, en relativement très
peu de temps, des citoyens utiles et contents de leur sort,
malgré l'intense propagande bulgare qui avait recommencé
parmi eux immédiatement après la signature du traité de
Bucarest. Les Serbes sont démocrates et nullement oppresseurs. En dépit de quelques défauts — quel peuple n'a pas
ses défauts ? — ils auraient réussi à s'assimiler parfaitement
ce peuple slave et cela d'autant plus que, par ses habitudes,
sa langue et la communauté de l'histoire du pays macédonien avec celle de la Serbie, Serbes et Macédoniens slaves
sont proches parents. Je viens de parler des habitudes
communes aux deux pays. Qu'il me soit permis de ne citer
que l'usage de la Slava dans toute la Macédoine slave, usage
spécifiquement serbe et qui ne se trouve nullement en
Bulgarie.

La seconde trahison du gouvernement de Sofia et sa collaboration avec les empires centraux ont livré la Macédoine serbe aux Bulgares qui la convoitaient depuis longtemps pour l'exploiter, tout en bernant le monde par leurs
prétendues aspirations nationales. Ils se croyaient déjà
définitivement maîtres du pays. C'était le moment de montrer que leurs prétentions étaient sincères en traitant « en

frères » ceux qu'ils affirmaient pompeusement avoir arrachés des mains de l'oppresseur.

Qu'ont-ils fait en réalité ? Ils ont honteusement terrorisé et pillé ce « pays de frères », oubliant toute prudence dans leur ivresse de « vainqueurs ». Des Bulgares prévoyants ont pressenti l'effet désastreux que produirait ce traitement sur la population macédonienne et sur le public en général. Ainsi le colonel Petcharoff, dans sa lettre au commandant du 21° régiment (chapitre II), en parlant du pillage des troupes dit : « C'est la confiance de la population dans les autorités bulgares qui en souffre et qui est sur le point d'être complètement anéantie. » Le témoin Trbitch rapporte dans le chapitre IX que l'évêque de Kitchevo a télégraphié au roi Ferdinand pour le prier de faire rentrer les déportés dans leurs villages, « car, en traitant ainsi la population, on prouverait au monde qu'elle est serbe et non bulgare ».

Les Macédoniens ont goûté maintenant du régime bulgare. Leurs opinions sur ce point, citées par moi, sont significatives. Ils ont eu l'occasion de comparer les régimes serbe et bulgare, et leurs conclusions peuvent se résumer ainsi : « Les Bulgares nous ont tout pris, les Serbes n'ont touché à rien. » Il va sans dire que leur intérêt, après cette expérience coûteuse, les pousse vers les Serbes, même ceux qui, jadis, furent les plus bulgarophiles comme Sotyr Sekoulovitch, de Bitolj, jadis membre du comité bulgare de cette ville. Nul doute que les Serbes, avec une administration sage et avec leurs habitudes profondément démocratiques, ne réussissent, en très peu de temps, à serbiser complètement cette population slave définitivement revenue de ses illusions bulgarophiles.

DEUXIÈME PARTIE

Dans cette seconde partie du présent travail, j'ai rassemblé les témoignages que j'ai pu obtenir sur ce que font et ont fait les Austro-Bulgaro-Allemands dans les pays serbes envahis. On sait qu'une partie de la Vieille Serbie est administrée par les Austro-Hongrois, l'autre par les Bulgares. En Nouvelle Serbie ce sont les Bulgares qui commandent dans le pays avec, dans certains endroits, la collaboration des Allemands. Ces derniers, à en juger d'après les dépositions concordantes des prisonniers bulgares, ont d'ailleurs mis la main sur la plupart des grandes administrations servant à la guerre, telles que les chemins de fer, le ravitaillement, etc., en Bulgarie même et ils contrôlent aussi ces institutions dans les contrées serbes occupées par les troupes de Ferdinand de Cobourg.

Pour autant qu'il m'était possible, j'ai vérifié les dépositions de mes témoins, Serbes évadés, prisonniers de guerre, réfugiés, etc., en les comparant les unes avec les autres. Leur parfaite concordance — les témoins ne se connaissent pas et ne pouvaient, par conséquent, se consulter entre eux avant leurs dépositions — est une garantie de leur sincérité. Là où un contrôle par comparaison n'était pas possible, j'ai dû me contenter de la garantie de l'honorabilité même du témoin avec sa promesse de dire toute la vérité, et des garanties que pouvaient me donner la façon de procéder à l'interrogatoire.

XVI

ASSASSINATS ET EXÉCUTIONS DE NON-COMBATTANTS

« Les comitadjis ont tué, à Oravitza, Georges Traikovitch, ancien maire, et Ave Boudovitch. A Roandène, Yovan Kalabouklia fut tué en prison. D'autres personnes devaient encore être tuées immédiatement mais, sur la demande de la population, le préfet les a prises sous sa protection. De plus, les comitadjis ont massacré Lazar Traïkovitch et Gligor Anastassievitch sous prétexte que leurs fils étaient des espions serbes. Stoyan Yovanovitch d'Oravitza a été tué parce qu'il voulait empêcher le pillage. » — VELIA MANTCHITCH, sergent serbe et déserteur bulgare ; déposition faite au Ministère de l'Intérieur, Nº 1534 du 31 VII. 17.

Déposition du même témoin faite devant R. A. Reiss : VELIA MANTCHITCH, agriculteur de Mrsen Oravitza, arrondissement de Négotine, département de Tikvèche, 22 ans, sergent dans l'armée serbe, fait prisonnier et incorporé dans l'armée bulgare. Déjà entendu au Ministère de l'Intérieur et au G. Q. G. serbe : « Je confirme mes dépositions au Ministère de l'Intérieur et au G. Q. G. Les massacres dont j'ai parlé dans mon témoignage au Ministère, ont eu lieu dans les villages des environs de mon pays, Fariche. Ce sont mes parents qui m'en ont fait le récit. Ces massacres furent exécutés dès l'arrivée des Bulgares. Le maire de Fariche, Risto Arsitch, y fut tué. Ce sont les comitadjis qui, avec l'assentiment des autorités bulgares, tuaient les gens. »

« Pendant la retraite, lorsqu'il arriva à Strouga et pendant que les Bulgares entrèrent en ville, le témoin a vu

cinq ou six Serbes qui avaient été dépecés à coups de
hache par les comitadjis. On avait laissé les cadavres dans
la rue et les assassins allaient s'en vanter partout. » —
Douchan Manoilovitch, de Chtipina, 31 ans, en dernier
lieu gendarme serbe du détachement de Tétovo, évadé des
Bulgares.

« Mon oncle, Nikola Yovkovitch, marchand de « raki »
(eau-de-vie) a été emprisonné avec 16 personnes de Prilep
et des villages environnants et, après un mois et demi de
détention, tous ces gens ont été tués ou, plutôt, enterrés
vivants. L'exécution a eu lieu au mois de janvier 1916 à
l'endroit dit « Tjoupsko Doltche », tout près de la caserne
de Prilep. C'est un comitadji de la bande de Djourloukoff,
un certain Plajé Petchiaré, qui m'a raconté la scène. Le
professeur de l'Université de Sofia Petar Mormeff est venu
exprès à Prilep pour sauver mon oncle, mais il n'a pas
réussi à le libérer. Au commencement de 1916, les comitadjis bulgares ont tué Jossif Rististch, ex-voïvode de cette
ville. Ils ont tué aussi Yovan Georgevitch, secrétaire de la
commune de Markovgrade. Ils l'ont massacré pour la
même raison que Josif : parce qu'il était Serbe. Tous deux
furent assassinés au lieu dit « Sarika » près de Prilep. La
femme de Yovan, domiciliée avec ses enfants à Prilep, à
la nouvelle de la mort de son mari, est allée immédiatement au dit endroit et y a trouvé, dépecés, les deux cadavres. A la fin de 1915, le maire du village d'Orchovtzi fut
fut tué au milieu de la rue. Dimko, de Prilep, un comitadji
serbe du village de Seltze, fut également assassiné. Les
Bulgares ont massacré, après leur arrivée à Prilep, une
partie des gens qu'ils avaient emprisonnés auparavant. Les
autres furent relâchés moyennant finance. Les comitadjis
ont tué beaucoup de monde dans les villages autour de
Prilep. Ils ont pillé et incendié les maisons, par exemple
dans les villages de Kochino, Margari, Strovié, Zrze, etc.
On a pendu devant la prison de Prilep, dans une cour
ouverte, les personnes condamnées par le tribunal militaire de Prespa. La veille du jour où ces exécutions
devaient avoir lieu, on les annonçait, le soir, au son du
tambour. Il y avait parmi les pendus beaucoup de civils et

de militaires. Les civils étaient des villageois suspects d'espionnage. » — Georges Todorovitch, infirmier serbe, enrôlé dans l'armée bulgare; s'est rendu comme sergent du 15e régiment bulgare; originaire de Prilep, 29 ans.

« Pendant le transport après notre capture, près de Mala Krsna, un jeune homme que nous avions rencontré fut obligé par nos gardes (allemandes) de nous suivre. Comme il ne voulait pas le faire et essayait de s'enfuir, un cavalier (probablement un dragon) se lança à sa poursuite et lui décocha d'abord un coup de lance, puis descendit de cheval et lui coupa la gorge avec un couteau. » — Vitèze Bradilovitch, percepteur à Ganitza, sous-lieutenant au 9e régiment d'infanterie serbe. Évadé d'Autriche.

« Un pope des environs de Belgrade a été pendu, au mois de mars 1917, absolument sans aucune raison et par pur fanatisme religieux. L'exécution a eu lieu à la citadelle de Belgrade et les Autrichiens ont obligé la femme et les enfants du prêtre à assister au supplice de leur mari et père. » — Marie Milkovitch, de Belgrade.

« Les Bulgares commencèrent alors (après le refus de la population de se faire vacciner) à pendre les gens sur le pont de Leskovatz, à Vlasotintze, à Lébané et à Nich en obligeant tout le monde à venir assister à ces cruautés. Ils ont pendu le clerc Jordan, le jour même de Pâques. Les bourreaux l'ont pendu par la langue et la victime a subi un supplice horrible avant de mourir. » — Lettre de Svétozar Popovitch, instituteur, commandant d'un bataillon d'insurgés au capitaine Tchédo Tomitch, de la Division de la Morava. 10 mai 1917.

« Avant la révolte les Bulgares ont amené des Albanais au Kopaunik et ceux-ci ont exercé un régime de terreur. C'est de côté que se trouve la limite des territoires occupés par les Autrichiens et par les Bulgares. Bulgares, Autrichiens et Albanais tuaient une masse de gens. Les Autrichiens emmenaient les gens, les conduisaient dans un village des environs et les tuaient. Ainsi, dans le village de Rasbojina les Austro-Hongrois ont massacré, après la révolte, plus de 2.000 hommes. Mais, déjà avant la révolte, ils ont exécuté beaucoup de monde. Les Austro-Hongrois pendaient les gens, les Bulgares les martyrisaient de toute façon. Avant la révolte, les Austro-Hongrois avaient l'habitude d'envoyer des patrouilles de gendarmes dans les villages, patrouilles qui pillaient tout et pendaient chaque fois un grand nombre d'habitants. Le témoin a assisté à Prokouplié et à Krouchevatz à des pendaisons exécutées par les Autrichiens. A Prokouplié ils ont, en outre, fusillé 6 hommes d'environ 30 ans. » — Vlasdimir Voukovitch, 19 ans, de Komiritch, élève du gymnase de Chabatz, insurgé évadé.

« Le témoin est allé en permission chez lui à Boyanovatz. C'était au mois d'août 1917. Il est allé aussi à Vranja, Leskovatz et Nich. Son oncle, de Ristovatz, a dû donner aux Bulgares 3000 billets de 10 dinars pour que son petit-fils ne soit pas tué. Il avait 14 ans. Les Bulgares ont pris l'argent, ont massacré l'enfant devant son grand-père et ont tué celui-ci ensuite. Ils ont commis ce crime parce qu'une bande d'insurgés avait passé par Ristovatz... Les Bulgares ont tué beaucoup de civils pour se venger de la destruction du pont du chemin de fer, près de la gare de Ristovatz, destruction due à un détachement de révoltés serbes. Parmi les massacrés se trouvent Yanko Minkovitch, Massa Mikindjia, etc.. » — Jordan Koste Stochitch, de Boyanovatz, sergent au 2ᵉ régiment d'infanterie serbe enrôlé de force dans la 11ᵉ compagnie du 3ᵉ bataillon du 11ᵉ régiment d'infanterie bulgare, 3ᵉ division des Balkans.

Voyons maintenant les prisonniers bulgares à propos des massacres de civils :

N° 77, du 2ᵉ régiment d'artillerie de montagne, 9ᵉ batterie : « Le témoin a reçu l'ordre de tuer deux Serbes, un kmet et un adjoint au kmet. Sachant qu'ils étaient innocents, il déclara à son commandant qu'il ne se sentait pas la force d'exécuter l'ordre et il le pria de leur faire grâce. En réponse son commandant lui tira dessus et le blessa à la poitrine et au bras. Après cela un autre sous-officier fut envoyé pour exécuter les deux Serbes, un certain Lilé Petroff, mais sur les conseils du premier les soldats tirèrent en l'air et lais-

sèrent s'enfuir les deux hommes. L'officier qui avait tiré
sur le témoin, fut condamné à trois ans de prison « à faire
après la guerre ». Dix mois plus tard, se trouvant sur les
positions de Belsitza, près de Poroi, le témoin fut mis en
prison parce qu'il avait dit du bien de la France et de l'Angleterre. Ce fut alors que le sous-officier Lilé Petroff
déclara avoir été incité par lui à ne pas tuer les deux Serbes
et il fut envoyé à la prison de Sofia, où il resta jusqu'à son
évasion. Il fut condamné à mort il y a trois mois. Il s'est
évadé, il y a de cela 16 jours, avec son camarade Todoroff.
Pendant l'évasion, Todoroff fut grièvement blessé encore à
Sofia pendant que lui réussissait à gagner la Toumba, où
il s'est rendu, le 27 mai 1917, aux Anglais. Le capitaine
Strinanoff, de l'État-Major du 6ᵉ régiment, envoyait des patrouilles spéciales dans les villages pour y arrêter les kmets
et les adjoints qu'il faisait tuer ou emprisonner ensuite. »

N° 78, 22 ans, du 12ᵉ régiment : « Les soldats ont arrêté
à Débar un homme parce que, d'après eux, c'était un Bulgare qui faisait de la propagande serbe. Cet homme a été
tué. Le témoin a entendu dire qu'on en avait exécuté d'autres près de Skoplié toujours sous le prétexte qu'ils étaient
des espions et des propagandistes serbes. »

N° 79, 22 ans, du 12ᵉ régiment d'infanterie : « Des Serbes
de Macédoine ont été exécutés par les comitadjis pour avoir
soutenu le gouvernement serbe. Le témoin a entendu dire
que des villageois ont été tués par les comitadjis qui tiraient
par les fenêtres. On appelait ces victimes des espions.
Dans les environs de Koumanovo et de Skoplié, des exécutions ont eu lieu. »

N° 80, 24 ans, sergent-major au 45ᵉ régiment bulgare :
« Le témoin a été 6 mois à Prichtina. Les soldats ont
tué dans cette ville beaucoup d'Albanais, « parce que ce
sont des voleurs ». Il dit ne pas avoir vu personnellement
ces exécutions, mais les soldats qui y ont procédé les lui ont
racontées. On a amené une fois une centaine d'hommes.
Il ne sait pas ce qu'on en a fait, mais il suppose qu'on les a
tués, « car ils ont assassiné des Bulgares sur les routes. »

N° 81, sous-officier au 2° régiment d'infanterie : « Nos soldats affirment qu'on a tué beaucoup de monde en Serbie. »

Il résulte donc nettement de tous ces témoignages que Bulgares, Austro-Hongrois et Allemands ont tué beaucoup de civils en territoire serbe encore occupé actuellement par eux. Ces tueries ont eu lieu pendant l'action de l'automne 1915 et, ensuite, durant l'occupation. Les Allemands, n'administrant pas ce pays et y ayant beaucoup moins de troupes que leurs alliés, ont commis moins de cruautés contre les civils que ceux-là. Cependant ils en ont commis au courant de leur invasion de 1915 et au commencement de 1916. La preuve en est dans la déposition de Vitèze Bradilovitch et celle du D' Athanasiadès, rapportée au chapitre premier : « J'ai entendu dire qu'à Svilainatz les Allemands ont fusillé 34 personnes et qu'à Krouchevatz ils ont fait pendre 3 paysans sous prétexte que ceux-ci avaient attaqué des soldats allemands. »

Bulgares et Austro-Hongrois ont fréquemment exécuté des gens en masse, femmes et enfants compris. C'est surtout la révolte en Serbie, dont il sera parlé dans un chapitre spécial, qui leur en a fourni le prétexte. Cependant il faut insister sur le fait que Bulgares et Austro-Hongrois avaient déjà commencé leurs massacres bien avant cette révolte. Voukovitch dit à propos des Austro-Hongrois : « Avant la révolte, les Austro-Hongrois avaient pour habitude d'envoyer des patrouilles de gendarmes dans les villages, patrouilles qui pillaient tout et pendaient chaque fois un grand nombre d'habitants. » D'autre part, par des moyens qu'on ne peut pas dévoiler pendant la guerre (les documents sont aux mains du gouvernement serbe), nous savons que les Bulgares n'ont pas seulement tué beaucoup de gens en Serbie du Sud, mais aussi, au courant de l'été 1917, dans le Nord du pays envahi. Dans le seul village de Kobiljé, près de Pojarevatz, ils ont massacré environ 200 hommes, femmes et enfants.

J'ai souvent signalé ces massacres de civils en Serbie envahie dans les deux grands journaux neutres, la « Gazette de Lausanne » et le « Telegraaf » d'Amsterdam. La Bulgarie et l'Autriche-Hongrie ont toujours essayé de les démentir. Le lecteur n'a qu'à lire les témoignages publiés dans ce résumé pour se convaincre du bien-fondé de mes assertions.

D'ailleurs, l'Autriche-Hongrie nous a elle-même fourni des preuves éclatantes de sa conduite barbare contre tout ce qui est serbe. Les journaux de la Double Monarchie nous ont renseignés sur le sort atroce des frères des Serbes encore actuellement sous la domination des Habsbourg. Le Dr Kuhne, de Genève, a rassemblé ces aveux provenant de l'Autriche-Hongrie elle-même dans son livre : « Ceux dont on ignore le martyre ». Ces aveux constituent un terrible réquisitoire contre la Monarchie bicéphale. Qu'on y lise les listes des fusillés ou pendus extraites des journaux : *Slovenetz, Obzor, Slovenski Narod, Beogradske Novine* (le journal officiel austro-hongrois à Belgrade occupée), *Bosnische Post, Saraievski List, Arbeiter Zeitung* de Vienne, *Die Drau, Novine, Hrvatski Dnévnik, Tagespost, Pokret,* etc. Si les gouvernements de Vienne et de Budapest se conduisent ainsi sur leur propre territoire envers les Serbes, Croates et Slovènes qui sont encore leurs sujets, se gêneront-ils pour procéder de même ou avec plus de cruauté encore envers les Serbes tant abhorrés de la libre Serbie que la trahison bulgare leur a passagèrement livrée ?

Mais, en dehors de ces articles de journaux, nous possédons encore d'autres preuves livrées par les Austro-Hongrois eux-mêmes. Ceux-ci paraissent avoir la manie des cartes postales macabres que les soldats alliés ont trouvées sur les corps d'ennemis tués devant Bitolj-Monastir. La première carte fut trouvée dans la poche d'un officier allemand, tué sur le front de Bitolj. C'est une carte postale représentant l'exécution par pendaison de six paysans à Krouchevatz, en Vieille Serbie, par les Austro-Hongrois. Six potences sont dressées et à chacune pend un malheureux paysan serbe, les mains liées au dos. Devant et à côté de ces appareils ignobles, des officiers et des soldats allemands et, surtout, austro-hongrois regardent ce spectacle qu'on réserve ordinairement au silence et à la discrétion d'une cour de prison. Mais ce qui est le plus accusateur, c'est l'expression des visages de ces spectateurs : leurs mines trahissent la satisfaction et la joie de cet acte horrible.

La seconde carte a été ramassée par le soldat serbe Douchan Voudoykovitch sur le sous-lieutenant Bernhard Wewerintch, chef de la 6e compagnie du 2º bataillon du 11º régiment des grenadiers prussiens, tué à la cote 1050 dans la montagne du Tchouké. Cette dernière reproduit la pendaison de huit citoyens de Jagodina en Serbie envahie. Cette carte postale photographique fut mise par le soldat serbe dans son portefeuille et, comme il ne se doutait nullement de sa valeur documentaire, elle y fut passablement maltraitée. Cependant, malgré tous les plis et altérations, on reconnaît encore parfaitement le sujet que représente ce carton : huit civils, dont cinq paysans, pendent à huit potences austro-hongroises. Les potences ont la même forme typique que celles de Krouchevatz : un poteau carré avec une petite traverse à la tête. Les victimes ont les yeux bandés et les mains et les pieds liés avec de fortes cordes. A côté du premier pendu — un citoyen coiffé d'un chapeau mou — deux soldats sans armes, très jeunes, se tiennent dans une « position photographique », pendant qu'un troisième est encore sur l'échelle, appuyée au poteau, qui a servi à l'accrochage du supplicié. A quelques pas devant cette rangée de pendus, des soldats et des officiers sont assemblés pour contempler cette scène ignoble. Un civil en veston clair, peut-être un représentant de la presse des Centraux, est parmi eux, tout joyeux de pouvoir assister à un événement aussi sensationnel.

Enfin la dernière trouvaille de cartes de pendus faite sur un officier autrichien, capturé du côté du lac d'Ochrida (je ne l'indiquerai que sous le nº 82, car il m'a donné ensuite des renseignements sur ces pendaisons), est encore plus importante. Ce sont dix cartes postales représentant l'exécution par pendaison de paysans et d'un pope à Aftovatz, en Herzégovine, donc sur territoire encore autrichien, mais peuplé de Serbes. Sur ces cartes, qui datent du mois de mars ou avril 1916, on voit toutes les phases de cette mise à mort affreuse. L'une reproduit le départ du village. Les condamnés à mort paraissent indifférents. La seconde

nous montre le peloton d'exécution précédé de deux officiers. Ensuite nous assistons, par l'image, à tous les détails
de l'exécution même. La cérémonie lugubre terminée, le
commandant Marinitch — le propriétaire des cartes a eu
l'imprudence d'y inscrire le nom de ce commandant-bour-
reau — s'entretient devant les gibets, auxquels pendent
encore les victimes, avec ses officiers et la conversation a
dû être gaie, car tous rient avec une visible satisfaction.
Une autre carte nous fait contempler les suppliciés étendus
sur un talus comme le gibier à la fin d'une chasse. Enfin une
dernière vue, faite avec un réel sens artistique, montre le
lieu de l'exécution. Les huit potences avec les victimes se
détachent sur le ciel où le soleil se cache derrière des nuages.

Les Austro-Hongrois diront que ces cartes postales représentent l'exécution de gens dangereux pour eux et que ce
n'est pas une preuve qu'ils exterminent la population serbe.
« Ces pendus sont des espions, des condamnés pour haute
trahison, etc. », diront les défenseurs de la force brutale. A
quoi nous répliquerons : « Donc ce sont des Serbes qui ont
voulu travailler pour le pays qu'il estiment être le leur.
Que ces gens-là soient dangereux pour vous, nous ne le
contestons pas une minute. Nous sommes en temps de
guerre et vous avez le droit de vous en débarrasser. Mais
convenez que ces hommes, que vous prétendez être des
espions, prétention que, nous rappelant certains procès,
celui de Friedjung par exemple, nous ne pouvons accepter
que sous bénéfice d'inventaire, ces hommes, disons-nous,
n'ont point commis de crime déshonorant ; tout au contraire, ils étaient de bons patriotes conscients de leurs
devoirs envers leur pays. Pourquoi alors perpétuer leur
supplice par la carte postale moqueuse ? Pourquoi leur
infliger cette honte imméritée ? Dans vos écoles ne vous
a-t-on pas enseigné le respect de la mort, même de celle du
pire des criminels ? »

De plus, sur toutes ces cartes il n'y a pas seulement une
potence unique, il y en a tout de suite six, sept et huit à
trois endroits différents. Mais pour avoir besoin d'autant
de potences à la même place, on doit donc les utiliser très
souvent, sans cela on se contenterait d'une seule machine à

exécutions capitales que d'autres pays, après chaque usage,
cachent soigneusement dans des endroits discrets. Le
nombre des gibets indiqué par les cartes postales révèle
clairement le régime subi par les habitants en Serbie
envahie et en Herzégovine aujourd'hui encore annexée au
sceptre des Habsbourg. Ces instruments macabres, qui se
dressent partout là où il y a des Serbes, sont devenus l'en-
seigne de la domination austro-hongroise, et les cartes
postales qui les reproduisent constituent un terrible réquisitoire contre ce régime.

Voici maintenant ce que dit l'officier autrichien N° 82 sur
lequel on a trouvé la dernière série de cartes postales de
pendus : « Je suis venu en Herzégovine, à Nevessinjé et à
Aftovatz. Personnellement je n'ai pas vu les pendaisons,
mais j'en ai entendu parler et ces renseignements me
viennent de six à sept sources différentes. On m'a dit que
37 hommes d'Aftovatz auraient fait cause commune avec
les Monténégrins et auraient été condamnés à mort. On en
a tué, à Trébinjé, à peu près 400. Les paysans m'ont dit
que les pendus d'Aftovatz n'avaient pas comploté avec les
Monténégrins. Lorsque j'étais à Aftovatz, il y avait encore
trois potences. » Le témoin ajoute : « Toutes les maisons
près de la frontière ont été incendiées sur un rayon de
10 à 15 kilomètres du côté du Monténégro et du côté de
l'Herzégovine. Tous ceux chez lesquels on a trouvé des
armes, ont été pendus. »

Quelle est la cause de ces tueries de civils ? Pour justifier
leur conduite devant le monde, les ennemis des Serbes
prétendent que les exécutés étaient des espions ou de ces
francs-tireurs qui tirent par derrière sur les soldats. Les
Allemands ont cherché à expliquer leurs massacres en
Belgique de la même façon, ainsi que les Austro-Hongrois
lors de leur première invasion de la Serbie en 1914.

Les Bulgares, de leur côté, ont adopté également ce
système de défense. Les dépositions de leurs prisonniers
sont explicites à ce sujet. Le N° 79 dit par exemple : « On
appelait ces victimes des espions. » Le N° 80 déclare :
« Une fois, on a amené une centaine d'hommes. Je ne sais
pas ce qu'on a fait d'eux, mais je suppose qu'on les a

exécutés, car ils ont tué des Bulgares sur les routes. » Ce même témoin parle aussi de beaucoup « d'Albanais » qui ont été exécutés à Prichtina « parce que ce sont des voleurs ». Le mensonge saute aux yeux ! Le prisonnier, craignant de se compromettre, ce qui est compréhensible, et sachant, d'autre part, que nous étions au courant des massacres, a voulu les expliquer et les excuser tout en changeant la nationalité des victimes. Ces derniers, en tout cas, dans leur grande majorité, étaient des Serbes.

Il arrive cependant quelquefois que l'aveu de la vraie cause des massacres échappe aux prisonniers. Le N° 78 parle, par exemple, de l'exécution de ce « Bulgare » qui faisait de la propagande serbe. Un Bulgare qui fait de la propagande serbe et encore en pays occupé par les troupes du Cobourg ! Il faut une bonne dose de naïveté pour croire qu'on puisse faire avaler au monde une pareille bourde ! D'ailleurs, le même prisonnier dit immédiatement après que, près de Skoplié, on a exécuté d'autres hommes « qu'on prétendait être des espions ou des propagandistes serbes ». Le N° 79 avoue que « des Serbes de Macédoine ont été exécutés par des comitadjis pour avoir soutenu le gouvernement serbe. »

C'est bien là la vraie cause des massacres en terre serbe envahie par les Bulgares et les Austro-Hongrois. C'est la haine de ces peuples contre tout ce qui est serbe. C'est également cette haine qui pousse les Austro-Hongrois à dresser des potences, sur leur propre territoire, partout où il y a des gens qui parlent et pensent en serbe. Bulgares et Austro-Hongrois, comme on le verra également dans les chapitres suivants, ne visent à rien autre qu'à l'extermination de cette race abhorrée ou au moins à son affaiblissement tel qu'elle ne puisse plus jamais être dangereuse pour leurs états impérialistes et oppresseurs. Toutes les occasions leur sont bonnes pour sévir impitoyablement contre l'élément serbe, qu'ils tiennent passagèrement sous leur joug. Aussi, ont-ils profité largement pour faire disparaître autant de Serbes que possible, de la révolte qui a eu lieu en Serbie au printemps 1917 et dont il sera parlé plus loin.

XVII

PILLAGES ET RÉQUISITIONS

Pillage

« Les comitadjis ont tout pillé dans les villages. Les soldats s'en sont mêlés aussi. Il n'y reste que les murs. Avant la guerre, la moitié du village de Fariche (en Macédoine) était pour les Bulgares, l'autre pour les Serbes. Les Bulgares ont pillé les deux parties. » — Vélia Mantchitch, de Fariche, 22 ans.

« Bulgares, Autrichiens et Albanais pillaient les maisons. Avant la révolte, les Autrichiens avaient pour habitude d'envoyer des patrouilles de gendarmes dans les villages, patrouilles qui pillaient tout et pendaient chaque fois un grand nombre d'habitants. » — Vladimir Voukovitch, 19 ans, de Komiritch, élève de gymnase et insurgé évadé.

« J'ai constaté en passant par les villages que les Austro-Hongrois emmenaient tout le bétail des paysans. Les Bulgares ont pillé toutes les maisons serbes dont les propriétaires étaient partis, tués ou internés (à Skoplié). D'autres maisons, dont les propriétaires sont rentrés, ont aussi été pillées. Les maisons de commerce sont toutes complètement dévalisés. Le général Ratcho Petroff tenait le record du pillage. Ce pillage se faisait d'ailleurs ouvertement. Les Allemands ont pillé dans les villages comme les Bulgares. A Skoplié ils ont été un peu plus réservés. En Serbie, après la révolte, on a permis aux troupes de piller comme elles voulaient et de faire ce que bon leur semblait. » — Bojidar Mladenovitch, de Skoplié, 24 ans,

soldat serbe enrôlé de force dans le 11e régiment bulgare.
Evadé.

« Les Bulgares ont pris à la succursale de la Société de
Banque de Belgrade à Skoplié 150.000 francs qui se trouvaient dans le coffre-fort. » — Bojidar Mladenovitch,
deuxième interrogatoire.

« Le témoin a vu sur tout le chemin (de Nich à Chtipina,
département de Zaitchar) et on le lui a aussi raconté, que
les Allemands avaient beaucoup plus pillé que les Bulgares.
La population s'efforce de garder les vivres et les cède à
l'insu de la commission de réquisition qui existe dans
toutes les communes. » — Douchan Manoilovitch, de
Chtipina, 31 ans, en dernier lieu gendarme serbe du détachement de Tétovo. Evadé.

« Les Bulgares ont rançonné la population. Les comitadjis ont pillé et assassiné les gens. Tous les biens des
tués ou internés ont été confisqués. A Kavardartzi la population est contre les Bulgares à cause du pillage continuel
et à cause du chantage. » — Vélia Mantchitch, sergent
ebser et déserteur bulgare.

« Le 10 ou 11 novembre 1915, à 2 heures de l'après-midi,
la cavalerie bulgare est entrée la première à Prichtina.
Ensuite ce fut l'infanterie autrichienne et allemande. Les
militaires n'ont pas usé de violence le premier jour, mais
le second, les magasins étant restés fermés, ils se sont tous
rués au pillage, défonçant les boutiques et enlevant tout ce
qui s'y trouvait; de sorte qu'on n'aurait plus pu y découvrir
une aiguille. Les soldats ont pillé non seulement les magasins, mais aussi les maisons privées, surtout celles où il y
avait des vivres. De même, ils ont enlevé toutes les
constructions en bois afin d'utiliser le bois pour se chauffer... (à Belgrade). A cette occasion j'ai appris que les
troupes austro-hongroises avaient complètement pillé un
grand nombre de maisons et que tout avait été envoyé en
Autriche-Hongrie et en Allemagne. » — Dr Athanasiadès,
Grec, médecin de l'arrondissement de Gratchanitza.

« L'ennemi cherchait partout à faire le plus de dégâts possible et confisquait tous les vivres et le bétail. Sur la route,

il prenait aux paysans tout ce qu'ils avaient. » — Vitèze Bradilovitch, percepteur à Ganitza, sous-lieutenant au 9e régiment d'infanterie serbe. Évadé des Austro-Hongrois.

« L'ennemi a complètement pillé la ville (Belgrade) dès son arrivée. Un très grand nombre de maisons sont restées absolument vides. » — Marie Milkovitch, de Belgrade.

« A l'hôpital militaire de Jaitze (en Autriche), les malades couchaient sur des lits qui paraissaient avoir été le produit du pillage en Serbie. » — *Renseignement de........ au Ministère de l'Intérieur.*

« J'ai entendu dire que les Bulgares, en pénétrant dans le territoire de la Vieille Serbie, se sont très mal comportés envers la population. En Macédoine, par contre, ils ont, par ordre, défendu le pillage général (voir la circulaire du colonel Betcharoff reproduite dans le chapitre II). Mais, malgré cet ordre, on a pillé beaucoup dans les villages macédoniens et, en général, dans toute la Macédoine. C'étaient tout spécialement les comitadjis bulgares et les chefs des divers comités, composés d'hommes dépravés, qui commettaient ces pillages, toujours sous le prétexte que les tués et les pillés étaient suspects comme Serbes. » — Georges Todorovitch, soldat serbe et évadé des Bulgares dans l'armée desquels il avait été enrôlé de force.

Le prisonnier bulgare N° 5, déjà cité à propos des massacres de civils en Macédoine, dit ce qui suit du pillage exécuté par son armée :

« Les soldats bulgares ont pillé partout où ils pouvaient. Après avoir commis les massacres de Roudna Glava, les soldats du 9e régiment ont brûlé le village. Les massacres ont été exécutés pour pouvoir piller. D'ailleurs, tous les villages où les gens ont été massacrés, furent d'abord pillés et ensuite incendiés. Le lieutenant Koitcheff, du 9e régiment, qui commandait les tueries de Boljevatz et de Bor, a promis à ses soldats 20.000 lèves du produit du pillage après les massacres. Mais au lieu de tenir sa promesse, il a envoyé 150.000 lèves chez lui, à Plevna, et n'a donné aux soldats que des sommes minimes. Alors ceux-ci ont raconté tout ce qui s'était passé. Les soldats s'habillaient en civil-

et allaient piller pendant la nuit. Dans la région de Prokouplié, 184 villages furent détruits. Les maisons de ceux
qui ont été déportés furent pillées d'abord, incendiées
ensuite. »

Il résulte donc nettement de ces quelques témoignages
que partout où les envahisseurs ont mis le pied, ils ont
pillé. Qui des Allemands, Austro-Hongrois ou Bulgares
étaient les plus pillards, on ne pourra le dire qu'après la
rentrée en Serbie. Mais, à en juger d'après les constatations
faites dans la petite portion de territoire libéré et d'après
les témoignages qui se trouvent dans mon dossier, tous les
trois paraissent avoir été d'égale force. Que faut-il dire des
deux puissants empires prétendant être à la tête de la
« Kultur », qui envahissent un petit pays pauvre, raflent
tout ce que possède sa population et envoient une partie
du butin chez eux? Et les Bulgares qui, ainsi que l'ont
écrit leurs propres journaux, arrachent même les pierres
tombales serbes pour les envoyer à Sofia !

Les Austro-Hongrois, Allemands et Bulgares ont enfreint,
par leur pillage des pays serbes, les articles suivants de la
Convention de la Haye du 18 octobre 1907, Convention
qu'ils ont signée :

Article 28. — « Il est interdit de livrer au pillage une
ville ou localité, même prise d'assaut. »

Article 47. — « Le pillage est formellement interdit. »

Suivant la déposition de Bojidar Mladenovitch, les Bulgares ont saisi 150.000 francs dans les coffres-forts de la
Société de Banque de Belgrade à Skoplié. Ce faisant, ils
ont violé l'article 53 de la Convention de la Haye, article
qui dit :

« L'armée qui occupe un territoire ne pourra saisir que
le numéraire, les fonds et les valeurs exigibles appartenant
en propre à l'Etat. »

Enfin, nous savons déjà par les dépositions publiées dans
la première partie de ce résumé, que les Bulgares ont confisqué, à leur profit, tous les biens des personnes temporairement émigrées (pendant la guerre), des déportés et

des gens massacrés par leurs propres troupes. Les témoignages contenus dans cette partie du présent travail ne font que confirmer le fait, d'ailleurs déjà indiscutablement établi par les aveux de la presse bulgare elle-même.

Or, cette confiscation n'est conciliable avec aucun principe de droit actuellement existant, si ce n'est avec le droit du plus fort, le droit de la brute. Tout au contraire, la propriété privée est expressément protégée contre de tels attentats par les articles suivants de la Convention de la Haye :

Article 23. — « Il est interdit de détruire ou de saisir des propriétés ennemies, sauf les cas où ces destructions ou ces saisies seraient impérieusement commandées par les nécessités de la guerre. »

Article 46, al. 2. — « La propriété privée ne peut pas être confisquée. »

De plus, l'article 43 de la Convention de la Haye stipule le respect par l'occupant des lois en vigueur dans le pays :

« L'autorité du pouvoir légal ayant passé de fait entre les mains de l'occupant, celui-ci prendra toutes les mesures qui dépendent de lui en vue de rétablir et d'assurer, autant qu'il est possible, l'ordre et la vie publics en respectant, sauf empêchement absolu, les lois en vigueur dans le pays. »

Or la Constitution du Royaume de Serbie dit dans son article 17 :

« La peine de confiscation des biens ne peut être instituée. »

Quel « empêchement absolu » peuvent invoquer les Bulgares pour se justifier d'avoir violé à la fois la Constitution du Royaume de Serbie et l'article 46, al. 2, de la Convention de la Haye ? Aucun ! Cette confiscation, constituant une grave violation du droit des gens, montre à l'évidence la véritable nature de « leur guerre » : *C'est une guerre de conquête où les Bulgares ont pour unique but de s'enrichir aux dépens des autres.* Pour y arriver, ils ont utilisé et ils utilisent encore tous les moyens, même les plus criminels.

Réquisitions

« Le témoin a vu pendant son voyage (transport des prisonniers) et pendant son séjour à Belgrade que les soldats allemands prenaient à la population de l'eau-de-vie et du vin. Il ne sait pas s'ils payaient ce qu'ils prenaient. Il a entendu dire également qu'on a pris aux gens du blé et tout leur cuivre. » — GEORGES YOVANOYITCH, de Gostirazna, du 5e régiment d'infanterie serbe, versé plus tard, comme prisonnier, dans l'armée bulgare. Évadé.

« Dès l'occupation de nos territoires, les ennemis ont tout réquisitionné : le blé, le foin, le bétail, etc. Ils n'ont rien payé, mais ils ont donné des bons de réquisition payables après la guerre. Tous les moutons en Macédoine et en Serbie ont été réquisitionnés par les Allemands. » — VÉLIA MANTCHITCH, sergent serbe et déserteur bulgare.

« Chez lui, à Chtipina, Manoilovitch a trouvé tout le monde en bonne santé. Les soldats ont pris le bétail des villageois. Le témoin a passé une nuit à Radomir avec les internés de la région de Kniajevatz. Ceux-ci lui ont raconté que toute la contrée de Kniajevatz a été colonisée avec des Bulgares qu'on a amenés de toute part. Les terres n'ont pas été confisquées, mais chaque village doit nourrir la population étrangère qu'on a amenée. Les militaires ne réquisitionnaient pas beaucoup au commencement et ils payaient au dixième du prix tout ce qu'ils prenaient. Mais ensuite les Bulgares ont commencé à rafler tout le blé, et ils n'en ont laissé aux habitants qu'une petite quantité. Au mois d'avril 1917, chaque habitant a dû fournir 3 kilogrammes de fromage. La population s'efforce de garder les vivres et les cède à l'insu de la commission de réquisition qui existe dans chaque commune. » — DOUCHAN MANOILOVITCH, de Chtipina, 31 ans, en dernier lieu gendarme serbe du détachement de Tétovo. Évadé des Bulgares.

Après avoir parlé des réquisitions à Prichtina (voir

chapitre III), le témoin continue : « Je suis parti avec M. Tomitch pour Krouchevatz, dans la voiture de M. Péchitch. J'ai déclaré que cette voiture était à moi, et c'est pourquoi on ne l'a pas réquisitionnée. Il y avait beaucoup de troupes à Krouchevatz et un très grand nombre de maisons étaient réquisitionnées sans égard pour les familles, auxquelles on laissait une chambre. Les militaires ne payaient rien, mais exigeaient toujours du linge propre malgré la pénurie de savon et de bois de chauffage. Ils mettaient des écriteaux sur les maisons réquisitionnées... A Belgrade, les autorités militaires avaient réquisitionné beaucoup de maisons pour les officiers, qui ne payaient aucun loyer. » — Dr ATHANA-SIADÈS, Grec, médecin de l'arrondissement de Gratcha-nitza.

« Plus tard, on a continué à piller (à Belgrade) sous forme de réquisition, des objets en laiton, en acier, en aluminium, en cuivre, etc. et, jamais, on n'a rien payé. » — MARIE MILKOVITCH, de Belgrade.

« Les vivres disponibles devenaient toujours plus rares. Cela provenait de ce que l'ennemi réquisitionnait des quantités énormes de blé, de maïs, d'avoine, de bétail et de volaille. » — Même témoin que *le précédent.*

« Aussitôt entrés en Macédoine, les Bulgares ont commencé à réquisitionner tout ce qu'ils pouvaient et la famine suivit immédiatement ces réquisitions. La façon de réquisitionner des Bulgares était effrayante... A Prilep, dès leur arrivée, les Bulgares ont ordonné que chaque maison dont le propriétaire possédait quelque chose, donnât deux ou trois miches de pain par jour pour l'armée bulgare. Cela a duré pendant deux mois. Pour s'excuser, les Bulgares ont déclaré que la population devait nourrir les troupes pendant un certain temps parce qu'on ne pouvait pas faire venir des vivres de la Bulgarie, les routes et les ponts étant impraticables. » — GEORGES TODOROVITCH, 29 ans, de Prilep, soldat serbe, enrôlé de force dans l'armée bulgare et évadé.

Les Bulgares ont donc laissé entièrement à la charge

de la population de Prilép le ravitaillement de leurs troupes. Dans d'autres endroits, les vivres, etc., réquisitionnés furent envoyés en Bulgarie. Ainsi DANKA POPOVITCH, 22 ans, institutrice de Bitolj, dit à propos de ce qui s'est passé à Bitolj :

« Le comité bulgare, pour les réquisitions, avait donné l'ordre que tous les vivres, tant de la ville que de la campagne, fussent réquisitionnés et que la dixième partie seulement en fût laissée aux propriétaires. Ceci fut fait à la suite d'un ordre télégraphique de Sofia, dans lequel il était dit que tout devait être réquisitionné, parce que la famine, en Bulgarie, serait telle qu'on ne l'avait jamais connue. Peu après ces réquisitions, les vivres commencèrent à manquer de façon terrible, et des milliers de gens s'assemblèrent devant la Préfecture de police pour réclamer du pain. La Préfecture, où je travaillais à ce moment, fut informée qu'une cinquantaine de personnes étaient mortes de faim. De partout, on demandait au préfet (de l'arrondissement) Rasvigoroff, qui était en même temps président du comité de réquisition, de céder un peu de vivres à la population. Sur un ordre du comité central, il ne donna que 200 kilogrammes de blé. Au mois de septembre, les Allemands ont réquisitionné tous les objets en cuivre, mais ils les ont payés. »

Dans le chapitre III, j'ai déjà cité une série de dépositions de prisonniers ennemis qui admettent tous que les envahisseurs ont beaucoup réquisitionné. Mais, alors que les uns prétendent que ces réquisitions auraient été payées, les autres avouent, par contre, que les bons de réquisition n'ont pas été payés. Ainsi le n° 17 dit : « Tout a été réquisitionné. On a bien donné des bons de réquisition, mais on ne les payait pas. »

Il est certain, les témoins des villages libérés nous l'ont prouvé, qu'une partie des réquisitions a été payée. Mais dans quelle proportion ce payement des réquisitions fut-il fait ? A en juger d'après ce qui s'est passé dans la région de Bitolj, où j'ai pu faire une enquête personnelle, cette proportion a dû être faible, très faible. Et encore, à quels prix étaient les payements ! Douchan Manoïlovitch dit que les réquisitions du commencement furent payées au dixième du prix. Nous avons vu dans le chapitre III que, souvent, les prix donnés ont été encore de beaucoup inférieurs au dixième.

Il est certain que les réquisitions, aggravées encore par le pillage, ont complètement ruiné les pays serbes de sorte que la population de ces régions fertiles souffre aujourd'hui cruellement de la faim. Les témoins nous le disent, et, d'ailleurs, nous le savons aussi par les journaux ennemis et par le fait que des pays neutres, comme la Suisse, ont dû venir au secours de cette population affamée.

Or, l'article 52 de la Convention de La Haye prescrit :

« Les réquisitions en nature et les services seront en rapport avec les ressources du pays. Les prestations en nature seront, autant que possible, payées au comptant ; sinon elles seront constatées par des reçus et le payement des sommes dues sera effectué le plus tôt possible. »

Qu'ont fait les envahisseurs ? Ils ont tellement dépassé, dans leurs réquisitions, les ressources du pays, qu'il en est complètement ruiné. Ils n'ont pas même eu la pudeur de nourrir ensuite ce pays ruiné par eux. Ils l'abandonnent à la charité publique !

La plupart de ceux qui, dans la petite région libérée de la Serbie, détiennent des bons de réquisition des Bulgaro-Allemands, attendent encore aujourd'hui et attendront toujours leur payement. En Serbie envahie il y a aussi beaucoup de gens qui sont dans le même cas. Il est vrai que bien des Serbes, ruinés à l'heure actuelle, ne peuvent pas même présenter de tels bons parce qu'on leur a tout pris sans rien leur donner, pas même un « chiffon de papier ».

Il faut que je mentionne également à cette place les impôts nouveaux introduits par les envahisseurs dans le pays qu'ils occupent temporairement. Les témoins macédoniens nous ont dit que les Bulgares ont prélevé la dîme, impôt turc sur le bétail et les céréales, impôt aboli par les Serbes. Les Austro-Hongrois aussi ont chargé les Serbes

d'impôts nouveaux. MARIE, femme de MILOUTINE MILKO-
VITCH, de Belgrade, dit à ce propos :

Sur tous les mandats envoyés de Suisse, on retient 2 ou
ou 3 °/₀ (à Belgrade). Un impôt élevé est de même perçu
tant sur les envois que sur les valeurs immobilières. Dès
qu'on ne peut pas payer, les autorités mettent en vente
tous les biens mobiliers et immobiliers du débiteur dont
ils peuvent se saisir. Les différentes taxes communales
sont aussi très élevées et la population en est tellement
grevée que les gens perdent tout leur avoir. En outre, on
perçoit encore une taxe de guerre de 50 0/0 sur toutes
les valeurs. »

Tous ces impôts, taxes, etc., ne paraissent nullement
cadrer avec les articles 48 et 49 de la Convention de la
Haye qui disent :

Article 48. — « Si l'occupant prélève, dans le territoire
occupé, les impôts, droits et péages établis au profit de
l'Etat, il le fera, autant que possible, d'après les règles de
l'assiette et de la répartition en vigueur. »

Article 49. — « Si, en dehors des impôts visés à l'article
précédent, l'occupant prélève d'autres contributions en
argent dans le territoire occupé, ce ne pourra être que
pour les soins de l'armée ou de l'administration de ce territoire. »

Les impôts et taxes prélevés par les Austro-Hongrois et
les Bulgares en Serbie envahie font partie du système
commun adopté par eux envers ce malheureux pays, système qui peut se résumer dans les deux mots: extermination et exploitation.

XVIII

MAUVAIS TRAITEMENT DE LA POPULATION

Viols

« La population était terrifiée et les gens n'osaient pas s'approcher des prisonniers. Dans les villages, il y avait des soldats allemands. Le témoin n'a rien entendu dire au sujet de viols qui auraient été commis. » — GEORGES YOVA-NOVITCH, de Gostirazna, du 5e régiment serbe, versé plus tard, comme prisonnier, dans l'armée bulgare.

« A Skoplié, les Bulgares terrorisent la population serbe. Le témoin en donne quelques exemples. Ainsi Mme Ouzoun Mirkovitch, femme du colonel-brigadier, a été complètement dépouillée par les autorités bulgares. Cela ne leur a pas suffi. Ils ont défendu qu'on lui prête secours et qu'on aille la voir au cours de sa maladie, ce qui a contribué à hâter sa mort. De même, l'hospice des orphelins de Skoplié a été dévalisé par les Bulgares. » — BOJIDAR MLADENOVITCH, de Tchoutcher, soldat serbe et déserteur bulgare.

« D'autre part, tous les villages ont été mis à sac et livrés aux flammes (automne 1915), alors que des cortèges interminables de vieillards, de femmes et d'enfants, persé-cutés, chassés, traqués par les hordes bulgaro-albanaises, fuyaient de tous les côtés. Tous ces gens étaient exténués de fatigue et transis de froid. » — ANDJELKO DJ. TSVETKO-VITCH, de Draitchika, du 24e régiment serbe, déserteur du 45e régiment bulgare.

« Lorsque les premiers pelotons de la cavalerie bulgare entrèrent à Ochrida, on donna l'ordre à la population de se rendre devant le parc pour acclamer les troupes. Andjelko Georgevitch, jardinier à Ochrida, y est aussi allé avec sa femme. Dans le parc se trouvaient les prisonniers serbes. » — Rapport du Commissaire du Gouvernement serbe, N° 548.

« Tout le monde vivait à Belgrade dans la crainte des autorités autrichiennes et des espions. Personne n'osait sortir le soir, car des patrouilles parcouraient toute la nuit les rues et arrêtaient tous ceux qu'elles rencontraient. Lorsque le Kaiser a passé à Belgrade pour se rendre à Nich, on avait ordonné d'éclairer les maisons de telle façon qu'on puisse voir la lumière du dehors. Il y a partout des espions qui dénoncent les gens dès qu'on dit quelque chose qui leur déplaît. » — Dr Athanasiadès, Grec, médecin de l'arrondissement de Gratchanitza.

« Sur notre chemin, pendant le transport, j'ai vu partout qu'on enlevait les tuiles des maisons et qu'on les employait pour la réparation des routes, effectuée par la population. J'ai appris aussi des paysans que l'ennemi détruisait tous les outils et machines agricoles et même les moulins. » — Vitèze Bradilovitch, percepteur à Ganitza, sous-lieutenant au 9e régiment d'infanterie. Évadé d'Autriche.

« Après l'occupation de la Serbie en 1915, je suis revenue avec mon mari de Krouchevatz à Belgrade. Beaucoup d'autres gens sont également revenus dans la capitale. La surveillance y était très sévère. Tous les magasins étaient fermés. La population est terriblement maltraitée et les prisons sont pleines d'hommes, de femmes et d'enfants. Pour les raisons les plus futiles, les gens sont soumis dans les prisons à une véritable torture. » — Marie, femme de Miloutine Milkovitch, de Belgrade.

« J'ai été amené sous escorte de Svilainatz à Nich, mais l'ordre indiquant le lieu où l'on devait me conduire n'étant pas encore arrivé, je fus mis en prison pour y attendre la réponse... A Nich (pendant le rapatriement), j'ai été de nouveau enfermé en prison dans la cellule où se trouvait

déjà Mita Metarsky, commerçant de Nich, ainsi qu'un autre
Serbe vêtu en paysan, corpulent et qui paraissait être
riche. J'ai appris par mes deux compagnons que les Bulgares commettaient les pires extorsions en menaçant les
habitants d'internement. Ils convoquent les gens et leur
annoncent qu'ils ont reçu l'ordre de les interner, mais que
les personnes convoquées peuvent se libérer en payant
une certaine somme. Naturellement beaucoup de gens se
rachètent de cette façon et les Bulgares ramassent des
sommes considérables. Metarsky m'a dit qu'on l'avait ainsi
convoqué cinq ou six fois et que, comme il n'avait pas voulu
payer, on l'avait chaque fois retenu quelques jours en
prison. Cependant les Bulgares ont été forcés de le relâcher
ensuite, n'ayant pas d'ordre officiel de l'interner. Cette
dernière fois, jusqu'au moment de mon départ, on l'avait
retenu 23 jours et je ne sais pas ce qu'il est devenu
ensuite. On dit qu'en procédant ainsi, les Bulgares ont
extorqué des sommes considérables et que, dans une seule
localité près de Nich, ils ont ramassé environ 600.000 francs.
Ceci m'a été raconté par Metarsky ainsi que par la femme
d'un maire, femme que les Bulgares détenaient en prison
à Nich, pendant que son mari était incarcéré à la forteresse
parce qu'on le suspectait d'avoir été en relation avec Kosta
Petchanatz, le chef des insurgés serbes. Je ne connais pas
le nom de cette femme. » — Dr ATHANASIADÈS, Grec, médecin de l'arrondissement de Gratchanitza.

« Je connais le cas suivant : En 1912, à Prilep, lorsque
la ville a été délivrée par les Serbes, Georges Voïnovitch,
commerçant de l'endroit, a dit à un certain Tale, dans un
café où il y avait un portrait du roi Ferdinand à côté de
de celui de Pierre, qu'il n'y avait plus de place pour ce
portrait de Ferdinand. En 1915, ce commerçant a dû payer
pour cela, et uniquement pour cela, 350 napoléons d'or au
voïvode de comitadjis Djourloukoff « comme punition ».
Cette amende lui fut infligée avec l'approbation pleine et
entière du chef de l'arrondissement, le Bulgare Yordan
Trenkoff..... A leur arrivée à Prilep en 1915, les Bulgares
ont emprisonné beaucoup de gens. Les uns furent relâchés moyennant argent, les autres furent tués. Yordan

Trenkoff, Djourloukoff et les autres partisans des Bulgares
et les Bulgares eux-mêmes ont jeté en prison, en les accusant d'être suspects, tous les gens dont ils voulaient se
débarrasser. En arrivant à Prilep de Bitolj, où je m'étais
caché lors de l'arrivée des Bulgares, j'ai trouvé ma maison
occupée par quelques comitadjis bulgares. Ma mère et
mon frère Dimko, âgé de 31 ans, étaient en prison. Moi-
même je fus découvert par les Bulgares chez un de mes
parents, où je me suis caché, et je fus mis en prison pendant sept jours. Je n'ai pu me libérer que moyennant
125 napoléons que j'ai versés entre les mains d'un des
comitadjis de Djourloukoff, un certain Petar Lamie. » —
GEORGES TODOROVITCH, infirmier serbe et évadé des
Bulgares.

Nous verrons plus tard, dans un chapitre spécial, que
les mauvais traitements de la population, ainsi que le
recrutement forcé des Serbes dans l'armée bulgare, ont
exaspéré le peuple à un tel point qu'il s'est soulevé dans
une révolte désespérée, car il savait bien qu'elle ne pouvait aboutir. A en juger d'après les témoignages recueillis,
le traitement des habitants en Serbie encore envahie est
le même que celui qu'ont exercé les envahisseurs dans les
contrées aujourd'hui libérées. C'est un régime de terreur,
de chantage et d'extorsions !

Quant aux viols, je rappelle les dépositions publiées
dans la première partie de ce travail. Nous y avons vu
que Bulgares et Allemands abusaient tellement des
femmes que les Turcs eux-mêmes étaient montés contre
eux à un tel point qu'à Prichtina, par exemple, ils ont tué
plusieurs officiers et sous-officiers allemands.

Je publierai encore la déposition typique de GEORGES
TODOROVITCH, infirmier serbe et évadé des Bulgares, déposition qui dépeindra bien l'état de démoralisation sous
l'occupant :

« A Prilep, le mécontentement contre le régime bulgare
a grandi, surtout depuis l'arrivée de la neuvième division,
à cause de la corruption qui se répandait de plus en plus
parmi les femmes et les filles. Lorsque les autorités mili-

taires commencèrent à loger les soldats dans les maisons privées, ceux-ci se mettaient à attaquer et à corrompre les femmes. La neuvième division est restée trois mois, de janvier jusqu'à fin mars. Les femmes ont été profondément démoralisées par la présence de cette troupe. Beaucoup de femmes et de filles, considérées auparavant comme parfaitement honnêtes et sages, furent déshonorées et perdues après l'arrivée des militaires. Les femmes ont été maltraitées à un tel point et l'immoralité de l'occupant était telle, que des filles de bonne maison ont été forcées de s'inscrire à l'hôtel de ville et d'y subir un examen médical. Je sais que les noms de ces jeunes filles furent inscrits sur un tableau et que ce tableau fut ensuite affiché à la porte de l'église. On trouvait, par exemple, sur cette liste : la fille de Panta Nechkovitch, commerçant; celle de Dontche Jeremitch, commerçant ; la fille de Hadji Ilia et d'autres. L'arrivée des troupes allemandes n'a point changé la situation. »

Le tableau que nous fait le témoin de la vie à Prilep est édifiant. Les Bulgares ont transformé la ville en une vaste maison publique! Les malheureuses femmes ont été forcées de se prostituer. Qu'on pense aux suites de cet état de choses. Combien de familles sont détruites par cette conduite ignoble de l'envahisseur! Et pourtant Allemands, Austro-Hongrois et Bulgares ont signé cette Convention de la Haye, du 18 octobre 1907, qui a proclamé solennellement dans son article 46 : « L'honneur et les droits de la famille, la vie des individus et la propriété privée doivent être respectés. »

XIX

DÉPORTATIONS

« Tous mes parents mâles de Vrania ont été internés. »
— Jordan Krste Stochitch, de Buyanovatz, du 2e régiment serbe, enrôlé par les Bulgares et évadé.

« Après la révolte, les Bulgares ont déporté en Asie Mineure la population des arrondissements de Lébané et de Kourchoumlia. On a également déporté en Bulgarie orientale la population mâle des autres villages. Le témoin a entendu des Bulgares, qui venaient en congé à Sliven, dire qu'il y avait là 4.500 Serbes internés à cause de la révolte. Les soldats ont connu ce chiffre par le nombre de pains que les boulangeries militaires ont envoyés dans le camp des internés. » — Bojidar Mladenovitch, de Tchoutcher, soldat serbe et déserteur bulgare.

« Au début, le président de la commune de Chtipina était Yovan Bojitch, qui a fait beaucoup de mal à la population. Il a fait interner les gens en les accusant faussement. Le témoin est resté à Chtipina jusqu'à fin février 1917. A ce moment, on a fait une rafle et on l'a amené avec 33 Serbes qui avaient réussi à échapper aux Bulgares et à se cacher dans le village. Avec eux il y avait encore 7 jeunes garçons. Tout ce monde fut arrêté sous prétexte qu'une insurrection avait éclaté du côté de Leskovatz et de Prokouplié. En tout, ils étaient un millier qu'on a fait passer de Kniajevatz à Nich. Comme il y avait peu de gardes, ils réussirent à se sauver et se cachèrent jusqu'en avril 1917 dans les forêts aux environs du village de Dervène. Vers Pâques, les Bulgares ont, de nouveau, com-

mencé à faire des rafles. Pris à Kniajevatz, ils ont été
transportés en chemin de fer par Zaïtchar, Paratchine et
Nich à Sofia. Dans le train où se trouvait le témoin, il y
avait encore beaucoup d'autres paysans. A Paratchine, il a
vu également des femmes qui étaient internées. On avait
donné ordre que tous les hommes de 18 à 45 ans se présentassent aux autorités et les Bulgares menaçaient tous ceux
qui ne se présenteraient pas, d'interner leurs familles,
d'incendier leurs propriétés et de les fusiller eux-mêmes
dès qu'ils seraient pris. Les femmes que le témoin a vues à
Paratchine avaient été amenées du département de Négotine parce que leurs maris n'avaient pas répondu à l'appel.
Seuls les jeunes gens de moins de 18 ans et les hommes de
plus de 45 ans ont été, temporairement, dispensés de se
présenter. Le témoin a également appris des soldats bulgares que les familles de ceux qui ne s'étaient pas présentés, avaient été envoyées en Asie Mineure. Les hommes
internés ont été acheminés par groupes à Plevna, Chou-
mène, Plovdive (Philipople), Pernik (dans les mines),
Bresintze, etc. Lui, avec 120 autres de Kraljevo Selo, fut
envoyé à Krouchevo par Radomir et Livounovo. A Krouchevo se trouvaient déjà 500 prisonniers serbes. Manoilovitch, en passant près des villages de Krouchevo et de
Koutchevo, a de nouveau essayé de rentrer chez lui. C'était
vers la Pentecôte. Il a été repris près de Radomir, battu et
remis au commandant de l'étape de Radomir. Dans cette
ville, il a vu un nouveau groupe d'internés de Kniajevatz.
Parmi eux il y avait des infirmes et des gens âgés. En
général, c'était des hommes entre 18 et 50 ans. L'état de
ces internés était misérable. Leur nourriture était très
mauvaise: du mauvais pain, jamais de viande. Leurs habits
étaient déchirés et ils étaient sans chaussures. La bastonnade sévissait sans cesse dans ce camp. La correspondance
était rendue très difficile. Les internés pouvaient, parfois,
écrire à leurs familles, mais ils ne pouvaient recevoir aucune nouvelle des leurs. Dans la Serbie de l'Est, il n'y
a ni pope, ni instituteur. Ils ont tous été internés en
Bulgarie et n'ont jamais pu écrire à leurs familles. » —
Douchan Manoilovitch, de Chtipina, 31 ans, en dernier

lieu gendarme du détachement de Tétovo, évadé des
Bulgares.

« Nous avons appris par les soldats bulgares qu'on envoyait des Serbes en Asie Mineure. » — 5 Soldats Russes
évadés des Bulgares et interrogés au G. Q. G. serbe.

« Les autorités ne se comportaient pas mal envers la
population à Krouchevatz et je n'ai pas entendu dire qu'il
y ait eu des internements en masse....... Le maire de Svilainatz a fait comparaître Monsieur Péchitch (avocat à
Prichtina et chef d'étape serbe dans cette ville) devant une
commission austro-allemande, commission qui désignait
les personnes aptes au service militaire, qu'elle faisait interner ensuite. Mais, là aussi, Péchitch a eu de la chance, car
un médecin juif qui avait séjourné en Serbie, l'a fait relâcher et il a obtenu la permission de s'établir à Belgrade.....
Le Dr. Beliansky, qui avait pratiqué à Slvilainatz, a été
interné par les Bulgares et envoyé à Plovdive...... J'ai été
obligé de rester à Svilainatz. Quinze jours après, l'ordre
est venu de m'envoyer en Bulgarie. Je ne sais pas pourquoi
les Bulgares ont fait cela, mais je crois que c'était sur la
demande du lieutenant Panteff qui remplaçait le commandant de place, le major Nikolaieff. Ce lieutenant haïssait
les Grecs et était un méchant homme, un véritable tar-
tare...... La sentinelle devant ma prison à Nich, m'a dit
que les Bulgares avaient envoyé beaucoup d'hommes
comme moi dans les prisons, mais qu'on ne savait pas ce
qu'ils étaient devenus...... Les Bulgares ont interné en
Bulgarie tous les prêtres et instituteurs serbes et on croit
qu'ils en ont tué beaucoup...... Une dizaine de jours
avant mon départ pour la Bulgarie, l'ordre était arrivé
d'interner Mita Issakovitch de Nich, ancien député. Il a pu
échapper à l'internement en se rendant à Pojarevatz chez
le commandant Nikolaieff, qui lui a donné la permission
de se rendre à Belgrade, où il est resté. Ce commandant
paraît être un russophile, sinon un Russe, et il a grande-
ment adouci la terreur bulgare en soutenant les Serbes
autant qu'il a pu le faire....... Par l'internement de tous les
hommes qu'ils déclaraient aptes au service militaire, les

Bulgares ont voulu exterminer ce qui restait du peuple serbe....... Autant que j'ai pu voir, les Serbes internés sont employés aux travaux militaires de l'arrière. » — Dr. A. Athanasiadès, Grec, médecin de l'arrondissement de Gratchanitza.

« En outre, tous les hommes et jeunes gens qu'on rencontrait (pendant le transport des prisonniers), étaient immédiatement incorporés dans notre groupe comme prisonniers. » — Vitèze Bradilovitch, percepteur de Ganitza, sous-lieutenant au 9° régiment d'infanterie. Évadé des Autrichiens.

« On nous dirigea de suite vers Smédérévo et, en route, notre escorte ramassa tous les civils qui furent rencontrés, de sorte qu'en arrivant dans la ville nous étions près de 700. » — Alexandre Yovanovitch, 24 ans, de Milochevatz, du 8e régiment d'infanterie. Évadé des Autrichiens.

« Une très grande partie de la population de Belgrade a été internée en Autriche-Hongrie. » — Marie, femme de Miloutiné Milkovitch, de Belgrade.

« Les Bulgares ont envoyé à Constantinople tous les enfants de 12 à 16 ans. Le 25 avril (1917), ils ont embarqué en chemin de fer 8.000 enfants de 12 à 15 ans pour les amener dans cette ville. Beaucoup d'enfants ont sauté du train et ont péri. » — Lettre de Svetozar Popovitch, instituteur, commandant d'un bataillon d'insurgés, à Tchédo Tomitch, capitaine dans la Division de la Morava, 10 mai 1917.

« Il y a eu des citoyens de Bitolj qui sont partis volontairement avec les Bulgares, mais il y en a eu également beaucoup qui n'ont pas voulu partir et qui ont été forcés de le faire...... On a interné le pope Ananié parce que celui-ci, au temps serbe, n'a pas voulu recevoir de monnaie bulgare et cela en disant « qu'il ne voulait pas se salir les poches ». On a interné aussi le prêtre Gligor Pope Antitch, parce qu'il avait été ordonné prêtre par un évêque serbe et parce qu'il était considéré comme un Serbe militant. Pour les mêmes motifs, on a interné le pope George Chivatchevitch. Les Bulgares ont voulu interner également les deux frères Nikola et Milan Imitchkovitch, tous les deux popes. Naturéllement, c'était toujours pour les mêmes raisons. Ils en voulaient surtout à Nikola et lui reprochaient « d'avoir, du temps serbe, mentionné pendant la messe le nom du roi Pierre comme lui tenant tout spécialement à cœur ». Mais ces deux popes n'ont pas été internés, parce qu'ils étaient protégés par leur troisième frère, Yovan, qui faisait partie de la bande des comitadjis de Djourloukoff. » — GEORGES TODOROVITCH, infirmier serbe, enrôlé par les Bulgares dans leur armée et évadé.

« Les Autrichiens ont presque dépeuplé le pays après la révolte en déportant les familles. Les hommes ont été envoyés en Autriche. Je ne sais pas où on a envoyé les femmes. » — VLASTIMIR VOUKOVITCH, 19 ans, de Komoritch, collégien et insurgé. Évadé.

« Il faut voir nos malheureux internés et prisonniers, qui, sans distinction de profession, traînent épuisés, comme des momies, des vagonnets dans les camps et exécutent les plus durs travaux avec une nourriture qui ne représente généralement que 700 calories en moyenne. Une moitié de tout ce qui leur est envoyé de notre côté comme pain, chocolat, lard, etc., est volée par les distributeurs. A chaque malade qui entre à l'hôpital, on coupe complètement les cheveux et on les rase autour des organes sexuels. On procède de la même façon pour les femmes et cela devant les hommes. Les cas sont très fréquents où les malades en meurent et cela en raison de la lenteur de ces pratiques. La « K. und K. Quarantaene-Station für Kriegsgefangene » à Oussora en Bosnie, qui n'est, en réalité, qu'un camp pour les internés du Monténégro et de Bosnie, comptait 60 à 70 morts par jour par suite des déplorables conditions hygiéniques qui peuvent servir d'exemple de l'ironie cynique et du néronisme des « Kulturtraeger ». Le typhus exanthématique, qu'on appelait *morbus balcanicus cum exeanthemas sui generis*, la dysenterie et le choléra étaient les maladies les plus répandues dans cette « Quarantaenestation », où l'on ne faisait rien ou très peu pour empêcher les maladies de se propager. Naturellement, parce qu'il s'agissait de nos malades ! Les vaccinations contre les maladies infectieuses ne commencèrent à être appliquées que lorsque les épidémies eurent disparu et lorsque des milliers de nos malades furent décédés. Ce n'est que récemment qu'on a commencé à libérer, avec de grandes garanties, les femmes et les enfants internés, mais non les vieillards. On les relâchait parce qu'on n'avait plus de quoi les nourrir et après les avoir complètement ruinés physiquement et moralement... Il y a une trentaine de nos fonctionnaires à Heinrichsgrün parmi lesquels se trouvent : le conseiller d'État Petar Petrovitch, le directeur du Crédit Foncier, Milivoi Ninkovitch, le conseiller à la Cour de Cassation, Tassa Prodanovitch et le prêtre Jlia Popovitch. Ils se trouvent dans les mêmes baraques que les gens qui n'ont jamais été de leur société. On les traite absolument de la même façon que tous les autres. Toutes leurs demandes pour améliorer leur sort sont restées sans résultat. La nourriture est si mauvaise qu'ils conservent leur vie uniquement grâce aux provisions qu'ils reçoivent de l'étranger. Ils sont devenus de vraies silhouettes d'homme. » — *Rapport de...* (le nom ne peut pas être publié pour le moment, mais il se trouve dans mon rapport au gouvernement serbe) *au Ministère de l'Intérieur.*

Nous savions déjà, par ce que j'ai publié dans le chapitre IX de la première partie de ce travail, que les déportations de la population civile, sans distinction de sexe ni d'âge et dues aux Bulgares, étaient fort nombreuses. Vasili Trbitch indique comme chiffre des déportations dans les nouveaux territoires serbes, pour la période du mois de juillet 1916 au 25 décembre 1916, plus de 10.000 familles. En estimant, en moyenne, la famille à 5 membres, cela ferait donc, en moins de six mois, plus de 50.000 déportés !

Les nouveaux témoignages que je viens de citer ne font que confirmer les constatations antérieures. Les déportations et les internements ont été pratiqués avec la même rigueur en Vieille Serbie et en Macédoine. Il faut même croire qu'ils ont été aggravés après la révolte qu'a fait éclater, en Serbie, le régime de terreur bulgare et austro-hongrois. Les quelques insurgés qui, malgré toutes les difficultés et tous les dangers, ont réussi à rejoindre l'armée serbe sur le front de Salonique, tel que le jeune élève Voukovitch, nous racontent que le pays est complètement dépeuplé.

Bulgares et Austro-Hongrois déportent les Serbes. En agissant ainsi contre le droit des gens, ces deux peuples poursuivent un but identique que nous examinerons à la fin de ce chapitre.

Mes témoins nous disent aussi ce que font les envahisseurs des pauvres paysans et citadins qu'ils déportent et internent. Les Bulgares les mettent dans des contrées malsaines, telle la plaine marécageuse entre Sofia et Knéjevo, ou les envoient en Asie-Mineure. Les Austro-Hongrois les parquent dans des camps comme Heinrichsgrün ou encore dans cette « K. und K. Quarantaenestation » à Oussora en Bosnie, où l'on paraît tout faire pour multiplier les maladies, et où il y a 60 à 70 décès par jour. Le tableau que nous dresse le rapport de X..., au Ministère de l'Intérieur, est effrayant, mais il concorde bien avec les renseignements que j'ai pu obtenir sur ce même sujet par d'autres sources. Évidemment, les Centraux et leurs vassaux ne signalent pas ces détails aux délégués de la Croix-Rouge internationale et à ceux des pays neutres qu'on promène dans des camps soigneusement préparés pour ce genre de visites.

Que disent des déportations les prisonniers? J'ai déjà cité un certain nombre de leurs dépositions dans le chapitre IX. Les témoins 37, 38, 39, 40 et 41 racontent tous qu'il y a beaucoup de déportés serbes en Bulgarie.

Le N° 83, du 48ᵉ régiment d'infanterie bulgare, dit : « Tous les hommes de 10 à 60 ans des départements de Vrania et de Nich, ont été internés. Certains sont employés aux travaux agricoles en Dobroudja, d'autres ont été exilés en Asie-Mineure. Le témoin affirme avoir vu, à Andrinople, deux trains avec des Serbes (hommes) qu'on transportait en Asie-Mineure.

*N° 84, du 2° régiment d'artillerie de montagne
bulgare.* — « Tous les insurgés serbes, jusqu'à 60 ans,
ont été déportés en Asie-Mineure. Tous les autres hommes
de 15 à 60 ans ont été envoyés en Bulgarie au commencement du mois de mai 1917. »

Je possède encore d'autres dépositions de prisonniers
bulgares dans mon dossier, dépositions qui répètent
toutes la même chose : il y a beaucoup d'internés serbes
en Bulgarie, des hommes, des femmes et des enfants qui
vivent misérablement.

Je possède également un document du *Ministère de la
Guerre bulgare*, daté : Sofia, 20 mai 1917, qui avoue
implicitement les déportations et le traitement contraire
à toutes les lois de la guerre et de l'humanité subi par
les déportés. Ce document est tombé entre les mains des
Alliés. C'est un communiqué du Ministère de la Guerre
au G. Q. G. bulgare à Kustendil, signé : le chef de la
Chancellerie du M. d. l. G., major général Bradistiloff.
Le passage concernant les déportations est le suivant :

« L'ordre télégraphique a été donné de signifier à tous
les prisonniers serbes, aux civils internés et aux recrues
de la région de la Morava que tous ceux qui s'enfuiraient
seraient fusillés, leurs demeures incendiées, leurs propriétés confisquées et leurs familles envoyées dans la
région de Krdjali... De même, l'ordre a été donné que
tous les Serbes qui avaient été placés chez des particuliers
soient renvoyés dans les dépôts et que tous, pendant la
récolte et le fauchage, soient employés dans les ports, sur
les routes et les voies de chemin de fer Decauville. »

En dehors du recrutement de sujets serbes, ce passage
du document officiel du Ministère de la Guerre avoue donc :
1° qu'il y a des internés serbes en Bulgarie ; 2° qu'en cas de
fuite de ces gens leurs familles seront également déportées ; 3° que leurs maisons (en Serbie) seront incendiées ;
4° que leurs propriétés seront confisquées ; 5° que ces internés ont été employés à des travaux forcés ; 6° que ces travaux, en partie du moins, sont de nature militaire.

On est en droit de demander au Ministère de la Guerre

bulgare ce qu'il a fait, ainsi que l'ensemble du gouvernement de son pays, des articles suivants, signés par la Bulgarie.

Convention de la Haye, article 46, al. 2 : « La propriété privée ne peut pas être confisquée. »

Convention de la Haye, article 50 : « Aucune peine collective ne pourra être édictée contre les populations à raison de faits individuels. »

Convention de la Haye, article 39 : « Il est interdit de détruire ou de saisir les propriétés ennemies. »

Convention de la Haye, article 23 : « Il est également interdit à un belligérant de forcer les nationaux de la partie adverse à prendre part aux opérations de guerre dirigées contre leur pays.»

Plusieurs témoins bulgares et serbes m'avaient dit que des déportés serbes avaient été envoyés chez les Turcs en Asie Mineure parce que, comme me l'a affirmé un sous-officier bulgare, ceux-ci les « maltraitaient mieux ». J'avais annoncé le fait, par télégramme, dans les grands journaux neutres. Suivant leur habitude de nier tout ce qui ne cadre pas avec leur jeu, les Bulgares l'ont démenti. Je me suis alors mis à l'œuvre pour rassembler un faisceau de preuves de la réalité des déportations en Asie Mineure. J'ai interrogé à ce propos des prisonniers bulgares et j'ai ainsi recueilli nombre de dépositions confirmant pleinement mes allégations dans les journaux neutres.

Je reproduirai, dans les paragraphes suivants, quelques-uns de ces témoignages bulgares :

N° 84, du 2ᵉ régiment d'artillerie de montagne : « Tous les insurgés serbes jusqu'à l'âge de 60 ans ont été déportés en Asie Mineure. »

N° 85, sous-officier du 2ᵉ régiment d'infanterie : « Tous les jeunes gens de la contrée de Leskovatz ont été envoyés en Asie Mineure. Le peuple bulgare n'a pas été content qu'on envoie des chrétiens chez les Turcs car, malgré tout, les Serbes sont des orthodoxes comme nous. Mais en haut lieu on estime que, chez les Turcs, ces jeunes gens seraient « mieux maltraités »..... Ensuite le général Mackensen a donné ordre que tous les révoltés et, en général, tous les Serbes en état de porter les armes soient envoyés en Asie Mineure. »

N° 86, lieutenant au 32° régiment d'infanterie : « Une partie des insurgés serbes fut envoyée en Asie Mineure. »

N° 87, caporal au 3° régiment d'infanterie : « J'ai entendu dire qu'on a envoyé les révoltés en Asie Mineure. »

N° 88, du 2° régiment, 4° bataillon : « Je sais que les insurgés ont été envoyés en Asie Mineure. »

N° 89, du 11° d'infanterie, 3° bataillon : « Les Bulgares, après la révolte, ont incendié tous les villages des arrondissements de Kourchoumlia et de Lébané et ont déporté la population en Asie Mineure. »

N° 90, caporal au 21° régiment d'infanterie, 2° bataillon : « Parmi ceux qui ont été pris, les vieillards ont été retenus en Bulgarie, les jeunes gens ont été envoyés en Asie Mineure. »

N° 91, 25 ans, sous-officier au 3° régiment d'infanterie bulgare : « Une partie des hommes appartenant aux régions révoltées a été envoyée en Asie Mineure. »

Voici maintenant la déposition d'un témoin oculaire, du prisonnier n° 83, déjà cité : « J'affirme avoir vu à Andrinople deux trains pleins de Serbes (hommes) qu'on transportait en Asie Mineure. »

Andrinople est en Turquie et, si la version bulgare de la non existence des déportations des Serbes en Asie Mineure était vraie, que faisaient en territoire turc et sur la route de l'Asie Mineure ces trains pleins de Serbes pris par les Bulgares ?

Je terminerai cette collection de dépositions, que j'aurais pu allonger à volonté, par la répétition de celle du sergent de gendarmerie serbe *Douchan Manoilovitch*, de Chtipina, fait prisonnier pendant la retraite de 1915 et qui a réussi à s'évader des Bulgares, qui voulaient l'incorporer dans leur armée :

« J'ai appris par les soldats bulgares que les familles des

hommes de la région de la Morava qui ne s'étaient pas présentés au recrutement, ont été envoyées en Asie Mineure. »

Ce dernier témoignage paraît indiquer que les Bulgares ne se sont pas contentés de déporter en Asie Mineure les insurgés et, en général, la population des régions qui se sont révoltées dans les premiers mois de l'année dernière, mais qu'ils ont étendu aussi cette mesure à d'autres contrées.

Il me semble difficile pour les gouvernants de Sofia de nier la véracité des dires de leurs propres compatriotes. Le fait de la déportation des Serbes en Asie Mineure est donc bien établi et montre, en même temps, quel crédit on peut attacher aux démentis bulgares.

Reste encore à fixer la réalité de l'affirmation du prisonnier n° 85, à savoir que cette mesure inhumaine a été prise sur ordre du général allemand Mackensen. Si elle est vraie, cet homme a ajouté à la longue liste des crimes allemands un nouveau forfait car, sachant ce que les Turcs d'Enver pacha et de Talaat bey ont fait des Arméniens avec, d'ailleurs, le consentement de Berlin, il devait également prévoir le sort qui attendait ces pauvres Serbes.

Quel but poursuivent les envahisseurs en déportant ainsi la population civile de la Serbie occupée? En le faisant, comme le prouvent très nettement les témoignages que j'ai publiés dans ce travail, tous les ennemis poursuivent un but commun, que j'ai déjà énoncé : ils veulent, si possible, exterminer le peuple serbe ou, en tous cas, l'affaiblir de telle façon qu'il ne puisse plus les gêner ultérieurement. Mais les Bulgares ont encore d'autres intérêts à déporter autant de Serbes qu'ils peuvent.

D'abord leur propagande a proclamé urbi et orbi, pour justifier les prétentions du peuple de Ferdinand de Cobourg, que non seulement la Macédoine était bulgare, mais aussi les vieux pays serbes de la Morava et du Timok. Aussi longtemps qu'il y aura dans ces régions des anciens habitants, le gouvernement de Sofia n'arrivera jamais à accréditer sa fable auprès du public impartial et tant soit peu observateur. Ceux qui veulent connaître la vérité n'ont qu'à faire un voyage dans ces contrées et à observer le peuple pour se convaincre immédiatement du manque absolu de fondement des prétentions bulgares. Le gouvernement du Cobourg se rend parfaitement compte de ce fait. Pour obvier à cet inconvénient, il cherche à remplacer l'ancienne population par une nouvelle, bulgare celle-là. Pour cela il faut faire de la place aux colons bulgares, et on y parvient en déportant les Serbes. Le témoin Douchan Manoilovitch n'a-t-il pas rapporté dans sa déposition que, dans les environs de Kniajevatz, les Bulgares amenaient, de leur pays, des colons que la population indigène devait nourrir?

Ensuite le gouvernement de Radoslavoff, contre tout droit, a inventé la confiscation, au bénéfice de l'État, de tous les biens de ceux qui sont absents du pays. Les propriétés des réfugiés, celles des gens mis à mort, etc., ont déjà rapporté de jolies sommes. Mais ce n'est pas encore assez. Il faut multiplier les occasions de s'enrichir aux dépens d'autrui. Les déportations sont un moyen tout indiqué pour arriver à ce but. On envoie les pauvres gens dans les plaines marécageuses ou en Asie Mineure, bien souvent pour y mourir, et on s'empare de leurs fortunes !

Enfin, les témoignages cités nous apprennent aussi que les infortunés déportés sont employés comme main d'œuvre. Fidèles à l'exemple de leurs alliés germaniques, les Bulgares ont renouvelé l'ancien servage des peuples vaincus. Tout est profit chez les « Tartaro-Bulgares », comme appelle fièrement les Bulgares leur poète Cyrille Christoff !

XX

RECRUTEMENT DES SUJETS SERBES

« Dans la 11ᵉ compagnie se trouve un certain Lazare Petrovitch, originaire de Belgrade, que les Bulgares ont fait prisonnier à l'hôpital de Skoplié en 1915. Nul ne sait pourquoi les Bulgares l'ont pris dans leur armée, puisqu'il a toujours dit qu'il était de Belgrade. » — YORDAN KRSTE STOCHITCH, de Bouyanovatz, sergent du 2ᵉ régiment serbe, déserteur bulgare.

« Militch-Boditch, 29 ans, est né au village de Goratchitch, arrondissement de Dragatchevo ; garçon de café dans le civil, il est entré au service militaire le 1ᵉʳ mai 1910 au 9ᵉ régiment d'infanterie serbe. Pendant les guerres de 1912-1913, il était soldat de la seconde compagnie, 1ᵉʳ bataillon du 10ᵉ régiment, 1ᵉʳ ban. Au mois d'août 1914, il est entré au mess du G. Q. G. serbe comme garçon de table. Au mois d'août 1915, il fut renvoyé dans la troupe pour avoir été pris à jouer. Il a fait la retraite avec le 10ᵉ régiment par Leskovatz, Prichtina et Férisovitch. Il est tombé malade en route de la fièvre typhoïde et a été envoyé dans la maison de Kosta Tchemerikitch. Là, il a pris des vêtements civils. Les troupes bulgares sont arrivées le second jour et il fut évacué à Skoplié dans l'hôpital de lady Paget. Il est sorti de l'hôpital après douze jours et le commandant bulgare lui a permis de circuler librement dans Skoplié. Le témoin déclare que les Bulgares l'ont laissé en liberté parce qu'il était en civil et parce qu'il avait nié avoir appartenu à l'armée serbe. A Skoplié, il y avait beaucoup de soldats qui se trouvaient dans le même cas. Il fit le métier de garçon de café à l'hôtel « Yelen » jusqu'à février ou mars 1916 et plus tard il vendit des saucissons à la gare. Le 1ᵉʳ août 1916, les Bulgares ont commencé à appeler tous les hommes de 18 à 30 ans sous les drapeaux. On a ainsi recruté 1.000 hommes pour la 5ᵉ division. Il y avait aussi parmi eux des Albanais qui se sont enfuis pour la plupart pendant le transport. Boditch a été envoyé à V. Trnovo, au 18ᵉ bataillon, avec un groupe de 640 hommes. Dans cette ville ils ont trouvé 700 autres recrues. Il y avait dans sa compagnie un autre Serbe de Leskovatz, qu'on appelait Todor Georgeff. En réalité, c'était Todor Georgevitch. Boditch fut inscrit sous le nom de Mile Bojinoff. Il a été employé pendant huit mois comme cuisinier de la popote des officiers. Le 1ᵉʳ juillet 1917 il a été envoyé avec 100 autres sur le front de Gjevgjeli, où on les a répartis dans toutes les compagnies. Trois jours après il est redevenu cuisinier à la popote du 2ᵉ bataillon du 18ᵉ régiment. Le 16/29 août 1917, il s'est rendu aux Grecs près de Lomnitza. » — Militch-Boditch, de Goratchitch, 29 ans, ancien soldat serbe et déserteur bulgare.

« Le témoin est né au village de Tchoutcher, près de Skoplié. Il est âgé de 24 ans. Il a terminé ses classes au lycée de Skoplié et a suivi les cours de l'école de commerce de Belgrade en 1911. Son père habite Skoplié. Jusqu'en novembre 1915, il était sergent au 14ᵉ régiment d'infanterie, 2ᵉ ban, de la division serbe du Timok. Il avait servi d'abord depuis le 1ᵉʳ décembre 1914 dans la compagnie d'étudiants, puis il a été envoyé comme sergent pour l'instruction des recrues des troupes de réserve de Krouchevatz et ensuite, le 1ᵉʳ mai 1915, à l'état-major de la 3ᵉ armée, où il a été affecté au 3ᵉ bataillon du 14ᵉ régiment du second ban. Comme chef de section du bataillon de complément musulman, il fut fait prisonnier au village de Ljouch, près de Mitrovitza. Le 4 juin 1917, il a été incorporé dans l'armée bulgare au 11ᵉ régiment d'infanterie et versé dans la 10ᵉ compagnie du 3ᵉ bataillon. Il s'est rendu le 17/30 juillet aux troupes de la division du Timok. Le 11ᵉ régiment a été complété la dernière fois, le 4 juin, par 320 hommes, dont 200 Serbes de la Nouvelle Serbie (des départements de Kossovo, Skoplié et Koumanovo). Les hommes de 18 à

30 ans, chrétiens et musulmans, des régions occupées par les Bulgares sur la vieille frontière serbe ont été incorporés. On emploie ces recrues surtout dans le train des équipages, dans le service de garnison, etc. Un petit nombre seulement de ces hommes sont envoyés comme combattants. » — BOJIDAR MLADENOVITCH, de Tchoutcher, soldat serbe et déserteur du 11ᵉ régiment bulgare.

« Vers la fin de septembre 1916, les Bulgares ont recruté tous les hommes de 18 à 32 ans. Ils ont pris aussi les Albanais en leur promettant de les envoyer à Constantinople. Mais à Sofia, ils les ont exercés dans les casernes. Les Albanais se sont révoltés et ont refusé obéissance, mais les Bulgares les ont disséminés dans les différentes unités. » — *Renseignement du Ministère de l'Intérieur.*

Dans la première partie de ce travail, j'ai déjà publié une série de témoignages prouvant le recrutement par les Bulgares des sujets serbes de la Macédoine. Tous les témoins, qui sont d'anciens soldats serbes et en même temps des déserteurs bulgares et qui sont cités dans le présent résumé de rapport, se rangent dans la catégorie des recrues forcées serbes dans l'armée bulgare. Ce sont : Vélia Mantchitch, Bojidar Mladenovitch, Yordan Krste Stochitch, Douchan Manoilovitch, Georges Todorovitch, Georges Yovanovitch et Andjelko Dj. Tzvetkovitch.

Dans le chapitre X, j'ai également déjà mentionné que les Austro-Hongrois se sont rendus complices de cette violation du droit des gens en livrant aux Bulgares, pour les incorporer dans leur armée, les prisonniers serbes originaires de la Macédoine. Je reviendrai plus loin sur ce sujet.

Pour le moment, voyons ce que disent les prisonniers bulgares sur le recrutement des sujets serbes.

Les témoignages bulgares affirmant le recrutement des sujets serbes de Macédoine dans l'armée du Cobourg ont déjà été publiés antérieurement. Je dois cependant rappeler ici la déposition du témoin N° 44 :

« Il n'y avait pas de recrues de Serbie dans le régiment du témoin. Toutefois on avait recruté des hommes en Serbie mais, lorsque la révolte y a éclaté, on n'a plus osé continuer ce recrutement et les recrutés n'ont pas été appelés. »

Le prisonnier 44 avoue donc les recrutements de Serbes de la Vieille Serbie. Il y a encore d'autres témoins bulgares, dont les dépositions se trouvent dans mon dossier et qui confirment ce fait, par exemple :

N° 92, du 10° régiment d'infanterie : « Les Bulgares ont recruté dans leur armée tous les jeunes gens serbes jusqu'à 32 ans. Un bataillon de ces recrues a été envoyé à Gjoumoultchina. Le témoin ne sait pas où se trouvent les autres. Dans l'arrondissement de Kladovo (Danube), les Bulgares ont recruté 170 hommes. On prenait les hommes depuis l'âge de 18 ans. »

N°s 93 et 94, tous les deux de la seconde compagnie de mitrailleuses du 2° régiment bulgare : « Le 7 septembre 1917, l'un des témoins était parti de Demir Capou en permission à Bourgas. Il y est resté jusqu'au 27 septembre. En rentrant il s'est arrêté deux jours à Nich, où il a vu un grand nombre de citadins et de paysans serbes attroupés près du commandement de la place. Il y en avait à peu près un millier. Quelques-uns de ces gens lui ont raconté qu'ils venaient tous de passer devant le conseil de révision pour être enrôlés dans l'armée bulgare. Les témoins disent que ces hommes devaient être appelés comme recrues avec le 43° nabor. »

N° 95, du 47° régiment d'infanterie de la seconde division de la Thrace : « Pendant le congé du témoin en Bulgarie, il a vu des recrues serbes de Serbie, de Bulgarie (Macédoine) et d'Albanie. Les Serbes font le service de garnison en Bulgarie. Il y en a à Sofia, à Eski-Djoumaia et à Varna. Les Albanais et les Macédoniens sont à Choumla. Quelques-uns ont été promus caporaux. Il a causé avec eux. Le témoin ne sait pas s'ils étaient de Serbie ou de Macédoine, mais ils lui ont tous dit qu'ils étaient Serbes. »

Les prisonniers bulgares avouent ainsi implicitement le recrutement des Serbes de Serbie dans l'armée de leur pays. Mais nous possédons encore un autre aveu, officiel celui-là, de ce recrutement contraire à toutes les notions du droit, dans le document, déjà mentionné, du Ministère de la Guerre de Sofia. Ce document contient le passage suivant concernant le recrutement des Serbes de Serbie :

« En réponse au N° 28012 du 13 mai 1917. Par ordre de M. le Ministre de la Guerre, le G. Q. G. est informé que les bruits parvenus jusqu'aux soldats que des prisonniers et des ouvriers de la région de la Morava auraient molesté la population paisible au cours des travaux des champs ne sont pas exacts. De telles nouvelles inventées ont circulé dans le royaume, mais l'enquête a établi que les choses ont été exagérées. Jusqu'à présent on a appris qu'il n'y a eu que quelques cas regrettables, à savoir : 1° près de Karlovo ; 2° dans l'arrondissement d'Orhania près de Novatzeni ; 3° entre Orhania et Mezdra ; 4° dans les environs de Bakarel et de Pobiti Kamik. Le Ministre de la Guerre et celui de l'Intérieur n'ont appris que ces cas, tout le reste est inventé. En réalité, jusqu'à l'arrivée des ouvriers-recrues de la région de la Morava, les évasions de prisonniers serbes étaient très rares, s'accomplissaient sans préméditation et n'avaient lieu que là où la surveillance était insuffisante, par exemple auprès des commissions de réquisition, auprès des dépôts de l'intendance de réserve et chez les particuliers. Mais depuis l'arrivée des hommes de la région de la Morava, les évacuations sont devenues plus fréquentes. Précédemment, le Ministère de la Guerre avait donné ordre aux autorités de l'inspection militaire de la région de la Morava de poursuivre et d'arrêter les déserteurs. On les envoyait alors à Pasmakli et Chiroka Louka où on les punissait de la bastonnade, puis on les employait au travail forcé sur les routes. Maintenant l'ordre télégraphique a été donné de signifier à tous les prisonniers serbes, aux civils internés et aux recrues de la région de la Morava que tous ceux qui s'enfuiraient seraient fusillés, leurs demeures incendiées, leurs propriétés confisquées et leurs familles envoyées dans la région de Krdjali. Les camarades des fuyards seraient également punis s'ils n'ont pas informé à temps les autorités de l'évasion projetée... Vu ce qui précède, le Ministre de la Guerre prie le G. Q. G. d'informer les soldats sur le front que les nouvelles inquiétantes à ce sujet sont sans fondement. » — *Document du Ministère de la Guerre bulgare*, Sofia, le 20 mai 1917, communiqué au G. Q. G. bulgare à Koustendil ; signé : le chef de la Chancellerie du M. d. l. G., Major-Général Bradistiloff, etc.

A remarquer que ce document parle d'abord des « ouvriers de la région de la Morava » qui deviennent ensuite des « ouvriers-recrues de la région de la Morava » et, enfin, des « recrues de la région de la Morava ». Le document avoue donc de la façon la plus explicite le recrutement des Serbes dans l'armée de Ferdinand de Cobourg. En résumant tous les points, la lettre du Ministère de la Guerre au G. Q. G. bulgare prouve indiscutablement :

1° Que des prisonniers et internés civils serbes se révoltent en Bulgarie ;

2° Que les soldats bulgares au front s'inquiètent de cet état de choses ;

3° Que « des cas regrettables » sont arrivés près de Karlovo, dans l'arrondissement d'Orhania, près de Novatzeni, entre Orhania et Mezdra, dans les environs de Bekarel et de Pobiti Kamik ;

4° Que ces « cas regréttables » se sont produits tout spécialement après l'arrivée des « ouvriers-recrues de la région de la Morava » ;

5° *Qu'on a recruté par force des Serbes de la région de la Morava ;*

6° Qu'il y a parmi ces recrues de nombreux cas d'évasion ;

7° Que les « déserteurs » sont envoyés à Pasmakli et à Chirka Louka, où on les punit des travaux forcés et des châtiments corporels ;

8° Qu'on punit les parents de ces malheureux par des mesures tellement inhumaines qu'on montre par cela l'intention bien arrêtée d'exterminer le peuple serbe ;

9° Qu'on a même recours à la délation forcée ;

10° Que les Bulgares font tout pour rendre la vie aussi difficile que possible aux prisonniers et internés serbes.

De plus, le document en question contient encore l'avertissement suivant :

« En outre, on a ordonné que la population civile bulgare, le long de l'ancienne frontière serbo-bulgare, soit armée, ainsi que la population civile de l'intérieur partout où il y a des prisonniers et près des routes où ont lieu les évasions. » Ceci prouve :

11° Que les Bulgares arment leur population civile pour concourir à l'œuvre d'extermination des Serbes.

Je n'ai pas besoin d'ajouter d'autres commentaires. Le document du Ministère de la Guerre bulgare constitue par lui-même un réquisitoire assez éloquent contre ceux qui l'ont écrit.

Comme il a été dit déjà à plusieurs reprises, les Austro-Hongrois se sont faits les complices du recrutement des sujets serbes dans l'armée bulgare. Une grande partie de mes témoins serbes, anciens soldats du roi Pierre et déserteurs bulgares, ont été livrés aux soldats du Cobourg par les autorités militaires de l'empereur Charles II. Le but poursuivi par les Autrichiens est clair : ils veulent démoraliser autant que possible le peuple serbe et encourager leurs alliés, tout en leur fournissant un certain appoint en hommes.

Les Austro-Hongrois ont prétendu que ces « Macédoniens », se sachant Bulgares, auraient demandé eux-mêmes à servir dans l'armée de Ferdinand de Bulgarie. Peut-être y a-t-il eu quelques bulgarisants parmi les prisonniers serbes originaires de la Macédoine, qui ont ainsi voulu faire le jeu des ennemis de la Serbie. Ce que je puis affirmer, c'est qu'ils constituaient en tout cas l'infime minorité. Les déserteurs bulgares-macédoniens, anciens soldats serbes, sont là pour en témoigner. Vasilie Trbitch, qui a vécu pendant 5 mois en Macédoine serbe-envahie et cela exprès pour observer ce qui s'y passait, nous dit à ce propos : « Les soldats serbes des nouveaux territoires, faits prisonniers par les Austro-Hongrois, ont été remis aux Bulgares. Les Autrichiens avaient dit d'abord que ceux qui se déclareraient Serbes, rentreraient en Autriche comme prisonniers, et que ceux qui se déclareraient Macédoniens, seraient envoyés en Bulgarie. Mais, comme très peu se déclaraient Macédoniens, les Austro-Hongrois prétendirent qu'il n'y avait pas de Serbes en Macédoine et ils les envoyèrent *tous* chez les Bulgares. »

Georges Yovanovitch, déjà cité au chapitre X, un de ces Macédoniens livrés aux Bulgares par l'Autriche-Hongrie, nous donne une idée de « l'enthousiasme » de ces prisonniers serbes en déposant : « Nous avons continué de Sofia jusqu'à Trnovo et de là, à pied, à Sevliévo, où nous avons reçu l'uniforme et où un commandant nous a dit que, maintenant que les Bulgares nous avaient libérés, nous, Macédoniens, nous devions prêter notre concours à l'œuvre commune. Quelques-uns des Macédoniens ont accueilli ces paroles avec enthousiasme, mais la grande majorité est restée silencieuse. »

L'acte des Austro-Hongrois, livrant des sujets serbes qu'ils ont fait prisonniers, aux Bulgares pour les enrôler dans leur armée, constitue une violation flagrante du droit des gens et une atteinte sans nom à l'humanité. En effet, ces Macédoniens, tel que le témoin Andjelko Dj. Tzvetkovitch ont, dans l'armée serbe, des frères qu'ils sont ainsi condamnés à combattre. Ce que cela veut dire, Tzvetkovitch nous le raconte à la fin de son interrogatoire : « Pendant que j'étais dans les premières lignes bulgares, une pensée atroce ne me quittait jamais, c'était la peur de tuer mon frère, que je savais dans les rangs de notre armée, ou d'être tué par lui. Le bon Dieu nous en a préservés ! » Mais les Centraux et leurs vassaux ne s'embarrassent pas de considérations d'humanité ou de droit.

Les Austro-Hongrois ont même essayé de recruter dans leur propre armée des réfugiés serbes en Suisse. Ainsi *Mihailo Miyouchkovitch*, greffier du tribunal de Yagodina (Serbie), sujet serbe, demeurant à Genève comme réfugié, a reçu la convocation suivante envoyée par le consultat général d'Autriche-Hongrie à Genève :

« Vous êtes invité à vous présenter le 11 août de cette année (1917) à la révision militaire (« Musterung ») au bureau du K. et K. consulat (rue Toepffer, 19) dans la matinée entre 9 heures et midi, en apportant vos papiers d'identité et deux photographies non collées. La non présentation entraîne la punition fixée par la loi. Pour le K. et K., consul général : Leitner. »

Cet essai de recruter des Serbes réfugiés en Suisse n'est pas seulement une grave violation du droit des gens, mais il est aussi une violation directe de la neutralité de la Confédération helvétique. Lorsque ce fait a été connu en Suisse par un télégramme que j'avais adressé à la *Gazette de Lausanne*, les autorités austro-hongroises ont essayé d'expliquer ce recrutement illégal. Elles ont voulu faire croire qu'il y a eu erreur et qu'elles ont pris Miyouchkovitch pour un sujet austro-hongrois de nationalité serbe.

Cette excuse ne tient pas debout. D'abord, comment se fait-il qu'au consulat général austro-hongrois on ait eu connaissance de la présence et de l'adresse de ce Serbe de Serbie ? Les seules autorités qui pouvaient les connaître étaient les autorités genevoises et le consulat serbe. Si le consulat austro-hongrois avait ces renseignements, c'est qu'il les tenait d'un service également en contradiction avec la neutralité suisse, il les tenait de son service d'espionnage. Or ce service, très actif, défendu par les lois suisses, n'a sûrement pas confondu la sujétion serbe et la sujétion austro-hongroise. De plus, le consulat avait certainement en main la liste des sujets austro-hongrois résidant à Genève, liste établie à l'aide de renseignements fournis par les autorités locales des provinces serbes de la Double Monarchie. La confusion n'était pas possible. Je ne sais pas ce que les Austro-Hongrois ont voulu obtenir par cette manœuvre aussi audacieuse que stupide, mais, connaissant leur façon d'agir, je crois parfaitement possible qu'ils ont voulu, par cela, démoraliser la nombreuse colonie serbe de Genève pour l'amener à faire pression sur le gouvernement dans le sens d'une paix avec l'Autriche-Hongrie.

C'est aussi en grande partie le désir de démoraliser les Serbes en Serbie envahie qui a poussé les Bulgares à procéder à l'enrôlement des sujets serbes dans leur armée. Par cette démoralisation, ils espéraient briser la résistance héroïque de la population. Ils se sont trompés. Ce recrute-

ment a tellement exaspéré les Serbes, qu'ils se sont révoltés ouvertement. Cette révolte, vouée d'avance à un échec,
a fourni au gouvernement de Sofia l'occasion d'exterminer
encore plus de Serbes par des mises à mort innombrables
et par des déportations en masse. La confiscation de leurs
biens a rapporté certainement aussi un joli denier; cependant, cette révolte a également montré au monde que les
prétentions bulgares sur les pays serbes sont mensongères.
A propos de l'impression produite par la révolte serbe en
Bulgarie, un déserteur bulgare m'a déclaré : « On a dit
ouvertement que c'était là (la révolte) le coup le plus terrible qu'on a porté aux Bulgares parce que, maintenant, on
ne pouvait plus prétendre que la population était bulgare. »

Aux yeux du monde, cette révolte a complètement ruiné
le système de défense bulgare qui voulait faire croire que
les Serbes de la Morava, du Timok et de la Macédoine ont
volontairement embrassé la cause des gens de Sofia en
s'enrôlant dans l'armée du Cobourg. « Ce sont nos frères
de race, donc il est naturel qu'ils se battent pour nous. Il
n'y a pas là la moindre violation du droit des gens, » ont
proclamé tous les journaux du royaume.

Ce qu'il faut penser de cette explication, le document du
Ministère de la Guerre le montre, car, si vraiment les habitants de la région de la Morava, etc., sont des frères bulgares, comment se fait-il qu'il faut armer la population
civile contre eux et qu'il faut prendre à leur égard toutes
ces mesures draconiennes énumérées dans le fameux document? Enfin, la révolte a fini par ouvrir les yeux à tous :
l'explication-excuse bulgare n'est qu'une abominable imposture qui ne peut empêcher la nécessité de demander
compte à la Bulgarie de sa conduite inqualifiable.

XXI

TRAITEMENT DES SOLDATS PRISONNIERS

« Georges Yovanovitch, de Gostirazna, arrondissement de Prilep, département de Bitolj, a été incorporé, en décembre 1914, dans l'armée serbe et envoyé pour l'instruction à Kniajevatz. Le 14/27 septembre 1915, il fut envoyé en complément du 5ᵉ régiment de la Division de la Drina, second ban, qui se trouvait aux environs d'Obrénovatz. Il fut fait prisonnier par les Allemands vers le 8/21 novembre entre Kralievo et Rachka. Les Allemands ont conduit les prisonniers dans un village, dont le témoin ignore le nom, et les y ont enfermés dans l'école, où l'on avait rassemblé environ 300 personnes, soldats et civils. Ils sont restés là pendant dix-sept jours, puis on les a envoyés, à pied, par la route de Kralievo-Kragouyevatz-Topola-Mladenovatz, à Belgrade. Jusqu'à Kragouyevatz, ils étaient escortés par des Allemands, et à partir de là ils le furent par des Austro-Hongrois. Ils sont restés quinze jours à Belgrade. Au mois de janvier 1916, un groupe de 300 prisonniers, parmi lesquels se trouvait le témoin, fut envoyé de Belgrade à Novi-Sad. Ils y sont restés un mois dans des baraques et c'est là qu'on a effectué la désinfection des vêtements. De Novi-Sad on les a transportés, par Vienne et Prague, au camp des prisonniers de Heinrichsgrün. Il y avait surtout des Russes dans ce camp, puis des Serbes et des Monténégrins et aussi quelques Italiens. Il y avait en tout 300 baraques. On logeait 400 prisonniers et même davantage dans chacune d'elles. Au moment de l'arrivée du groupe auquel appartenait le témoin, ce camp comptait 66.000 prisonniers.

Les Russes ont été employés plus tard à des travaux divers.
Le camp comprend quatre subdivisions. Chacune est
entourée de fils de fer barbelés. Pendant que Yovanovitch
était au camp, on employait les prisonniers à des travaux
agricoles : planter des pommes de terre, labourer et réparer les routes. On leur donnait comme nourriture tous les
deux jours un pain d'un kilo. Ce pain était fait de pommes
de terre et de sciure de bois (« divhost »). Il était amer. On
leur donnait également du poisson salé, très rarement de
la viande, une fois par quinzaine ; parfois ils n'en recevaient
pas du tout pendant un mois. Chaque jour on leur donnait
de la soupe et de la purée. Il y avait également des officiers
serbes dans ce camp : un général, un colonel et un assez
grand nombre d'autres officiers qui se trouvaient dans un
camp à part. Le témoin est resté sept mois à Heinrichsgrün.
Après un certain temps, on a rassemblé tous les Macédoniens de la Nouvelle Serbie et on les a envoyés dans les
environs de Ml. Borislava, où ils ont travaillé aux champs
chez divers propriétaires. Ces propriétaires, outre la nourriture qui était meilleure que dans les camps, payaient
40 couronnes pour trois mois de travail. On les a renvoyés
au camp au mois de juillet 1916, puis tous les Macédoniens
ont été expédiés en Bulgarie. » — Georges Yovanovitch,
de Gostirazna, du 5ᵉ régiment serbe, versé comme prisonnier dans l'armée bulgare.

« Je suis né en 1889 à Bojidarevtzi, je suis de religion
orthodoxe, marié, père d'un enfant. Dans l'armée j'appar-
tenais à la 4ᵉ compagnie du second bataillon du 7ᵉ régiment
d'infanterie, premier ban. J'ai été fait prisonnier le
1ᵉʳ octobre 1915 à la crête de Stoubitza, d'où j'ai été conduit
à Semlin par Lazarevatz, Stepoievatz et Zabreje. Après
avoir passé une semaine à Semlin, j'ai été envoyé à Boldog-
aszony, où je suis resté en quarantaine pendant vingt-trois
jours, et de là j'ai été envoyé au front du Tyrol. J'ai
réussi à m'évader de Soulden et à passer la frontière suisse.
En Suisse, nous avons été très bien reçus et on nous a
envoyés à notre consul à Genève. » — Miloïe Jivanovitch,
agriculteur de Bojidarevtzi, du 7ᵉ régiment serbe. Évadé
des Autrichiens.

« Je suis né le 8 septembre 1890 à Belgrade, suis de religion orthodoxe, célibataire ; dans l'armée, j'étais dans le génie (mineurs). Pendant la retraite de 1915, je fus fait prisonnier par les Allemands près de Paratchine, à proximité d'un pont que je devais faire sauter. A Paratchine et dans les environs, les Allemands ont raflé un millier de personnes et nous ont tous conduits à Doubravitza, puis, en bateau, à Kovine. Les soldats allemands qui nous escortaient nous obligeaient à marcher très vite. Ils ont tué en route un malade qui ne pouvait pas suivre. De Paratchine à Kovine, nous n'avons reçu qu'une ration de soupe. De Kovine on nous a envoyés, par groupes de 500 à 1.000, à Heinrichsgrün, où nous avons reçu du linge et où on nous a vaccinés, car il y avait dans ce camp une épidémie et 5 à 6 hommes mouraient par jour. On nous y a traités de la pire façon. Par exemple, les malades qui ne pouvaient pas travailler étaient privés de nourriture. Ceux qui étaient épuisés et ne pouvaient travailler, étaient battus sans merci et beaucoup en sont morts. Il y avait à Heinrichsgrün de 10 à 12.000 Serbes internés. Vers la Noël, je fus envoyé avec un groupe de 1.000 prisonniers à Bozen. Un autre groupe de 500 prisonniers fut expédié à Mérane. A Bozen j'ai été employé pendant un an dans une forge, où l'on réparait les voitures et les traîneaux. Avec deux camarades j'ai saisi, le 9 août, une occasion pour m'enfuir et nous avons réussi à passer la frontière suisse à Münster. On nous a envoyés à notre consul à Genève. » — Krsta Simitch, électricien de Belgrade, soldat du génie serbe. Évadé des Autrichiens.

« Pendant la retraite de notre armée, j'ai été fait prisonnier avec une dizaine de mes camarades au col du Youchor, département de la Morava. Nous avons été conduits à Yagodina, puis à Saraortzi. Pendant les quatre jours que nous avons mis pour y arriver, nous n'avons rien reçu à manger et, comme beaucoup d'entre nous étaient exténués et étaient obligés de s'arrêter, les gardes les tuaient devant nous à coups de baïonnette et de lance. Nous allions toujours à pied, parce que les lignes de chemin de fer étaient détruites. Les paysannes, dans les villages, voulaient nous donner du pain, mais les gardes les en empêchaient et les battaient. Arrivés à Sméderévo, nous fûmes immédiatement embarqués sur des bateaux et transportés à Koviné. Là, il y avait déjà un millier de nos prisonniers qu'on a envoyés, par groupes, à Temichvar. De Temichvar je fus envoyé avec un groupe de 1.000 prisonniers à Heinrichsgrün, où nous avons été logés dans des baraques sordides et froides. Après une dizaine de jours, nous fûmes remplacés par d'autres prisonniers et on nous donna des baraques un peu meilleures. On nous traitait très brutalement et nous ne recevions jamais les aliments qu'on nous envoyait de chez nous. Je suis resté à Heinrichsgrün jusqu'au 3 janvier 1916. A cette époque j'ai été envoyé à Bozen avec 500 autres. Un grand nombre de nos soldats sont morts par suite des mauvais traitements qui leur ont été infligés. Tout le monde s'est conduit envers nous avec la plus grande brutalité et nous étions toujours parmi les troupes magyares. Depuis mon arrivée au front à Bozen, puis à Soulden, je n'ai pas cessé de chercher une occasion de m'évader. J'ai enfin réussi avec deux camarades à tromper la vigilance des gardes et à prendre la fuite. La troisième nuit nous avons pu passer la frontière suisse près de Münster, où nous avons été reçus très cordialement par les soldats suisses. » — Vitèze Bradilovitch, percepteur à Ganitza, sous-lieutenant de la seconde compagnie du 4e bataillon du 9e régiment d'infanterie serbe. Évadé d'Autriche.

« J'ai été fait prisonnier au village de Drajimirovtzi, près de Tchoupria, le 20 octobre 1915. Ce sont des dragons allemands qui nous ont escortés. Ils nous donnaient des coups de lance et ils ont tué ainsi deux d'entre nous dont je ne connais pas les noms. En général, ils étaient d'une brutalité inouïe envers nous. Ils ne nous donnaient pas de nourriture et jusqu'à Koviné, où nous sommes arrivés le sixième jour, nous ne recevions qu'un quart de pain. Les gardes empêchaient même les femmes de nous donner du pain. De Koviné on nous envoya à Temichvar puis, quinze jours après, à Heinrichsgrün, où nous sommes restés pendant deux mois et où les soldats mouraient en masse d'inanition. En outre, on nous maltraitait de la pire façon. De Heinrichsgrün, je fus envoyé à Bozen, où je restai quinze

mois. La nourriture que nous recevions était de nouveau
fort mauvaise, et beaucoup de nos soldats sont morts de
faim et de maladies. Enfin, on m'envoya à Soulden......
Nous y étions aussi terriblement maltraités, et trois d'entre
nous ont été tués par les Autrichiens parce qu'ils étaient
épuisés et ne pouvaient plus travailler. Les Autrichiens ne
laissent jamais plus d'une cinquantaine de nos soldats
ensemble, de peur d'une révolte. Beaucoup de prisonniers
se sont enfuis dans les forêts ou se cachent dans les villages. Le 2 août j'ai saisi une occasion de prendre la fuite,
et le 5 août j'étais en Suisse. » — Jssailo Milosavlievitch,
de Boutchié, 23 ans, du 12ᵉ régiment d'infanterie serbe.
Évadé des Autrichiens.

« J'ai été fait prisonnier par les Allemands le 20 octobre
1915 aux environs de Bagrdane avec une quarantaine de
camarades. On nous dirigea tout de suite vers Sméderévo
et, en route, notre escorte ramassa tous les civils qui furent
rencontrés de sorte que, en arrivant à Sméderévo, nous
étions près de 700. De cette ville on nous envoya à Pan-
tchevo, puis à Heinrichsgrün, où je suis resté pendant
neuf mois. Là, on nous employa aux travaux les plus durs
en nous donnant une nourriture plus qu'insuffisante. » —
Alexandre Jivanovitch, 24 ans, de Milóchevatz, du 8ᵉ régiment d'infanterie serbe. Évadé des Autrichiens.

« Fait prisonnier à Liouche, les Austro-Hongrois m'ont
transporté d'abord à Mitrovitza, ensuite à Belgrade et de
là à la frontière italienne, où je suis resté pendant huit mois.
Au cours du transport, les Autrichiens ne nous donnaient
que très peu à manger et empêchaient, en les battant, les
paysans de nous ravitailler. A la frontière italienne, j'ai
passé à Bozen, et de là on nous a amenés près des positions
de Cevedale. Nous devions alors transporter les obus et
réparer les routes. Nous étions un millier de prisonniers
serbes. Beaucoup des nôtres sont morts du typhus et d'épuisement. Trois jeunes Macédoniens de mon groupe sont
morts d'épuisement : Traïko Petrovitch, Yovan Trpkovitch
et Todor Yovanovitch. Nous recevions par jour un quart
de pain, un peu de café et quelques pommes de terre. Cette
nourriture était absolument insuffisante. Des prisonniers

ont essayé de s'enfuir. Les Macédoniens ne voulaient pas
le faire, car on avait promis de les libérer. Pour la moindre
des choses, les Autrichiens nous donnaient 25 coups de
bâton ou de lanières sur les fesses. Je suis resté huit mois
sur les positions. De là on a amené les Macédoniens à
Achak en Hongrie, et ensuite on nous a envoyés à Nich
chez les Bulgares. Nous étions près de 300. A Sliven (Bulgarie), il y a aussi un camp de prisonniers avec des officiers
serbes, russes, français, anglais et roumains. Ils sont très
maltraités. J'y ai vu un soldat bulgare battre un colonel
serbe sans aucune raison. La mortalité est très grande dans
ce camp. Chaque soir cinq ou six hommes essaient de
s'enfuir. Ils ne reçoivent que du pain et, deux fois par
semaine, une soupe d'orge. » — Bojidar Mladenovitch,
de Skoplié, 24 ans, ancien soldat serbe et déserteur du
11° régiment bulgare.

« La situation des officiers et soldats serbes en Bulgarie
est très misérable. Dans le camp des prisonniers à Sliven,
il y a quelques officiers serbes qui sont fort maltraités. Le
témoin a vu qu'un gardien bulgare a frappé un colonel
serbe en disant que « pour lui le gardien était dieu ». Il l'a
frappé si fort que, dès les premiers coups, le colonel est
tombé par terre. Il a entendu dire qu'un commandant
serbe, qui avait été fait prisonnier par les Bulgares sur le
front de Bitolj, s'était enfui du camp de Sliven. Il ne sait
pas s'il a réussi dans son évasion. Le témoin estime que la
commission qui a visité les camps de prisonniers, n'a pas
dû visiter celui de Sliven. » — *Même témoin que le précédent*, second interrogatoire.

« Le témoin fut pris près de Radomir, battu et remis au
commandant d'étapes de Radomir. Il fut fait prisonnier par
des Albanais. Quand il eut dit à ceux-ci qu'il était Macédonien, on le traita un peu plus humainement. A
Boukousse, les Albanais le remirent avec ses camarades
aux Bulgares qui les amenèrent à Strouga chez le commandant du 23e régiment bulgare. Après avoir dit de nouveau
qu'il était de Tétovo, il fut mis à part et autorisé ensuite
à se rendre à Tétovo... De Tétovo le témoin a été envoyé à
Krouchevo, où il a fait les travaux les plus durs avec les

autres prisonniers. » — Douchan Manoylovitch, de Chti-
piña, 31 ans, en dernier lieu gendarme serbe du détachement de Tétovo. Évadé des Bulgares.

« Né en Vieille-Serbie, j'avais fait mon service au
24e régiment de Kossovo. Au moment de la déclaration de
la guerre par l'Autriche, je pris part aux combats du Tzer,
de la Drina et de Belgrade, où je fus blessé. Lorsque les
Bulgares nous attaquèrent, notre régiment opérait du côté
de Tzaribrod tout en maintenant la liaison avec la division
du Timok sur la ligne ferrée de Pirot-Tzaribrod. Pendant
les combats de Guiljané, je fus capturé avec 800 autres de
mes camarades. Nous fûmes conduits sous une escorte
composée d'Albanais, à Prechevo et de là à Koumanovo,
Kriva Palanka, Giuchevo et Kustendil. Le sang se glace
dans mes veines quand je pense seulement aux scènes de
brutalité et de sauvagerie auxquelles nous assistions constamment dans ces jours sombres où se jouait le sort de
notre patrie. Nos conducteurs, des Albanais, nous faisaient
subir toute sorte de tortures en nous assommant à coups
de crosse de fusil ou en tirant dans le tas pour le seul
plaisir de voir couler le sang humain. Les Bulgares et les
Albanais exécutèrent sur un monticule qui se trouve tout
près de Guilané, 80 prisonniers de l'ancienne Serbie. » —
Andjelko Dj. Tzvetkovitch, de Draitchika, du 24º régiment serbe, déserteur du 45e régiment d'infanterie bulgare.

« La nourriture des prisonniers est très mauvaise. Nous
recevions trois fois par semaine du thé sans sucre et
600 gr. de pain de maïs. Il y a un mois pendant lequel
soldats et prisonniers ne reçoivent pas de viande, mais
seulement une soupe aux légumes ou aux haricots. Tous les
vivres sont accaparés par les Allemands. » — Cinq soldats
russes évadés des Bulgares.

« Une partie de l'hôpital de Veliko Trnovo (Bulgarie)
était réservée aux prisonniers serbes et aux condamnés
bulgares. Près de Trnovo se trouvait un camp de prisonniers, où il y avait 50 à 60 officiers serbes et des soldats,
mais je ne sais pas le nombre de ces derniers. Il y avait
également des officiers russes et roumains. Les officiers

sont très mal nourris. On ne leur donne que du pain et des haricots cuits à l'eau avec une infime quantité de graisse. On ne leur donne de la viande que très rarement et 500 gr. de pain et même moins selon la quantité de farine dont on dispose. Le pain est noir avec 20 à 25 0/0 de maïs, souvent il contient simplement du maïs. Ils vivent dans des espèces de maisonnettes spécialement construites pour eux, maisonnettes qui sont plutôt des terriers de 1, 50 à 1, 80 mètres de haut. Elles sont très humides et pleines d'eau dès qu'il pleut ou qu'il tombe de la neige. C'est pourquoi la plupart des officiers sont malades et souffrent de rhumatismes. En dehors de la nourriture, les officiers reçoivent 72 lèves par mois, quel que soit leur grade. Ils portent leurs vieux uniformes serbes, qui sont très délabrés. Parfois on leur permet d'aller faire des emplettes en ville et c'est ainsi qu'ils peuvent se procurer de menus objets. Lorsque les officiers sont admis à l'hôpital, ils paient et on leur prend ainsi toute leur solde. Ils demandent souvent à entrer à l'hôpital, mais les Bulgares ne les y admettent pas volontiers. J'ai fait tout ce que j'ai pû pour les y retenir le plus longtemps possible parce qu'ils étaient vraiment malades. J'ai ainsi retenu le capitaine d'infanterie Atanaskovitch et un sous-lieutenant tout près de quatre mois comme rhumatisants. Il y a eu un cas qui montre bien les dispositions des médecins bulgares envers les officiers serbes. Le sous-lieutenant qui était à l'hôpital avec le capitaine Atanaskovitch, avait demandé à aller chez un dentiste pour se faire soigner les dents. On l'a envoyé chez un dentiste dont je ne sais plus le nom, et il y est allé avec sa cocarde d'officier sur la casquette. Le dentiste lui demanda d'enlever cette cocarde, prétendant que la Serbie n'existait plus. L'officier ayant refusé de le faire, le Bulgare le gifla et ordonna ensuite aux soldats de l'escorte de le conduire, à la nuit tombante, au camp des prisonniers en leur indiquant les rues et les carrefours par où ils devaient passer. Lorsque les soldats eurent amené l'officier à l'endroit indiqué, le dentiste, qui y était venu avec un officier bulgare, attaqua par derrière le lieutenant serbe et lui donna un coup de couteau sous l'omoplate droite et cela avec tant de force que la lame pénétra jusqu'au poumon. Il s'est enfui ensuite. Les soldats de l'escorte s'étonnèrent de voir un de leurs officiers attaquer aussi lâchement un homme désarmé et en informèrent le commandant après avoir amené le blessé à l'hôpital. Le sous-lieutenant guérit, mais le commandant n'a jamais rien fait contre l'agresseur.... Le Dr Jéridas, un Grec, médecin de régiment, m'a dit que le lieutenant Panteff, qui remplaçait à Svilainatz le commandant de la place, le major Nikolaieff, avait rencontré 24 soldats serbes près de cette ville, soldats qui n'avaient pas été au commandement de la place. Il a amené ces soldats dans un verger et les y a tous tués lui-même à coups de crosse de fusil. Le Dr Jéridas a assisté à la scène. » — DR. A. ATHANASIADÈS, Grec, médecin de l'arrondissement de Gratchanitza.

« Les prisonniers russes sont assez bien traités par les Bulgares car, parmi ces derniers, il y a encore des hommes qui sympathisent avec les Russes. Parfois les Bulgares ont fait transférer chez eux et pour qu'ils soient mieux traités les prisonniers russes gardés chez les Allemands. Les prisonniers roumains sont traités d'une façon abominable. Les Bulgares les haïssent terriblement, les emploient toujours aux travaux les plus durs, ne les nourrissent presque pas et ne leur donnent pas de vêtements. Les Roumains prisonniers en Bulgarie, ne ressemblent plus à des êtres humains! » — GEORGE TODOROVITCH, infirmier serbe, enrôlé dans l'armée bulgare d'où il a déserté.

Voici maintenant l'extrait d'un rapport sur l'état des prisonniers de guerre et internés serbes en Autriche-Hongrie, rapport fait par un homme dont je ne puis pas divulguer le nom en temps de guerre. Ce rapport provient du Ministère de la Guerre serbe et y est enregistré sous le N° 6893.

« Il n'y a pas de camp en Autriche qui ne compte de 3 à 5.000 morts jusqu'à présent. Tous les survivants, s'ils ne sont pas sauvés de la faim, ne pourront pas passer l'hiver, excepté ceux qui ont la chance d'être employés aux travaux agricoles, surtout ceux qui sont placés auprès de la population slave. Les autres sont condamnés à mourir l'hiver prochain, car en dehors de la faim, il faut encore compter avec le froid dans les baraques, qui ne sont pas chauffées du tout ou seulement pour la forme.

« Les registres des morts laissent beaucoup à désirer, surtout ceux établis pendant la première année de la guerre. A l'hôpital de Yaïtzé, en Bosnie, est mort un malade qui fut enregistré comme « inconnu ». Il y a aussi des cas où des vivants furent inscrits comme morts et vice-versa. Cet état de choses existait encore en juin 1916.

« Il faut voir les malheureux internés et prisonniers qui traînent, sans distinction de profession, des vagonnets dans les camps et exécutent les travaux les plus durs avec une nourriture ne représentant, en général, qu'une moyenne de 700 calories au maximum. Ils sont épuisés comme des momies. Tout ce qui leur est envoyé par leurs parents, etc., comme pain, chocolat, lard, etc., est pour une moitié volé par les distributeurs.

« L'hôpital à Doboi et, surtout, les locaux où se trouvent les malades serbes, sont très malsains. Les meilleures chambres sont occupées par les malades austro-hongrois et leurs médecins. Les douches, qu'on donne deux fois par semaine aux malades serbes, sont presque froides, ce qui a une mauvaise influence sur l'état des malades affamés et épuisés. Les cheveux de chaque malade qui entre à l'hôpital sont complètement coupés et ils sont rasés autour des organes sexuels. Très fréquemment les malades meurent à cause de cette longue opération.

« On tenait si peu compte des malades serbes qu'on ne voulait pas se donner la peine d'identifier leurs cadavres et on les enterrait par 15 à 20 à la fois. Le diagnostic du décès était la plupart du temps : mort par épuisement et inanition. Les médecins austro-hongrois sont très négligents des formalités et très sévères envers l'élément serbe. On ne tient aucun compte ni du grade ni de l'âge des prison-niers et des internés. La nourriture que donnaient les Austro-Hongrois aux malades serbes était, au point de vue de la qualité et de la quantité, bien inférieure à celle qu'avaient leurs malades. S'il y avait quelques-uns de leurs malades dans la même baraque que les soldats serbes, c'était seulement pour espionner ces derniers.

« La peine qu'on infligeait ordinairement aux malades serbes qui essayaient de s'évader, était la « pendaison à un arbre ou à une colonne. » Cette peine consistait en ceci : on liait avec une corde les bras et les jambes du patient et on le hissait à une hauteur atteignant 15 à 20 mètres. On le laissait ainsi pendant une à deux heures. Les douleurs du malheureux étaient terribles et il y a eu des cas où les hommes succombèrent après avoir subi cette peine. Parfois leurs doigts se grangrenaient. Ce supplice était appliqué dans tous les camps où il y avait des Serbes. Après chaque application de cette peine, on faisait savoir qu'on fusillerait tous ceux qui s'enfuiraient à plus de 4 km. du camp.........

« Les vaccinations contre les maladies infectieuses commencèrent à être appliquées seulement lorsque les épidémies eurent cessé et lorsque des milliers de malades serbes furent décédés.....

« L'hôpital auxiliaire « Yaïtzé » porte le nom de la ville de Yaïtzé en Bosnie où il se recrute et d'où, au besoin, il est dirigé ailleurs. Il est arrivé trop tard à Doboi, lorsque des milliers de malades étaient déjà morts, mais je crois que cela a été fait exprès. Les baraques ont été dressées très lentement. Les malades couchaient sur des lits qui paraissent avoir été raflés en Serbie. La nourriture de cet hôpital était pire encore que dans les autres. Beaucoup de médicaments manquaient. Cet hôpital a cessé de fonctionner au mois de septembre 1916 et est retourné à Sarajévo.

« Le camp de Heinrichsgrün en Bohême est installé à peu près de la même façon que celui de Sopronszek en Hongrie (assez bien aménagé et pouvant recevoir 30.000 prisonniers), seulement la nourriture y est bien pire tant pour la quantité que pour la qualité et ne représente pas plus de 700 à 750 calories par jour. La misère des Serbes est la même qu'à Doboi. Cinq médecins serbes, qui se trouvaient dans ce camp, ont remis personnellement un mémorandum à l'attaché militaire de l'ambassade d'Espagne à Vienne, mémorandum exposant l'état des prisonniers de guerre serbes. Ces médecins ont tout essayé pour amé-

liorer le sort de ces malheureux Serbes. Jusqu'à l'arrivée de
l'attaché militaire espagnol et contrairement à la Convention de Genève, ces médecins ont été eux-mêmes traités
comme « personnel sanitaire prisonnier ». Ce n'est qu'après
cette visite qu'on leur a donné le titre d' « internés » sans
pour cela changer leur traitement. Avant l'arrivée de l'attaché, les médecins recevaient la nourriture qu'on donnait
au camp aux officiers. Mais elle était tellement mauvaise
qu'elle a provoqué des maladies intestinales. Ce n'est que
quand ils étaient malades qu'on donnait aux médecins la
nourriture de l'hôpital à laquelle ils avaient droit, puisqu'ils travaillaient à l'hôpital même. Les tuberculeux
étaient installés dans des baraques glaciales.

« Beaucoup d'officiers serbes sont morts de faim avant
que les paquets de la Croix-Rouge aient commencé
d'arriver. Les baraques où ils étaient logés ne correspon-
daient nullement aux règlements internationaux pour la
garde des officiers prisonniers. Elles étaient sombres avec
des couloirs étroits.

« Les médecins serbes ne furent d'abord pas admis à
soigner leurs malades. Ce n'est qu'après une plainte auprès
de l'attaché militaire d'Espagne qu'ils ont pu les soigner
au groupe C. Il y avait toujours au moins 1.000 prisonniers épuisés et tuberculeux. De vraies momies ! Si un
neutre procédait à un examen médical sérieux, il consta-
terait pour 70 0/0 au moins une incapacité absolue de
servir dans l'armée; mais les médecins austro-hongrois sont
bien trop négligents et superficiels pour faire de telles
constatations !

« L'état des prisonniers serbes ne peut pas être décrit par
des mots. Il faut les voir ! Le groupe C recevait soi-disant
une nourriture de malades, mais, en réalité, elle était
presque la même que celle du camp. On force les malades
à accomplir de petits travaux.

« Lorsqu'un prisonnier est déclaré invalide, il est dirigé
sur Mauthausen, où se trouve un grand camp italien. Tous
les officiers et soldats serbes invalides y sont envoyés.
Une commission les y examine encore une fois avant de
les expédier en Suisse. Seulement, avant d'arriver dans ce

pays, beaucoup meurent en route. Les officiers et soldats italiens sont bien nourris grâce à leurs propres moyens. Le camp des officiers serbes est abominable. »

J'ai interrogé un certain nombre de prisonniers bulgares sur ce qu'ils savaient du traitement dans leur pays des prisonniers serbes et alliés. La plupart du temps, ces gens se contentaient prudemment de répondre qu'ils ont vu des prisonniers en Bulgarie, que ceux-ci sont employés dans les fabriques, aux chemins de fer, chez des particuliers, etc., mais ils ne donnent aucun détail sur leur vie en captivité. Peut-être ces prisonniers sont-ils parfaitement sincères. En effet, il est bien possible qu'ils ne connaissent réellement rien de plus que la présence, dans leur pays, de prisonniers étrangers.

Cependant, quelques-uns des Bulgares interrogés étaient plus communicatifs. Ainsi le témoin n° 96, du 48ᵉ régiment d'infanterie bulgare, dit : « Les prisonniers serbes travaillent dans les fabriques et aux champs. Une grande fabrique à Sofia, où des Serbes ont été occupés, a été incendiée et on a accusé les Serbes d'y avoir mis le feu par des bombes. Ensuite on a évacué tous les Serbes de Sofia. »

N° 97, 22 ans, du 2ᵉ régiment d'infanterie : « Le témoin a vu des prisonniers serbes à son régiment. Ils étaient employés aux travaux des routes. Ils portaient des uniformes serbes qui n'étaient pas trop déchirés. »

N° 98, 18 ans, du 2ᵉ régiment d'infanterie : « Le témoin a vu beaucoup de prisonniers serbes en Bulgarie. On les emploie aux routes, dans les fabriques, etc. Il a vu aussi beaucoup de prisonniers français et anglais. Les Français et les Anglais sont employés aux métiers qu'ils connaissent. Les officiers, accompagnés par des soldats, peuvent circuler dans les villes. »

N° 99, 22 ans, du 3ᵉ régiment d'infanterie : « Le témoin a vu un peu partout des prisonniers serbes. Ils sont surtout employés dans les gares de chemins de fer. Ils sont habillés de leurs effets. »

N° 100, 25 ans, caporal au 3ᵉ régiment d'infanterie : « Le témoin a vu des prisonniers serbes dans les gares. Il sait qu'on les maltraite à l'arrière. Ce sont surtout les officiers allemands et bulgares qui agissent ainsi. Les prisonniers russes sont aussi maltraités que les autres. On les force à travailler beaucoup. En général, les officiers se comportent très mal avec les prisonniers et des Serbes se sont plaints à lui, tout spécialement des officiers allemands. »

N⁰ 101, 20 ans, du 21ᵉ régiment d'infanterie : « En Bulgarie le témoin a vu des prisonniers serbes qui sont employés à toutes sortes de travaux. En général ils sont mal habillés et, lorsque leurs habits tombent en loques, on leur donne de vieux uniformes bulgares. Le témoin sait qu'on maltraite les prisonniers roumains. »

Il faut rappeler également à cette place ce que dit la circulaire du Ministère de la guerre bulgare à propos des prisonniers serbes :

« L'ordre télégraphique a été donné de signifier à tous les prisonniers serbes, aux civils internés et aux recrues de la région de la Morava que tous ceux qui s'enfuiraient seraient fusillés, leurs demeures incendiées, leurs propriétés confisquées et leurs familles envoyées dans la région de Krdjali. Les camarades de ceux qui s'enfuiraient seront également punis, s'ils n'ont pas informé à temps les autorités de l'évasion projetée. Le Ministère de la Guerre a aussi l'intention de transférer tous les Serbes, prisonniers et autres, de la sixième et première région divisionnaires dans la troisième et quatrième en les remplaçant, dans la mesure du possible, par des Russes et des Roumains. En outre, on a ordonné que la population civile bulgare, le long de l'ancienne frontière serbo-bulgare, soit armée, ainsi que la population civile de l'intérieur, partout où il y a des prisonniers, de même que près des routes où auraient lieu des évasions. »

Il ressort donc nettement de tous ces témoignages tant serbes que bulgares, que les prisonniers serbes endurent un véritable martyre et que les ennemis de l'Entente n'observent nullement les conventions de la Croix-Rouge et celles de la Haye qu'ils ont pourtant signées. Les Austro-Hongrois sont tout aussi féroces que les Bulgares. En effet, par exemple, on ne peut pas lire sans indignation la description de la punition de la « pendaison à un arbre ou à une colonne », imaginée par les militaires de la Double Monarchie pour châtier les pauvres malades serbes qui tentaient de s'échapper de ces enfers que les Centraux ont baptisé « camps de prisonniers de guerre ».

Les conditions hygiéniques des prisonniers sont plus que déplorables, le rapport cité plus haut, fait par un homme compétent et tout à fait véridique, en fait foi. En le lisant, l'idée vient à tout esprit impartial que les Austro-Hongrois ne visent qu'à un résultat : exterminer autant de Serbes que possible ! Et après tout ce que m'a enseigné mon enquête, menée d'une façon aussi sérieuse que possible, cela paraît bien être le but poursuivi par les Austro-Hongrois et les Bulgares. Pour eux chaque homme, chaque femme, chaque enfant « crevés » dans les camps de prisonniers ou d'internés constitue un gain. C'est une résistance de moins ! De plus, pour les Bulgares ce profit se traduit encore par des espèces sonnantes. Les biens de l'infortuné ou de l'infortunée sont confisqués par l'État ! Il n'est pas besoin de souligner ce qu'il y a là d'effrayant et de honteux pour toute l'humanité. Chaque homme droit et qui a encore tant soit peu le sentiment de la justice sent, à la lecture de ces dépositions, le rouge de la honte lui monter à la figure. Ce n'est pas seulement un peuple martyr qui est traîné dans la boue, c'est toute l'humanité qui est offensée dans ce qu'elle a de plus sacré ! Inutile de commenter les dépositions que je viens de citer. Elles parlent toutes seules et elles crient non pas vengeance, mais justice !

Et comment les Serbes, ces éternelles victimes, ripostent-ils aux forfaits de leurs adversaires ? Je ferai répondre à cette question par les prisonniers bulgares et allemands eux-mêmes. Et cette fois je publierai leur nom car, en disant la vérité, ils n'ont desservi en quoi que ce soit leur pays et personne ne pourra les en punir. Il est possible que, par des manœuvres habiles et par une pression intéressée, on arrive plus tard à faire démentir à ces hommes les paroles sincères qu'ils m'ont dites. Je m'attends à cette manœuvre, ayant fait, au cours de cette guerre, l'expérience de toutes les trahisons et de toutes les lâchetés de la part de ceux qui sont les adversaires des Serbes et des alliés de l'Entente ; mais je rappellerai d'avance à mes témoins que leurs noms figurent sous leurs dépositions, signatures apposées librement, sans contrainte, par eux-mêmes. En contestant leurs dépositions, ils ne feraient que se couvrir de honte !

« Les soldats serbes auxquels nous nous sommes rendus, nous ont très bien traités. Pas d'injures ; au contraire, on nous a donné des cigarettes. Les soldats nous ont salués. » — DIMITRI PAVLOFF, aspirant-officier au 43ᵉ régiment d'infanterie, 11ᵉ compagnie, 2ᵉ section.

« Les Serbes m'ont très bien traité. » — YANKO RATCHKOFF, de Plovdive, du 43ᵉ régiment d'infanterie.

« J'ai été très bien traité, comme un frère. » — YVAN DIMITRI BAGRADIEFF, sergent-major de réserve au 43ᵉ régiment, 11ᵉ compagnie.

« J'ai été très bien traité par les Serbes. » — Capitaine SAVA STOYANOFF, de Vidine, du 40ᵉ régiment d'infanterie.

« J'ai été bien traité par les soldats serbes. On m'a donné des cigarettes... » — ANDRÉ GEORGE YVANOFF, de Plovdive, du 28ᵉ régiment.

« J'ai été très bien traité par les Serbes. Près du village de Krouchograde, ils m'ont donné du pain et du tabac. » – TODOR DIMITROFF GOUGELOFF, du village de Draguitchevo, sergent-major au 56ᵉ régiment d'infanterie.

« J'ai été bien traité par les Serbes. » — ALOIS SCHNEIDER, sous-officier au 42ᵉ régiment d'infanterie prussienne.

« J'ai été bien reçu par les Serbes. » — ALFRED CAVIER, de Hambourg, du 42ᵉ régiment prussien.

« J'ai été cordialement reçu par les Serbes. » — EMIL REINICH, de Yarochau (Posnanie), du 42ᵉ régiment prussien.

« Je suis très bien traité par les Serbes. » — MICHEL GRSTGOVIAK, de Tchechkovitza, du 42ᵉ régiment prussien.

« J'ai été bien traité par les Serbes. » — MARTIN SCHULZ, de Posen, du 42ᵉ régiment prussien.

— 284 —

« J'ai été bien traité par les Serbes et j'ai été fort étonné de me voir traiter de cette façon. » — Fritz Valentin, du 42ᵉ régiment d'infanterie prussienne.

« J'ai été très bien traité par les Serbes. J'en étais fort étonné car, en Allemagne, on nous a dit que les Serbes maltraitaient leurs prisonniers. » — Joseph Utecht, du 42ᵉ régiment prussien.

« Je me suis rendu aux comordjis (soldats du train) et j'ai été bien traité. » — Marko Athanasoff, du 12ᵉ régiment d'infanterie bulgare.

« Je suis très bien chez les Serbes. » — Valvio Gotcheff, d'Opan, du 12ᵉ régiment bulgare.

« J'ai été très bien traité par les Serbes. » — Gotche Koinoff, de Ketchig, du 12ᵉ régiment bulgare.

« Depuis que je suis prisonnier, personne ne m'a fait de mal. » — Koseff Dinou Yoneff, de Beukoski, du 12ᵉ régiment bulgare.

« Je me suis rendu aux Français qui m'ont envoyé aux Serbes. Ceux-ci m'ont très bien traité. » — Petar Dieneff, du 12ᵉ régiment bulgare.

« Depuis ma capture, personne ne m'a fait de mal. » — Kosta Stoikoff, de Lebenoff, du 12ᵉ régiment bulgare.

« Je suis très content depuis que je suis prisonnier. Personne ne m'a menacé et personne ne m'a battu. » — Debreff Stefan Yeleff, du 56ᵉ régiment bulgare.

« Je n'ai pas à me plaindre de ce qui se passe ici, mais je me plains de mes chefs bulgares qui ne m'ont pas permis de soigner ma blessure. Mon chef de compagnie, le lieutenant Georgi Mitreff, s'est blessé lui-même pour éviter de se battre. » — Andjel Todoroff Bossil, de Tchanaktchieff, du 43ᵉ régiment bulgare.

« Je n'ai à me plaindre de rien. Je reçois tout ce qu'il me faut. » — Yovan Zanoff, de Ragosen, du 27ᵉ régiment bulgare.

« Je suis bien traité et j'ai été amicalement reçu par les soldats serbes. » — Yovan Dimitroff, du 26ᵉ régiment bulgare.

« Je n'ai à me plaindre de rien. Je suis venu ici nu et on m'a tout donné. Personne ne m'insulte. Lorsque je suis arrivé, je n'avais pas mangé depuis trois jours. Les soldats serbes m'ont reçu en ami et m'ont donné immédiatement à manger. » — KOSTA GELESKOFF, du 24ᵉ régiment bulgare.

« J'ai été bien traité par les Serbes. » — THÉODORE LASKIARIDÈS, d'Angialos, du 11ᵉ régiment bulgare.

« J'ai été fort bien traité chez les Serbes. Nous sommes bien mieux ici que là-bas. Nous ne nous attendions pas à cela. » — BORIS GANTCHEFF, du 23ᵉ régiment bulgare.

« Je suis très content du traitement chez les Serbes. » — GUSTAVE PTAK, du 42ᵉ régiment prussien (mitrailleur).

« Depuis ma capture j'ai été très bien traité et j'affirme que tous mes hommes ont été traités de même. » — ERDMANN, lieutenant au 9ᵉ bataillon des chasseurs de Magdebourg.

« J'ai été très bien traité par les Serbes et je suis surpris qu'on nous traite si bien. » — STEFAN VOUKOFF, sous-lieutenant au 40ᵉ régiment bulgare.

Je pourrais continuer à citer des dépositions semblables. J'en ai encore beaucoup dans mon dossier. C'est toujours la même réponse : « J'ai été bien traité par les Serbes, » et quelques-uns ajoutent encore : « Nous ne nous attendions pas à être traités de cette façon. » En effet, comme je l'ai déjà fait ressortir dans mon rapport concernant les atrocités austro-hongroises en Serbie en 1914, les Centraux, par la parole et les journaux, se sont toujours efforcés de présenter, aux leurs et au public en général, les Serbes comme de sauvages barbares commettant toutes les cruautés possibles. L'effet de ces calomnies, effet sûrement voulu, a été atteint : Les gens simples, se croyant en face d'êtres n'ayant rien d'humain, ont cru devoir se défendre contre eux et ont massacré, d'abord peut-être par peur, par une sorte de folie sadique ensuite, des milliers de personnes inoffensives, des vieillards, des femmes et des enfants. Combien ces soldats allemands et, même, [bulgares ont-ils dû être étonnés de trouver dans les Serbes tant décriés des hommes doux, pleins de pitié et qui ne voient dans le prisonnier qu'un malheureux qui a laissé, comme eux-mêmes, femme et enfants dans sa petite maisonnette du village !

Austro-Hongrois, Bulgares et Allemands rivalisent de zèle pour abaisser les nations qui ne veulent pas se courber sous leur joug. Et malgré tout cela le Serbe garde son sentiment de solidarité humaine. Qu'il me soit permis de clôturer ce chapitre par un petit épisode vécu dans les montagnes du Tchuka au cours des batailles de l'automne 1916.

On amène des prisonniers allemands dont beaucoup étaient très jeunes, 18 à 20 ans. Les soldats serbes leur parlent gentiment et leur distribuent du pain et des cigarettes pris sur leurs provisions individuelles. Quelqu'un passe et s'étonne de leur sollicitude pour des gens qui leur ont fait tant de mal. « Que voulez-vous », répond un des soldats-paysans exilés, « ce sont des enfants qui ne sont pas responsables de cette guerre. Et puis, » ajoute-t-il, « ils ont des mères qui s'inquiètent et se lamentent pour eux. » Que ces simples, mais sublimes paroles puissent arriver aux oreilles de ceux qui ont juré la perte du brave peuple serbe !

XXII

TRAVAUX DES PRISONNIERS DÉFENDUS PAR LES LOIS DE LA GUERRE

L'article 23 de la Convention de la Haye stipule expressément : « Il est également interdit à un belligérant de forcer les nationaux de la partie adverse à prendre part aux opérations de guerre dirigées contre leur pays. »

Au cours de ce présent travail, j'ai démontré déjà à maintes reprises que les Centraux et leurs alliés méprisaient cette injonction de la conscience humaine et obligeaient couramment non seulement les prisonniers de guerre, mais aussi les civils, sujets de leurs adversaires, des contrées occupées, à prendre part au combat contre les leurs en leur faisant exécuter des travaux d'intérêt militaire. Ainsi nous avons vu que des femmes ont dû travailler en Macédoine pour les Bulgaro-Allemands dans la zone même exposée au feu de l'artillerie ennemie.

Dans ce chapitre je citerai un certain nombre de témoignages établissant d'une manière absolue l'habitude qu'ont les Austro-Hongrois de faire travailler leurs prisonniers de guerre aux ouvrages militaires, travaux défendus par les Conventions qu'ils ont signées.

« Pendant mon voyage à Vienne j'ai remarqué qu'à gauche de la ligne de chemin de fer, entre Karlovtzi et Novi Sad, les Autrichiens étaient en train de construire un ouvrage de fortification. L'ouvrage est placé à une cinquantaine de mètres de la ligne, exactement à l'endroit où, après un assez long trajet en plaine, on arrive devant une petite colline boisée. J'ai bien vu que l'ouvrage était cons-

truit par des prisonniers russes. » — Dr A. Athanasiadès,
Grec, médecin de l'arrondissement de Gratchanitza.

« De Boldogassony, je fus envoyé au front du Tyrol. Là,
j'ai été employé avec d'autres prisonniers au transport des
munitions et des charpentes pour les baraquements. Je
suis resté pendant 11 mois dans les localités du front qui
s'appellent Tovdimalai, Civedale, Cerninevine, Lange-
Lang. J'ai été transféré ensuite à Bozen, puis à la position
de Soulden. J'y fus employé au transport des munitions
d'infanterie et d'artillerie, aux installations électriques et
à l'aménagement des baraques. » — Miloie Jivanovitch,
agriculteur de Bojidarevtzi, 29 ans, du 7ᵉ régiment serbe.
Evadé d'Autriche.

« Je suis resté à Bozen pendant un an, puis je fus
envoyé aux positions de Soulden. Sur les positions, nous
étions obligés de transporter les fils de fer barbelés, les
canons et tout le reste du matériel et les munitions.
Nous travaillions dans la zone de feu de l'artillerie italienne. Un très grand nombre de nos prisonniers ont été
tués par les obus italiens. » — Kosta Simitch, électricien
de Belgrade, 28 ans, soldat du génie serbe. Evadé d'Autriche.

« A ce moment, j'ai été envoyé à Bozen avec 500 camarades et ensuite à Soulden, où on nous a employés à tous
les travaux les plus difficiles. Un grand nombre de nos
soldats ont été occupés à creuser des tranchées, à déplacer
des canons et à transporter les munitions sur les positions.
Tout cela se faisait dans la zone de feu et beaucoup de nos
soldats y ont été tués. » — Vitèze Bradilovitch, percepteur à Ganitza, sous-lieutenant au 9ᵉ régiment d'infanterie
serbe. Evadé d'Autriche.

« Enfin on m'envoya au village de Soulden au point de
l'intersection des frontières italo-austro-suisses. Là, les
Autrichiens nous ont employés tout simplement comme
leurs soldats. Ils nous obligeaient à transporter les munitions aux positions, de même que le bois, les vivres et
d'autres matériaux. Chacun de nos soldats, nous étions au
nombre de 100, devait porter un obus de 45 kilos. Nous

travaillions aussi aux tranchées. Beaucoup de nos soldats
ont été tués par l'artillerie italienne. Des officiers autrichiens, parlant entre eux, ont dit qu'il y avait plus de
500 Serbes et plus de 1.000 Russes qui avaient ainsi péri
dans cette partie des positions austro-hongroises. J'ai moi-
même vu un très grand nombre de nos soldats et de
Russes, qui avaient été blessés. » — Issaïlo Milosavlievitch, de Boutchié, 23 ans, du 12ᵉ régiment d'infanterie
serbe. Evadé d'Autriche.

« Avec 40 autres de nos soldats, je fus dirigé de Bozen à
Monte Celo sur le front italien. J'y suis resté plus d'un
an et c'est là que j'ai réussi à m'évader. Nous étions
employés à tous les travaux. Nous creusions des tunnels,
transportions les canons et les munitions sur les positions, etc. L'effet de l'artillerie italienne était très puissant,
mais, comme il y avait un grand nombre de prisonniers
serbes et russes sur ces positions, nous en souffrions autant
que les Autrichiens. 12 Russes ont même été tués par des
balles. » — Alexandre Yovanovitch, 24 ans, de Milochevatz, du 8ᵉ régiment d'infanterie serbe. Evadé d'Autriche.

Les témoignages cités confirment d'une manière qui ne
laisse aucun doute, que les Austro-Hongrois ont utilisé
leurs prisonniers de guerre pour exécuter des travaux
militaires en relation directe avec les opérations mêmes.
On faisait creuser à ces hommes des tranchées et des tunnels, ils étaient chargés de porter les munitions aux positions, etc. ; bref, comme le dit Milosavlievitch, « les Autrichiens les employaient tout simplement comme leurs soldats ».
Les Austro-Hongrois vont essayer de se justifier en
disant que leurs adversaires utilisaient aussi leurs prisonniers de guerre pour exécuter des travaux en rapport avec
la guerre. Il est parfaitement exact que les armées des
Alliés de l'Entente font et ont fait travailler les prisonniers
aux routes, au déchargement des trains, etc. Ces travaux
sont certainement en corrélation avec l'action guerrière,
mais, d'abord, les Alliés n'usent que de leur strict droit de

réciprocité en ce qui concerne ces procédés. Si les Centraux et leurs vassaux avaient observé les prescriptions des règles de la guerre, il est certain que leurs adversaires auraient agi de même. Mais, puisque les premiers ont cru pouvoir s'affranchir de ces restrictions, les seconds seraient dans une situation d'infériorité manifeste en ne procédant pas de la même façon.

Cependant, jamais je n'ai vu sur ce front que les prisonniers bulgares, allemands ou austro-hongrois aient été employés à des travaux en relation directe avec les opérations mêmes. Ils ont été occupés aux routes à l'arrière, mais ils n'ont jamais creusé des tranchées et des tunnels sur les positions mêmes. Les Alliés ont toujours eu soin d'éviter que ces prisonniers collaborent aux combats proprement dits. Par contre les dépositions reproduites plus haut prouvent que les Austro-Hongrois n'ont pas eu les mêmes scrupules.

Mais ces dépositions démontrent également un fait encore plus grave : les Austro-Hongrois paraissent employer leurs prisonniers aux travaux militaires dans le but de les faire tuer par le feu de leurs ennemis. L'avantage qu'ils se promettent de tirer de ce procédé inqualifiable est double : ils économisent la vie de leurs propres hommes tout en ayant de la main-d'œuvre en suffisance, et ils se débarrassent ainsi également d'un grand nombre de prisonniers qu'ils n'auront plus à nourrir. Cela rentre dans le système d'extermination qu'ils ont adopté envers les malheureux Serbes.

Que pourront répondre les Austro-Hongrois aux témoignages des évadés serbes, témoignages qui sont un nouveau réquisitoire terrible contre leur façon de faire une guerre de barbares ? Essayeront-ils de se justifier par le célèbre « nécessité ne connaît pas de lois » du chancelier Bethmann-Hollweg ?

XXIII

LA RÉVOLTE EN SERBIE

Au printemps 1917, une révolte a éclaté dans certaines contrées de la Serbie occupée par les Bulgares et les Austro-Hongrois. Ces derniers ont tout simplement nié l'existence d'une révolte dans la partie de la Serbie soumise passagèrement à leur administration. Les Bulgares ont cherché et cherchent encore aujourd'hui à présenter la révolte comme une petite sédition sans importance provoquée par des « comitadjis serbes », par de simples « brigands », qui molestent la population paisible. Ce que fut cette révolte en réalité, les témoignages serbes et bulgares suivants vont le montrer. Le lecteur se convaincra de son importance et il pourra en même temps juger les moyens qu'Austro-Hongrois, Bulgares et Allemands ont employés pour l'étouffer.

Voici d'abord la déposition d'un insurgé qui a réussi à gagner, par la montagne, le front de Salonique, où il a rejoint l'armée serbe :

« Les exécutions très fréquentes ont provoqué la révolte. Celle-ci a éclaté dans toute la région du Kopaonik, dans la partie occupée par les Bulgares comme dans celle occupée par les Austro-Hongrois. Les Bulgares avaient amené des Albanais et ceux-ci ont fait régner un régime de terreur. Bulgares, Austro-Hongrois et Albanais tuaient une masse de gens, pillaient les maisons et violaient les femmes. Dans le village de Rasboina, les Austro-Hongrois ont massacré plus de 2.000 personnes après la révolte. Les victimes étaient des hommes arrêtés dans les environs du village.

Avant la révolte, les Autrichiens avaient pour habitude
d'envoyer des patrouilles de gendarmes dans les villages,
patrouilles qui pillaient tout et pendaient, chaque fois, un
grand nombre d'habitants. Le témoin a assisté, à Prokouplié et à Krouchevatz, à des pendaisons exécutées par les
Austro-Hongrois. Ils tuaient les paysans qu'ils rencontraient
dans la campagne. La révolte éclata le 13 février 1917.
Kosta Petchanatz, de Petch, était à la tête du mouvement. Il y avait environ 12.000 révoltés qui ont pris
Prokouplié, Kourchoumlia, Lébané, Blatzé et Brousse. A
Blatzé, Brousse et Ribarska-Banya il y avait des Austro-
Hongrois. Les insurgés ont fait 1.500 prisonniers à Brousse.
Les Autrichiens ont envoyé des renforts, mais les Serbes
ne se sont pas laissé prendre. A Prokouplié, ils ont fait
prisonniers 1.500 Bulgares avec 4 mitrailleuses. Pour
réprimer la révolte, les Austro-Hongrois ont tué indistinctement femmes et enfants et, après la révolte, ils ont
presque dépeuplé le pays en déportant les familles. Les
hommes ont été envoyés en Autriche; le témoin ne sait pas
ce qu'on a fait des femmes. Le commandant Popoff fut fait
prisonnier à Prokouplié, mais il fut relâché ensuite. Le
témoin ignore si, dans d'autres régions occupées par les
Austro-Hongrois, il y a eu également des révoltes. Les
insurgés ont tenu 25 jours avant de se retirer dans la montagne. Encore aujourd'hui (août 1917) il y a des combats.
Ces combats sont livrés contre les Bulgares et les Austro-
Hongrois ». — Vlastimir Voukovitch, 19 ans, de Komöritch,
département de Podrinié, élève du gymnase de Chabatz,
en dernier lieu au village de Balitza (Kopaonik). Il n'a pas
été soldat, mais il a combattu avec les insurgés.

« Au mois de mars 1917, les Bulgares ont voulu recruter
des troupes en Serbie envahie. Les Serbes ont envoyé
d'abord une lettre au commandant de Leskovatz pour pro-
tester contre cette mesure contraire au droit des gens. Les
Bulgares ont passé outre et la révolte, sous la conduite de
Kosta Petchanatz, a éclaté. Les Bulgares avaient annoncé
dans leurs journaux que la population était heureuse de
pouvoir servir dans l'armée bulgare. Lorsque les Serbes se
sont révoltés contre cette mesure et lorsque les Bulgares

ont vu que près de 20.000 insurgés allaient se battre contre
eux, ils ont prétendu que la révolte était commandée par
le G. Q. G. serbe pour soutenir l'offensive de Sarrail. Les
Bulgares se sont vengés de la façon la plus brutale en tuant
beaucoup de monde et en déportant le reste. Ils ont alors
dit ouvertement que c'était le coup le plus terrible qu'on
leur ait porté parce que, maintenant, ils ne pouvaient plus
prétendre que la population du territoire occupé était bulgare. Après la révolte, on a permis aux troupes en Serbie de
piller et de faire tout ce que bon leur semblait. » — Bojidar
Mladenovitch, de Skoplié, 24 ans, soldat serbe et déserteur du 11ᵉ régiment bulgare. Premier interrogatoire.

« La révolte a éclaté dans les arrondissements du Kourchoumlia et de Lébané ainsi que dans la ville de Prokouplié à cause du recrutement par les Bulgares, qui avaient
envoyé des commissions militaires dans ces régions. La
population a protesté et a renvoyé les commissions en
disant que les Serbes ne pouvaient pas être pris comme
recrues bulgares, puisque toutes ces régions n'étaient pas
encore définitivement incorporées à la Bulgarie. Les autorités bulgares ont fait venir toutes leurs troupes qui se
trouvaient dans ces arrondissements ainsi que celles de
Nich, auxquelles on a adjoint encore la 13ᵉ division de
montagne de Skoplié, quelques unités de Sofia et des détachements allemands. Ces troupes s'étant attaquées à la
population, la révolte a éclaté et a duré 20 jours. Les Bulgares ont incendié tous les villages des arrondissements
nommés ci-dessus et en ont déporté la population en Asie
Mineure. Les internés affirment que la révolte a éclaté vers
Pâques à cause du recrutement. Un prisonnier serbe a dit
à ce propos au témoin que les commissions de recrutement
avaient été désignées et qu'on devait commencer ce recrutement par les arrondissements de Leskovatz et de Lébané.
La commission s'était même rendue dans un village près de
Lébané, mais les habitants ont refusé de la recevoir et l'ont
renvoyée avec une lettre au commandant de la place de
Leskovatz, lettre dans laquelle ils affirmaient que ce
recrutement était contraire au droit international. Le
même prisonnier serbe a affirmé aussi au témoin que le

chef de la révolte était Kosta Petchanatz. Il y a des bandes
d'insurgés serbes dans les arrondissements de Porétch,
de Koumanovo, Prechevo, Vrania et Kourchoumlia. Il y a
aussi des bandes albanaises dans les arrondissements de
Guilané, Gostivar, et Débar qui se sont mutinées par
suite du manque de vivres. » — *Le témoin précédent,*
second interrogatoire.

« J'ai entendu dire au mois de mars, à Roustchouk,
qu'une révolte avait éclaté en Serbie du côté de Prokouplié. Cette révolte aurait été dirigée par Kosta Petchanatz,
aidé d'un commandant bulgare qui avait adhéré à ce mouvement avec 400 soldats. Il y aurait eu aussi un officier
monténégrin et un officier russe. D'après ce que m'a dit
M. Joutchitch, instituteur à Pirot, la révolte a pris de
grandes proportions. Les combats ont duré douze jours.
Les nôtres avaient 12 canons et 8 à 10 mitrailleuses. Ils
auraient eu le dessus, si les Bulgares n'avaient pas reçu
des renforts autrichiens de Krouchevatz. A la fin, les insurgés se sont retirés dans la montagne, où ils se trouvent
encore. Les Bulgares ont incendié, après la révolte, toutes
les localités de cette région et ont interné tous ceux qu'ils
n'ont pas tués. » — Vélia Mantchitch, d'Oraovtzi, sergent
dans l'armée serbe et déserteur bulgare.

« Nous avons appris près de Dervène qu'il y avait des
combats autour de Nich. Nous avons aussi entendu des
coups de canon et nous avons cru que c'était l'armée
serbe qui arrivait. Les Bulgares ont exécuté tous les insurgés qu'ils ont pris. On m'a dit que l'insurrection avait commencé avec l'arrivée de francs-tireurs monténégrins, qui
s'étaient dispersés dans la montagne. C'est un garçon de
Lébané qui m'a dit cela. 5 à 8 hommes de Chtipina, mon
village, avaient rejoint les insurgés. Les Bulgares sont
partis de suite à leur recherche. Les combats se sont pour-
suivis pendant quinze jours dans la contrée de Leskovatz,
de Prokouplié, Nich et Bouban, où il y avait des canons
bulgares. » — Douchan Manoïlovitch, de Chtipina, 32 ans,
en dernier lieu gendarme serbe du détachement de Tétovo.
Évadé des Bulgares.

« Vers la mi-février on a entendu des salves d'artillerie
du côté de Nich. On croyait que c'étaient les Alliés qui
arrivaient. Les combats ont eu lieu sur les hauteurs et au
nord de Nich. Tous les prisonniers, qui étaient au nombre
de plusieurs centaines (Russes et Roumains), ont immédiatement été internés dans la forteresse. » — 5 SOLDATS
RUSSES, évadés des Bulgares.

« Au mois de mars 1917, notre population de Vrania, de
Kourchoumlia et de Prokouplié s'est révoltée. Les soldats
ennemis ont raconté partout que la révolte aurait été
étouffée de la façon la plus sanglante. Je n'ai pu apprendre
aucun détail sur ces faits. » — MARIE, femme de MILOUTINE
MILKOVITCH, de Belgrade.

« *Montagne du Gaïtan, le 10 mai 1917.* — Mon cher
Tchéda. Me voici dans la montagne qui est devenue ma
triste demeure. Le 28 avril, je me suis évadé du cachot
bulgare, où j'ai été enfermé après avoir été cerné et fait
prisonnier dans la révolte, près de Kourvine-Grade, où
nous autres, qui étions 25.000 insurgés, avions d'abord livré
combat à une division allemande que nous avons battue et
contrainte de prendre la fuite. Après quoi, nous avons été
attaqués par deux divisions bulgares munies de beaucoup
de canons et de mitrailleuses. C'est là que, dans un combat
sanglant, j'ai été fait prisonnier avec d'autres camarades.
Je fus ensuite mis en prison et, finalement, condamné à la
pendaison. Mais, pendant la nuit, Tcholitch attaqua Prokouplié, tua les gardes et nous mit en liberté, en sorte que
nous sommes de nouveau dans la montagne. Nous sommes
plus de 5.000 insurgés et il y en a encore plus dans les
montagnes..... Ces actes barbares (recrutement et déportations) des cruels Mongols ont provoqué la révolte à cause
des cris de détresse des enfants et de leurs mères qui,
dans leur malheur, ont attaqué les soldats bulgares avec
des pierres. La révolte commença tout de suite et les Bulgares montèrent des potences à tous les carrefours et
firent pendre beaucoup de femmes et d'enfants, ce qui
exaspéra le peuple et tout le monde se lança à l'assaut des
magasins bulgares. Les hommes et les femmes se procu-

rèrent ainsi des armes à Prokouplié d'abord, à Leskovatz, Lébané, Vrania, Vlassotintzi, Zayétchar, Kniajevatz, Pojarevatz ensuite, de même que dans tous les villages occupés par les Bulgares. Il était entendu qu'on marcherait tous sur Nich, mais nous étions en avance sur les autres et c'est ainsi que nous avons été attaqués d'abord par une division allemande qui a été battue et qui a perdu 800 soldats. Il y a eu des combats du côté de Lébané, de Leskovatz et de Prokouplié et nous nous acheminâmes vers Nich, où nous avons pris les magasins, mais où nous avons rencontré aussi deux divisions bulgares. Il y eut des combats sanglants. Nous avons eu d'abord le dessus, mais les Bulgares ont poussé devant eux nos femmes et nos enfants de façon que c'était sur eux que nous devions tirer. Nous nous sommes retirés alors dans la montagne à Kourvine-Grade, où il y eut des combats terribles au cours desquels arrivèrent des renforts magyars qui nous attaquèrent par derrière. C'est là que, avec une dizaine de camarades, je fus fait prisonnier parce que j'étais exténué. On nous condamna à la pendaison, mais, pendant qu'on était en train de monter les potences, un bataillon d'insurgés fit irruption à Prokouplié, tua les gardes et nous délivra. Nous nous sommes sauvés dans la montagne du Gaitan. Peutêtre serai-je mort lorsque tu liras cette lettre, mais la révolte ne cessera pas, car les Bulgares travaillent systématiquement à la destruction de notre race..... Voilà, mon cher Tchéda, une pâle image de ce qui se passe en Serbie. La révolte ne pourra être étouffée par aucune force au monde et elle s'élargit sans cesse. Il y a parmi nous aussi des insurgés bulgares de la région de Vidine et de Srédatz (Sofia) qui ont déserté l'armée. Cette lettre te sera remise par un Serbe de Bulgarie que nous avons fait prisonnier et que nous avons relâché parce qu'il a juré de te la remettre sur le front de Salonique. Il était blessé et nous l'avons pansé; il est guéri et a laissé ses enfants à Leskovatz. Maintenant adieu, mon cher Tchéda; je suis sûr que nous ne nous reverrons plus jamais, mais que cette lettre te serve de souvenir de la belle vie que nous avions jadis et qui est terminée. Jours de détresse, cruel destin, pauvre

patrie! La main me tremble et mon cœur se raidit, car
j'entends sans cesse les cris des enfants réfugiés dans la
montagne. » — Lettre de SVÉTOZAR POPOVITCH, instituteur,
commandant d'un bataillon d'insurgés, à Tchéda Tomitch,
capitaine à la division de la Morava (tué à l'ennemi),
10 mai 1917.

La déposition suivante montre comment les Bulgares
ont profité de cette révolte, causée par leur cruauté, pour
exterminer la population serbe :

« Au mois de mars, j'ai vu, de mes propres yeux, une
trentaine de trains pleins de Serbes qu'on transportait en
Asie Mineure. C'était au moment de la révolte en
Serbie. Je me trouvais alors, comme je l'ai déjà dit, à
Andrinople, à l'école des sous-officiers. Cette école se
trouvait tout près, à cinq minutes environ de la gare, et
je sortais chaque fois qu'on disait qu'un train d'internés
serbes passait. Ainsi, j'ai vu presque tous les trains, et
ceux-ci étaient toujours bondés de Serbes internés.
Parmi eux, j'ai vu des jeunes gens de 15 ans, des hommes
de tout âge jusqu'à 50 ans et plus. J'ai vu aussi des
femmes, mais peu, à peu près une dizaine. Les voitures,
des wagons à bestiaux, où étaient parqués ces malheureux,
étaient gardées par des sentinelles qui ne permettaient
pas qu'on abordât les gens et qu'on leur parlât. Tous
ces hommes portaient le costume du paysan serbe. Je
n'ai pas remarqué qu'il y eût des citadins parmi eux... Au
mois de février ou mars 1917, en allant d'Andrinople au
front en passant par Sofia, j'ai vu à la gare de la capitale
bulgare environ 4.000 personnes : des paysans serbes
internés, qui devaient être expédiés en Asie Mineure. Ils
attendaient le train qui devait les transporter. J'ai passé
une journée à Nich, le 15 mars, et j'y ai pu constater qu'on
avait fermé toutes les boutiques, les magasins et les cafés.
On avait défendu à tout le monde, sans exception, de
sortir de la maison... Au front, des soldats bulgares, qui
avaient participé à la répression de la révolte en Serbie,
m'ont raconté ce qui s'y est passé. Ainsi, ils m'ont affirmé
que, dans les villages, on s'emparait d'abord du maire,

du pope, du secrétaire de la commune, en général de tous
les notables. On les interrogeait ensuite devant toute la
population et on leur demandait de désigner les maisons
où il y avait des insurgés. Après l'interrogatoire, on les
fusillait tous devant les villageois. On a cherché des
insurgés dans toutes les maisons, qu'on fouillait de fond
en comble, et puis, ne les trouvant pas, on chassait tous
les membres de la famille et on mettait le feu aux bâtiments. Souvent le feu se communiquait aux autres maisons du village, et, de cette façon, beaucoup de villages
ont été complètement détruits. Les chefs militaires ont
approuvé et encouragé toutes ces horreurs, les massacres,
les pillages, les viols, etc. On voulait faire une répression
impitoyable, qui devait montrer à la population ce qu'il
en coûte de faire une révolte, et aussi l'empêcher de
recommencer, j'ai été retenu une journée à Nich parce
que les communications de la ligne Nich-Vrania étaient
coupées, les révoltés ayant détruit le pont près de Djep. »
— Georges Todorovitch, infirmier serbe, enrôlé dans
l'armée bulgare et déserteur, comme sergent, du 15e régiment bulgare.

« Un détachement de révoltés de 900 hommes, avec un
peu de cavalerie, a passé par Ristovatz. Dans le combat
qu'il a livré aux troupes bulgares et allemandes, près de
la gare de Ristovatz, 29 Bulgares et 9 Allemands ont été
tués. Pour se venger, les Bulgares ont incendié Ristovatz.
C'est ce détachement de révoltés qui a détruit le pont du
chemin de fer, près de la gare de cette ville. » — Yordan
Krste Souhitch, de Bouyanovatz, sergent du 2e régiment
d'infanterie serbe, déserteur bulgare.

Dépositions de prisonniers bulgares

*N° 102, du 47e régiment bulgare, 2e division de la
Thrace :* « Le témoin sait qu'il y avait 10.000 insurgés et
qu'ils avaient 4 canons, restés enterrés dans un cimetière
de Nich depuis la retraite de l'armée serbe, et des
mitrailleuses. Un détachement de 100 cavaliers a attaqué
et a tué 35 Bulgares et 45 Allemands sur le pont près de

Ristovatz. Les insurgés ont fait prisonniers 800 soldats bulgares. La révolte a commencé quand on a eu reçu les instructions qu'un officier serbe a apportées en avion. Elle a été étouffée après deux semaines de combats. Parmi les insurgés, il y avait aussi des femmes, qui ont provoqué l'admiration des soldats bulgares. »

N° 103, du 2° régiment d'artillerie de montagne, 9° batterie : « Le témoin a entendu dire que, pendant la révolte, il y avait 4.000 insurgés à Yastrebatz et 2.000 près de Ristovatz, où trois compagnies bulgares furent cernées, désarmées et renvoyées en Bulgarie. Tous les insurgés serbes, jusqu'à 60 ans, ont été déportés en Asie Mineure. Les autres hommes, de 15 à 60 ans, ont été envoyés en Bulgarie au commencement de mai. La division de montagne, qui compte beaucoup d'Albanais parmi ses soldats, devait faire la chasse aux Serbes. On a massacré beaucoup de femmes et d'enfants et on a incendié toutes les maisons de la région de Leskovatz, Vlassotintzi, Vrania et Pirot. Des vieillards du dernier ban montent la garde dans la montagne, où il y a encore des insurgés. Le témoin a vu de nombreux groupes de déserteurs dans les montagnes de Rila et près de Djoumaja (Bulgarie). Il a entendu dire qu'il y en avait beaucoup aussi du côté de Plevna, dans la Stara Planina. Il y a de même un grand nombre de Serbes et de Bulgares qui errent, en bandes, en Serbie. Bossilgrade a été incendiée il y a environ un mois. Les révoltés étaient arrivés à 12 kilomètres de Kustendil avec l'intention d'y attaquer le quartier général bulgare, mais on a pu appeler à temps, par téléphone, des troupes de Radomir, Bresnik, Doupnitza et Sofia. Il y a eu un combat près de Djouchevo, puis les bandes sont retournées en Serbie. Ces insurgés n'avaient pas de canons, comme dans l'affaire de Nich, mais ils avaient des mitrailleuses. »

N° 104, du 48° régiment d'infanterie bulgare : « Une institutrice de Vrania, originaire d'Ochrida, m'a dit que les Bulgares ont incendié 70 villages dans les départements de Vrania et de Prokouplié. »

*Nº 105, 25, ans, sous-officier au 3ᵉ régiment d'infan-
terie bulgare :* « Pendant la révolte, je me trouvais à
l'hôpital à Nich. J'ai appris d'un de mes camarades, qui
était venu me voir, que les Serbes, d'accord avec un
certain nombre de Bulgares, s'étaient révoltés. Ils étaient
au nombre de 15.000. Une brigade allemande et une
bulgare ont été envoyées pour réprimer la révolte. Le plus
fort mouvement eut lieu du côté de Prokouplié. On a
capturé environ 6.000 insurgés, les autres se sont enfuis
dans la montagne. Parmi les révoltés, il y avait près de
2.000 Bulgares. Les prisonniers ont été, tous, immédiatement tués avec des mitrailleuses par les Allemands.
Il y avait 10 grandes fosses devant lesquelles se trouvaient les pieux auxquels on attachait les insurgés. Dès
qu'il y en avait 10 de tués, on en amenait 10 autres, et
ainsi de suite. Une partie des révoltés serbes a été envoyée
en Asie Mineure. Les Bulgares insurgés étaient des
soldats déserteurs. On dit qu'une bande de ces déserteurs
s'est montrée au nord de Doiran, où elle a livré combat.
Tous les soldats connaissent la révolte, mais ils disent
qu'elle a éclaté trop tôt, et c'est pourquoi elle n'a pas eu
de succès. »

Nº 86, officier du 32ᵉ régiment bulgare : « Il y avait
environ 10.000 insurgés, mais seulement 3.000 d'entre eux
étaient armés. Quant aux causes de la révolte, le témoin
croit qu'elle avait pour but d'appuyer l'offensive des
Alliés venant du Sud. Il sait que d'autres prétendent qu'elle
a éclaté après le passage de la commission de recrutement
bulgare, et cela pour éviter l'incorporation des hommes
dans l'armée du Cobourg. Le centre de la révolte fut Prokouplié, mais elle s'est étendue à Kourchoumlia, Leskovatz
et Soko Banja. On désigne comme chef des insurgés le
voïvode Kosta (Petchanatz), qu'on a surnommé le « colonel
Kosta ». Les révoltés avaient deux canons de montagne.
Ils avaient découvert des armes et des munitions enterrées. Les insurgés ont fait pendre, à Prokouplié, plusieurs
Serbes notables qui avaient accepté du service chez les
Bulgares. Ils réquisitionnaient des vivres et du bétail
qu'ils envoyaient dans les montagnes. Les campagnards

auraient eu peur d'eux et les auraient dénoncés. Les insurgés ont détruit un pont sur la ligne Nich-Vrania, mais ils n'ont pas endommagé autrement la ligne de chemin de fer. On a envoyé à Prokouplié, pour la répression, d'abord le premier régiment en garnison à Nich, ensuite les 39° et 25° régiments de la première division, ainsi que les soldats qui allaient en congé ou en revenaient. Ces derniers furent arrêtés à Nich, armés, et, lorsqu'on en eut formé un bataillon, envoyés contre les insurgés. Tous ceux de ces derniers, qui furent pris, ont été tués. Quelques-uns, cependant, sont encore en prison. Le témoin prétend que la population n'a pas été maltraitée. On racontait dans le peuple que les chefs des insurgés étaient venus de Salonique en avion. Des insurgés, qui furent pris, ont dit que le prince Alexandre était, lui-même, venu parmi eux (! ! !). »

N° 85, sous-officier du 2° régiment d'infanterie bulgare, premier interrogatoire : « Les paysans serbes, tout spécialement ceux de la région de Leskovatz, maltraités par les Bulgares, se sont révoltés il y a environ un mois et demi (l'interrogatoire a eu lieu au commencement du mois de mai 1917). On dit qu'ils étaient au nombre de 25.000. Une brigade a été envoyée contre eux et la révolte a été réprimée. Les troupes de répression ont commis beaucoup de cruautés. Tous les jeunes gens de la contrée de Leskovatz ont été envoyés en Asie Mineure. Le peuple bulgare n'a pas été content qu'on envoie des chrétiens chez les Turcs, car, malgré tout, les Serbes sont des orthodoxes comme les Bulgares. Mais en haut lieu on estimait que, chez les Turcs, ces jeunes gens seraient « mieux maltraités ». Quelques soldats révoltés du 2° régiment bulgare se sont réfugiés dans la montagne, où ils ont rejoint les insurgés serbes. »

Second interrogatoire du même témoin : « Le témoin a appris qu'il y avait en Serbie environ 25.000 hommes qui s'étaient révoltés contre le régime bulgare. Ils se seraient procuré des fusils, deux mitrailleuses et deux canons de montagne. On a envoyé un bataillon à Leskovatz. Ce bataillon a pris tout ce qu'il y avait à manger et a terriblement maltraité la population. On a envoyé des Allemands en d'autres endroits pour étouffer la révolte. Ceux-ci ont été tués par les insurgés. Alors on a fait venir la première division de Sofia. Celle-ci s'est rendue maîtresse de la situation en employant les mesures les plus cruelles. Enfin, le général Mackensen a donné ordre que tous les révoltés et tous les Serbes en état de porter les armes, soient envoyés en Asie Mineure. »

N° 106, du 2ᵉ régiment d'infanterie : « Le témoin a entendu dire que des prisonniers serbes, évadés d'Autriche et revenus dans leur pays, s'étaient révoltés. Il était à Plovdive au moment de la révolte. Celle-ci a eu lieu du côté de Leskovatz, Soko Bania et Vrania. On a envoyé des troupes qui ont pris une quinzaine de révoltés (?). »

N° 107, du 3ᵉ régiment d'infanterie : « Le témoin n'a fait que passer en Serbie et il ne s'est arrêté nulle part. Il a bien entendu parler de la révolte en Serbie, mais il ne sait rien de précis sur ce point. Il a entendu dire qu'on avait envoyé des soldats pour réprimer la révolte. C'étaient des troupes bulgares et allemandes, mais il ne sait pas combien on en a envoyé. »

N° 108, caporal au 3ᵉ régiment d'infanterie : « Le témoin a passé à travers la Serbie en chemin de fer. Il a entendu dire qu'il y avait une révolte et qu'on voulait détruire les voies ferrées. Il ne sait pas s'il y avait beaucoup de révoltés, mais on lui a raconté qu'on avait envoyé des soldats pour réprimer la révolte et qu'on a déporté les insurgés en Asie Mineure. Son père lui a écrit qu'il y avait des insurgés serbes dans les forêts et qu'ils se nourrissaient de ce qu'ils trouvaient. »

N° 109, caporal-infirmier au 2ᵉ régiment : « Le témoin a entendu dire qu'il y avait des « comitadjis » en Serbie et qu'on a envoyé une division pour les capturer. »

N° 110, sergent du 2ᵉ régiment d'infanterie : « Il y a eu une révolte en Serbie et on a envoyé les révoltés en Bulgarie et en Turquie. »

N° 111, du 21ᵉ régiment d'infanterie : « Beaucoup de

révoltés bulgares du 21ᵉ régiment ont rejoint les insurgés serbes. La révolte serbe a eu lieu au mois de mars. Le témoin n'était pas en Serbie au moment de l'insurrection, mais on a annoncé aux soldats qu'elle avait été étouffée. Le témoin sait que les insurgés ont été envoyés en Asie Mineure. C'est la première division bulgare qui a réprimé la révolte. Il y avait des officiers allemands dans cette division. A la suite de la révolte on a interné beaucoup de gens. Ceux qu'on a pris ont été martyrisés pendant l'interrogatoire. La révolte a eu lieu du côté de Nich et de Leskovatz. Quelques-uns disent que les insurgés étaient au nombre de 15.000, d'autres au nombre de 20.000; il est certain en tout cas qu'il y en a eu au moins 12.000. Pendant un mois et demi, les Bulgares craignaient beaucoup que la révolte ne recommençât et ils n'ont cessé d'envoyer des troupes. »

Nᵒ 112, du 21ᵉ régiment d'infanterie : « 13.000 hommes à peu près se sont révoltés en Serbie et se sont procuré des fusils et même des mitrailleuses. Les Bulgares ont envoyé la première division pour réprimer cette révolte, qui a duré près de deux mois. De ceux qui ont été pris, les vieux ont été retenus en Bulgarie, les jeunes ont été envoyés en Asie Mineure. Pendant la répression par les troupes bulgares, beaucoup de villages ont été détruits. On a violé les femmes et on a beaucoup pillé. »

Nᵒ 113, du 10ᵉ régiment d'infanterie : « Lors de la révolte, défense a été faite à tout le monde (dans la Serbie du Nord) de dépasser vers le Sud Paratchine. Ainsi le témoin n'a rien su de précis sur la révolte. Il n'a appris ce qui s'était passé qu'à Prokuplié, par un sous-officier qui y était en garnison. »

Plusieurs témoins disent que des révoltes avaient également éclaté sur le territoire bulgare. Le fait paraît parfaitement exact, à en juger d'après les dépositions suivantes :

Nᵒ 114, prisonnier bulgare du 2ᵉ régiment d'infanterie : « Le 21ᵉ régiment d'infanterie bulgare, après avoir subi de fortes pertes, s'est révolté parce qu'on voulait le maintenir sur la ligne de feu. Les soldats ont tué les officiers. Les

« Au mois de juin 1917, il y a eu une sédition dans la
huitième division sur le front de Gevgeli. Les soldats
demandaient la paix, 14 officiers furent tués, dont deux
chefs de bataillon. Le général Jekoff a dû venir en personne. Il y a eu aussi une révolte dans les environs de
Kustendil, il y a de cela un mois et demi. Les insurgés
ont attaqué Bossilgrade et l'ont incendiée. Les soldats
disent que les insurgés étaient des déserteurs bulgares et
des prisonniers serbes, russes et roumains. En même temps
il y eut une révolte près de Gostivar. Deux bataillons de
mon régiment sont partis pour rétablir l'ordre. » — VÉLIA
MANTCHITCH, sergent serbe et déserteur bulgare.

« Pendant ma fuite du mois de mai j'ai appris par mes
gardes, qui m'ont battu, que Bossilgrade avait été incendiée. Des prisonniers bulgares au camp anglais m'ont également dit que Bossilgrade avait été complètement brûlée
par les insurgés et les déserteurs bulgares. » — DOUCHAN
MANOILOVITCH, 32 ans, en dernier lieu gendarme serbe du
détachement de Tétovo. Évadé des Bulgares.

De tout ce qui précède, il résulte donc nettement que
les causes de la révolte furent les mauvais traitements
infligés à la population aussi bien par les Bulgares que par
les Austro-Hongrois et également le recrutement forcé
auquel procédait le gouvernement de Sofia sur territoire
serbe. Les prisonniers bulgares avouent eux-mêmes le fait.
Il y en a bien quelques-uns, comme l'officier N° 86, qui
expliquent la sédition par un plan militaire conçu en collaboration avec le G. Q. G. serbe de Salonique. C'était là la
thèse officielle des journaux bulgares. Aujourd'hui ils
veulent faire croire à de simples bandes de brigands qui
terrorisent les habitants pour pouvoir piller. Le témoin
N° 86 sent très bien que cette thèse est très difficile, sinon
impossible à soutenir. Car, si on peut faire parvenir

quelques messages dans un pays occupé par un ennemi
en pleine force et, par-dessus le marché, très soupçonneux,
il est impossible d'y préparer de loin un mouvement aussi
sérieux que celui du printemps 1917 et de l'aider matériel-
lement par l'envoi de canons, mitrailleuses, munitions, etc.
Aussi l'officier du 32° régiment bulgare a-t-il soin d'ajouter
que « d'autres déclarent que la révolte a éclaté après le
passage de la commission de recrutement bulgare pour
éviter l'incorporation des hommes dans l'armée du
Cobourg ».

Comme je l'ai dit au commencement de ce chapitre, les
Austro-Hongrois ont tout simplement nié l'existence d'un
soulèvement de la population des territoires occupés par
eux. La déposition de Vlastimir Voukovitch, à laquelle je
pourrais en joindre d'autres tout à fait pareilles faites
aussi par des insurgés évadés, montre ce qu'il faut penser
de ce démenti austro-hongrois. D'ailleurs le monde a pu
apprendre, au cours de cette guerre, ce que valent les
démentis de l'Autriche-Hongrie, la créatrice du procès
Friedjung, de l'affaire Prohaska, du procès de Bania-
louka, etc., et on se rappellera toujours le communiqué
officiel de l'État-Major de ce pays, qui transformait en une
« heureuse retraite » le désastre complet des troupes de
Potiorek en Serbie à la fin de l'année 1914.

Les Austro-Hongrois ont commis des crimes sans nom
dans la Matchva serbe à la fin de l'année 1914. Je les y ai
constatés de mes propres yeux et j'en ai rendu compte au
gouvernement serbe dans un rapport qui a été publié
depuis. Vienne et Budapest ont essayé de les nier de toute
façon. Cette fois encore, dans leur haine de tout ce qui est
serbe, ils cherchent à faire disparaître le plus grand
nombre possible d'habitants de ce malheureux pays. Bien
que nous ne puissions pas aller constater de nos propres
yeux, comme en 1914, cet essai d'extermination, nous en
possédons, ainsi que je l'ai montré dans les chapitres précédents, assez de preuves.

Faut-il s'étonner qu'à la fin la population serbe, si
patiente, mais si ardemment patriotique, se soit révoltée
contre ses bourreaux?

Il est donc bien établi que la révolte en Serbie au printemps de 1917 a éclaté en territoire occupé soit par les Bulgares soit par les Austro-Hongrois et que les causes de cette révolte sont les mauvais traitements subis par la population et, sous les Bulgares, le recrutement des sujets serbes, contraire à toutes les lois et de la dernière inhumanité.

Notons à cette place que, suivant des témoignages concordants et provenant de sources différentes, les insurgés serbes ont été renforcés par quelques centaines de Bulgares. Je suis loin de croire que tous ces Bulgares ont rejoint les révoltés serbes parce qu'ils sentaient le tort que leur nation avait commis envers ceux qui avaient collaboré à sa libération. Beaucoup, comme le prouve la sédition du 21ᵉ régiment bulgare, en avaient tout simplement assez de la guerre et se sont joints à ceux qui combattaient leur gouvernement, qu'ils rendent responsable de leurs maux. Mais d'autres ont sûrement aussi embrassé la cause des Serbes révoltés, parce qu'ils se rendaient compte du tort commis par leur pays et parce qu'ils voyaient que la liberté était du côté des insurgés serbes et non pas du côté de leur gouvernement, vendu aux Centraux.

D'ailleurs, d'après les renseignements recueillis par le Ministère de l'Intérieur serbe, il y aurait beaucoup de déserteurs — des mécontents —, en Bulgarie. 94.000 condamnés, dont les peines varient de 5 à 14 ans de travaux forcés, se trouveraient dans les pénitenciers de Prilep, Nich, Sofia, Sliven, Pazardjik, Plovdive, Stara et Nova Zagora, Nevrokop et Stroumitza. De plus, il y aurait beaucoup de déserteurs dont on n'a pas pu se saisir, et qui commettraient des désordres de toute nature.

La révolte a éclaté au mois de février (v. s.), le 13 février, affirme Voukovitch. Depuis la guerre, les Bulgares emploient le calendrier grégorien, ce qui porte la date du début de la révolte à la fin de février, commencement de mars. Les régions où s'est étendue la révolte sont : Prokouplié, Kourchoumlia, Lébané, Blatze, Brousse, Ribarska Banja (localités se trouvant dans la région du Kopaonik), Ristovatz, Jastrebatz, Leskovatz, Vlassotintze, Vrania,

Pirot, Kourvanegrade, Nich, Blatza, Bronst et Ribarska
Banja sont sur territoire occupé par les Austro-Hongrois.

La lettre de Svétozar Popovitch indique déjà qu'il y a eu
également des révoltes du côté de Zaïtchar, Kniajevatz et
Pojarevatz. Il est certain que les Bulgares ont tué dans le
seul village de Kobilje, près de Pojarevatz, environ 200
hommes, femmes et enfants.

Combien y a-t-il eu d'insurgés? Les témoins donnent des
chiffres très différents. Les uns parlent de 25.000, d'autres
de 15.000, de 12.000, de 10.000, etc. Il est impossible de
fixer dès maintenant leur nombre exact. Nous le saurons
seulement après la guerre, et je crois que, même à ce
moment, nous devrons nous contenter d'un chiffre approxi-
matif, car dans un mouvement populaire et révolutionnaire
comme cette insurrection, les chefs eux-mêmes ne connaissent pas exactement le nombre de leurs partisans. Il me
semble cependant certain que le nombre des révoltés a
dépassé 10.000. 10.000 est un trop gros chiffre pour qu'on
puisse faire croire, comme le voudraient les Bulgares, qu'il
s'agit de vulgaires bandes de brigands et de pillards.

La lettre de Popovitch parle des femmes qui se procu-
raient des armes pour combattre avec les hommes contre
le cruel envahisseur. Je crois qu'il y a eu certainement des
femmes qui, poussées à bout, ont pris part à la révolte.
Mais leur nombre n'a pas dû être considérable. Les Bulgares profiteront sûrement de ce fait, lorsqu'ils devront
rendre compte de leurs méfaits, pour essayer de s'excuser
en prétendant que les mesures prises par eux étaient nécessaires (massacres de femmes et d'enfants, déportations, etc.), puisque toute la population, femmes comprises,
aurait participé à la révolte.

Cette excuse hypocrite ne tient pas debout et il faut qu'on
la réduise à néant dès à présent. D'abord ces femmes, si
vraiment elles ont pris les armes, ce que je crois, ont été
poussées à cet acte de désespoir par la cruauté même des
Bulgares. C'étaient des mères, des sœurs des jeunes Serbes
que l'envahisseur barbare voulait forcer à combattre et à
tuer leurs pères et leurs frères! L'Histoire appelle de telles
femmes des Saintes et non pas des Criminelles pour

lesquelles on doit dresser des potences! D'ailleurs tous les
Bulgares ne paraissent pas moulés dans le même moule,
car le prisonnier-témoin N° 102 déclare : « Parmi les insurgés, il y avait aussi des femmes qui ont provoqué l'admiration des soldats bulgares. » Est-ce que le sentiment
d'admiration est compatible avec l'application de la peine
du gibet?

Tenons pour certaine la présence de quelques femmes
dans les rangs de ceux qui défendaient le dernier bien que
l'occupant leur a laissé, l'amour et l'affection de leurs proches. Mais cela autorise-t-il les Bulgares à tuer et à exterminer par la déportation les autres, celles qui n'ont pas
touché un fusil, et celles-là sont sûrement la grande majorité? Et pourquoi tuer et déporter les enfants qui, matériel-
lement, n'ont rien pu faire? Le gouvernement de Sofia
veut-il faire croire au monde que des enfants de 5, 6, 7, 8
et 10 ans ont été des révoltés qu'il a fallu combattre le fusil
à la main? Certainement les fusils étaient rares parmi cette
population soumise à une domination cruelle et inquisi-
toriale. Ces gens de Sofia s'imaginent-ils pouvoir rendre
plausible au public tant soit peu critique, que les chefs de
l'insurrection ont gaspillé leurs quelques armes et leur peu
de munitions en les donnant aux enfants? Et pourquoi
brûler les villages? Est-ce que, en agissant ainsi, on ne fait
pas souffrir inutilement et injustement des innocents?

Les Bulgares, par leur conduite, par leur recrutement
criminel des sujets serbes, ont eux-mêmes provoqué la
révolte, qui fut un acte de désespoir. Ces mêmes Bulgares
avaient signé l'article 43 de la Convention de la Haye, qui
dit : « L'autorité du pouvoir légal ayant passé de fait entre
les mains de l'occupant, celui-ci prendra toutes les mesures
qui dépendent de lui en vue de rétablir et d'assurer, autant
qu'il est possible, l'ordre et la vie publics en respectant,
sauf empêchement absolu, les lois en vigueur dans le
pays. » Et encore cet autre article 50 qui stipule qu'« aucune peine collective ne pourra être édictée contre les
populations à raison de faits individuels ». Si ces gens, et
aussi leurs alliés austro-hongrois, avaient respecté ces deux
articles, la révolte en Serbie n'aurait jamais eu lieu et des

milliers de vies'auraient été épargnées. On ne lit pas sans frémir la fin de cette lettre de Popovitch :

« La main me tremble et mon cœur se raidit, car j'entends sans cesse les cris des enfants réfugiés dans la montagne. »

Combien de temps la révolte a-t-elle duré? Les témoins varient dans leurs indications. Les uns nous parlent de dix jours, d'autres de 15, de 20 et de 25 jours. Peu importe. En tout cas elle était sérieuse, puisque les Centraux et leurs alliés ont dû envoyer des divisions pour l'étouffer. C'est là encore une preuve de la fausseté de l'allégation bulgare affirmant qu'il ne s'agissait que de quelques bandes de vulgaires brigands, car, pour combattre de telles bandes, on n'a pas besoin d'envoyer des divisions bulgares et austro-hongroises et des détachements allemands armés de tout l'appareil guerrier moderne.

Les insurgés ont eu d'abord des succès sérieux. Ils ont fait des centaines de prisonniers, qu'ils ont relâchés pendant que les ennemis tuaient les leurs. Ils ont dû céder et se sont retirés à la montagne. Les témoins nous disent que les combats contre les Bulgares et les Autrichiens durent encore, ou plutôt, duraient encore lorsque j'ai procédé à l'interrogatoire de ces gens au courant de l'été 1917.

La répression de la révolte par les Austro-Bulgaro-Allemands fut impitoyable. Sur ce point, tous les témoins serbes et la plupart des prisonniers bulgares sont parfaitement d'accord. Ils sont également unanimes à déclarer que tous les insurgés échappés aux massacres, de même que la population des contrées où la révolte a eu lieu, ont été envoyés en Asie-Mineure « parce que », comme le dit ce sous-officier du deuxième régiment bulgare, « chez les Turcs ils seront mieux maltraités ». Il est certainement difficile de dépasser les Bulgares en cruauté, mais les massacres des Arméniens nous ont démontré que les Turcs aussi sont passés maîtres dans l'inhumanité.

Enfin, il faut encore relever que les autorités bulgares paraissent avoir cherché à cacher, dans leur propre pays, l'existence de cette révolte. Les soldats prisonniers, à l'exception de quelques-uns qui étaient bien renseignés, avaient bien entendu parler vaguement d'une révolte, mais ils ne savaient rien de précis. Pourquoi ce mystère vis-à-vis de leurs propres soldats ? Tout simplement parce que les dirigeants de Sofia avaient peur de la contagion de l'exemple. N'avaient-ils pas eu la sédition du 21° régiment, l'insurrection de Bossilgrade, etc. ? Et à Sofia, on savait aussi que des centaines de leurs déserteurs sont allés rejoindre les révoltés serbes. La circulaire du Ministère de la Guerre, citée à plusieurs reprises, montre bien la peur des autorités qui essaient de baptiser des séditions sérieuses de simples « cas regrettables » et qui cherchent à tranquilliser les soldats qui, au front, s'inquiètent de ces « cas ».

La révolte en Serbie, un acte de désespoir de la population exaspérée, a fourni aux Austro-Hongrois et aux Bulgares une nouvelle occasion de renforcer encore leurs mesures d'extermination du peuple serbe.

XXIV

LA VIE EN SERBIE ENVAHIE

En dehors des persécutions de toute sorte — recrutement forcé, déportations, etc. — quelle est la vie menée par les Serbes dans leur pays envahi par des ennemis qui cherchent à les affaiblir autant que possible? Seuls les quelques évadés qui ont réussi à s'échapper du servage bulgare et austro-hongrois, peuvent nous donner des renseignements, et encore ces renseignements sont-ils maigres, en général, car, les envahisseurs ne permettant pas ou très difficilement les déplacements, ces témoins ne connaissent que ce qui se passe dans leur village ou dans leur ville. Les prisonniers bulgares m'ont fourni également quelques indications.

Je reproduirai donc, dans ce qui suit, une série de dépositions concernant l'organisation administrative des occupants ennemis, le ravitaillement de la population et les écoles. Mes renseignements sont bien loin d'être complets, mais ils sont intéressants, car ils permettent de se faire une idée de ce qu'est maintenant la vie dans un pays où, certes, avant la guerre mondiale, on n'était pas riche, mais où, cependant, la vie simple était facile.

Voici d'abord quelques indications sur l'organisation des services administratifs :

« Les chemins de fer sont aux mains des Allemands. Il en est de même pour le chemin de fer bulgare de Sofia à Roustchouk. De Gradsko à Drénovo on a construit un chemin de fer à voie étroite, de Drénovo à Pletvar une ligne aérienne, de Pletvar à Topoltchani, par Prilep, une voie étroite. On est en train de construire une voie

étroite Skoplié-Tétovo-Gostivar. » — Vélia Mantchith,
d'Oraovtze, sergent serbe et déserteur bulgare.

« Le président de la commune de Chtipina était au
commencement Yovan Bojitch, qui a fait beaucoup de mal
à la population. Il a fait interner les gens sous de fausses
accusations. La division administrative en Serbie est
restée la même. Au commencement de l'occupation, les
présidents des communes étaient serbes. Maintenant,
depuis Vratarnitza jusqu'à Négotine, tous les présidents
de communes sont Bulgares. Notre population n'a pas
perdu l'espoir d'être libérée et c'est ce qu'elle dit aussi aux
Bulgares. La ligne de Kniajevatz à Zaitchar n'est pas terminée. On n'y travaille même plus. Les traverses de la voie
ont été enlevées depuis Podvis jusqu'à Nich. » — Doughan
Manoïlovitch, de Chtipina, en dernier lieu gendarme serbe
du détachement de Tétovo. Évadé des Bulgares.

« Tous ceux qui venaient à Belgrade devaient se présenter immédiatement à la police qui prenait leur nom, leur
domicile, le pays d'où ils venaient et notait les raisons de
leur séjour à Belgrade. Le lendemain, on devait se présenter de nouveau pour se faire délivrer un permis de séjour
avec indication de l'heure jusqu'à laquelle, le soir, on pouvait rester dans les rues. Je suis parfois sorti en ville avec
Nikola Petrovitch, directeur de la Banque agricole de
Prichtina, qui était venu vivre à Belgrade, mais nous
n'avions pas l'autorisation de rester dehors après 8 heures
du soir. Les médecins, Dr Stoimirovitch, Dr Koutcho
Dimiter et Dr Arnaoutchevitch, avaient la permission de
rester en ville jusqu'à 10 heures du soir. » — Dr A. Athanasiadès, Grec, médecin de l'arrondissement de Gratchanitza.

« Presque tous les fonctionnaires à Belgrade sont des
Hongrois. Le chef de la police est un Hongrois, Jelek, un
homme brutal et rapace qui ne cherche qu'à ramasser le
plus d'argent possible. La police est faite par environ
2.000 gendarmes. » — Marie Milkovitch, de Belgrade.

*Prisonnier N° 115, capitaine au 40° régiment d'infan-
terie bulgare :* « Dans les villes de la Serbie occupée,
les autorités sont bulgares. Dans les villages les maires
sont aussi bulgares, mais ils ont des adjoints serbes. »

N° 116, du 22° régiment d'infanterie bulgare : « Le témoin
a été pendant 20 jours à Leskovatz. Le préfet de cette
ville est de Bulgarie, mais le maire est du pays même. »

N° 117, du 46° régiment d'infanterie bulgare : « Le
témoin a été pendant 1 mois 1/2 à Vrania. Le maire de
Vrania est de la ville, le préfet est Bulgare. La police est
faite par des Bulgares et des Serbes (?). »

N° 118, du 3° régiment d'infanterie bulgare : « En Serbie,
les Allemands tiennent les gares de chemin de fer entre leurs
mains. En Bulgarie ce sont les Allemands et les Bulgares. »

N° 119, du 10° régiment d'infanterie bulgare : « Le
témoin a été en Serbie pendant une année. Il a fait partie
de la police à Négotine et à Zaitchar. Le commandant du
district de police était le lieutenant-colonel Ristoff. Le gouverneur de la Serbie envahie est actuellement le colonel
Tasoff; avant, ce fut le général Protogheroff. Il n'y avait
que des soldats dans la police. Le préfet de Négotine était
Stoyantcheff (civil). Les autorités militaires ont commis
des extorsions, des pillages et des massacres. Les autorités civiles ont fait moins de mal. D'après le témoin, son
chef, le lieutenant-colonel Ristoff, était un russophile. »

N° 120, du 47° régiment d'infanterie bulgare : « En
revenant de congé de Bulgarie, au commencement de juin
1917, le témoin a passé par la Serbie et s'est arrêté deux
jours à Nich. Il a remarqué qu'on y travaillait beaucoup à
remettre la ville en état. C'est ainsi qu'on repave les rues
et qu'on s'emploie à maintenir la propreté. Il y a beaucoup
d'Allemands qui sont employés à poser une seconde voie
sur la ligne Belgrade-Nich. »

Il résulte de ces quelques dépositions que les Bulgaro-
Allemands construisent quelques voies ferrées. Mais ces
chemins de fer paraissent tous être destinés uniquement aux
besoins militaires et stratégiques. La ligne Kniajevatz-
Zaitchar, probablement inutile au point de vue militaire,
mais importante pour les besoins de la population, est
abandonnée; on y a même détruit en partie, en enlevant
les traverses, ce qui avait été fait.

Comme en Macédoine, les Bulgares font administrer le

pays par leurs fonctionnaires. Cependant, ils paraissent leur avoir adjoint quelques sous-ordres serbes. La police est entièrement entre leurs mains, et nous savons, par ce qui a été publié dans les chapitres précédents, comment elle s'acquitte de sa mission.

Le régime ne paraît pas être beaucoup plus doux sous les Austro-Hongrois.

Quelques témoignages touchant le ravitaillement nous montreront ce qu'ont fait les administrations ennemies dans ce pays où, jadis, la vie était à bon marché :

« La cherté est terrible. La farine coûte 9 dinars l'ocque (1 kg. 250) ; le sucre 25 dinars, et il n'y en a pas ; le sel est à 7 dinars l'ocque, le pétrole à 8 ou 9 dinars. Il n'y a pas de viande. Notre billet de 10 dinars vaut à Pirot et à Nich 11 lèves ; en Macédoine, 10,60 lèves. La récolte est bonne cette année. Partout où je suis allé, le blé, les fruits, etc., ont bien poussé (1917). En Serbie on a beaucoup plus ensemencé qu'en Bulgarie et en Macédoine. Les conditions hygiéniques sont bonnes, tant dans l'armée que dans la population, mais il y a beaucoup de cas de mort par épuisement provoqué par le manque d'aliments. » — Vélia Mantchitch, sergent serbe et déserteur bulgare.

« Il y a eu une grande sécheresse, en 1916, dans la contrée de Kniajevatz, Pirot et Nich. Seul le blé a poussé. Cette année-ci, vers Pâques, la récolte s'annonçait bien. La cherté est excessive. 100 kilos de maïs coûtent 400 dinars, et on ne les trouve que très difficilement. Un mouton coûte 120 dinars ; un agneau 40 dinars ; un bœuf, de 1.200 à 2.000 dinars. Au commencement, l'argent serbe était coté officiellement 5 lèves pour 10 dinars. Le billet de 10 dinars valait 7 à 8 lèves dans le commerce. Maintenant il est payé 10 lèves et plus. Le dinar vaut actuellement 1,20 lève. La population garde l'argent serbe et ne le cède pas volontiers. Le billet autrichien de 10 couronnes est coté 6 lèves. » — Douchan Manoïlovitch, de Chtipina, en dernier lieu gendarme serbe du détachement de Tétovo. Évadé des Bulgares.

« Nulle part on ne peut acheter de pain ni de vêtements. » — 5 soldats russes évadés des Bulgares.

« Il y avait énormément de monde à Krouchevatz et

suffisamment de vivres (immédiatement après l'occupation
par les Centraux). On trouvait de la farine, du sucre et
même du café. Les paysans apportaient des légumes au
marché. Il y avait aussi du tabac. A ce moment-là les vivres
étaient aussi suffisants à Svilainatz. Seul, le sel manquait
totalement. Lorsque les Allemands ont cédé la ville aux
Bulgares, on a commencé à vendre ouvertement les vivres
que jusque là, à cause des réquisitions, on avait cachés.
Les prix n'étaient pas encore élevés : la farine coûtait 35 à
80 paras le kilo selon la qualité, la viande 1,40 à 1,60 dinar,
le saindoux 3 dinars le kilo, le bois de chauffage 14 à
20 dinars le mètre-cube. Il y avait du lait, des œufs, du
fromage et des légumes. Le pétrole manquait et coûtait 25
à 26 dinars le bidon..... A ce moment-là, janvier 1916, il y
avait très peu de farine à Belgrade. La mairie fournissait
une très mauvaise farine de maïs à une couronne le kilo.
La viande de bœuf coûtait 5 couronnes le kilo ; le porc,
mauvais et maigre, 8 couronnes ; le saindoux, 14 couronnes ;
l'huile, 30 couronnes. Je ne me souviens plus du prix des
autres articles..... En Serbie occupée par les Bulgares, les
vêtements et les chaussures sont très chers. Les femmes portent toutes de vieux vêtements. J'ai vu, à Stalatch, des soldats
hongrois acheter des billets de banque serbes de 10 dinars
qu'ils payaient 12 couronnes. A Nich, les juifs achètent les
billets serbes de 10 dinars pour 15 lèves. »—DR. A. ATHANA-
SIADÈS, Grec, médecin de l'arrondissement de Gratchanitza.

« Partout en Autriche-Hongrie on recherche nos billets de
banque qu'on paie 10 à 14 couronnes le billet de 10 dinars. »
— VITÈZE BRADILOVITCH, percepteur de Ganitza, sous-lieutenant au 9° régiment d'infanterie serbe. Évadé d'Autriche.

« Les premiers temps, il y avait assez de vivres à Belgrade, mais leurs prix étaient sensiblement supérieurs à
ceux d'avant l'occupation. Plus tard on a fixé les prix de
vente, mais les quantités disponibles devenaient toujours
plus petites à cause des réquisitions..... Le pain n'est plus
fait par les boulangers. On distribue à la population une
farine très noire à 0,80 couronne le kilo, à raison de 200 gr.
par jour et par personne. On a créé des cartes de vivres.
On reçoit 120 gr. de viande par jour et un demi kilog. de

[illegible] par moi [illegible] vêtements sont [illegible]
[illegible] tout ce qui restait après [illegible] réquisitionné par les [illegible]
[illegible]. Les souliers coûtent 150-180 couronnes la paire. Les
semelles sont en bois. Un complet coûte 300 à 400 couronnes, la toile 40 couronnes le mètre. Il n'y a plus de café
[illegible] son dernier prix était de 50 à 60 couronnes le kilog. Les
pharmacies sont ouvertes, mais elles ne peuvent pas s'ap-
provisionner et les médicaments les plus simples leur font
défaut. Dans les premiers temps, le cours de notre billet de
10 dinars était de 7 à 8 couronnes. Maintenant, il est de 12 à
13 couronnes. Au moment de mon départ, j'ai reçu du ban-
quier Kabali 1.900 couronnes pour 1.500 dinars serbes. La
population rurale possède encore des vivres, mais la famine
règne dans les villes. » — MARIE MILKOVITCH, de Belgrade.

Prisonnier *N° 121, du 47e régiment d'infanterie bul-*
gare : « La récolte en Serbie est très bonne (1917). Les
arbres fruitiers ont donné beaucoup de fruits. Cependant
la famine règne dans le pays. Dans les gares, le témoin a
vu des paysannes vendre un œuf un lève, 5 lèves, un kilo
de fromage, 12 à 15 lèves un kilo de beurre salé, 5 lèves
un morceau d'agneau rôti. »

N° 122, du 48e régiment d'infanterie bulgare : « En
revenant, en congé, du front roumain, le témoin s'est
arrêté à Bucarest, Vrania et Skoplié. Il a ainsi vu que la
famine règne partout et que les vivres font complètement
défaut. Le pain coûte 12 dinars le kilo. Partout c'est la
stagnation absolue des affaires. A Ochrida, la cherté des
vivres est inouïe. Il n'y a ni farine ni viande. Une poule
coûte 40 dinars. »

Il ressort nettement de ces dépositions que le pays serbe
est absolument ruiné et que la population y souffre la faim.
Pour ceux qui connaissent la Serbie, cela paraît presque
incroyable, car les terres serbes sont naturellement très
riches et ont toujours produit plus que le pays ne pouvait
consommer. Même avec la main-d'œuvre réduite pendant
les guerres, la Serbie pouvait se suffire. Si, aujourd'hui, les
habitants souffrent de la faim, la faute en incombe uniquement aux envahisseurs, qui n'ont pas respecté l'article 52 de la Convention de la Haye qui stipule « que les

réquisitions en nature et les services seront en rapport avec les ressources du pays ».

Dans la première partie de ce travail, je me suis déjà occupé des écoles en Macédoine et tout spécialement de celles des villages actuellement libérés. Nous avons vu alors que les Bulgares ont tout simplement fermé ces écoles. En Serbie encore envahie, les Bulgares paraissent avoir « bulgarisé » les écoles déjà existantes. Ils veulent détruire tout ce qui est serbe, même les livres !

« L'emploi de la langue serbe est interdit. Tous les noms ont été changés et on a ouvert des écoles bulgares. Tous les objets de valeur appartenant aux églises ont été pris. Les archives ont été détruites. Il n'y a plus nulle part de livres serbes. Toutes les enseignes ont dû être transformées en langue bulgare. » — DOUCHAN MANDILOVITCH.

« Dans la partie de la Serbie occupée par eux, les Bulgares ont détruit tous les livres serbes et ils ont interné tous les instituteurs. Je ne sais pas si les institutrices ont eu le même sort. Ils ont fait venir des instituteurs et des institutrices bulgares et ont ouvert des écoles à eux avec l'instruction obligatoire. Dans les villes, on a créé des salles de lecture bulgares et on fait en général tout pour bulgariser la population. » — Dr A. ATHANASIADÈS.

« Lorsque j'étais à Skoplié, un lycée de 4 classes et 4 écoles y fonctionnaient. Dans certains villages, les Bulgares avaient également ouvert des écoles bulgares et forçaient les enfants serbes à les fréquenter. » — BOJIDAR MLADENOVITCH.

Prisonnier n° 123, du 40ᵉ régiment d'infanterie bulgare : « On a remplacé les instituteurs serbes par des instituteurs bulgares qu'on a retirés de l'armée. »

N° 124, du 10ᵉ régiment d'infanterie bulgare : « Les Bulgares ont ouvert partout des écoles et obligent les enfants à les fréquenter. »

Visiblement les Bulgares cherchent à « bulgariser » par tous les moyens la population serbe temporairement sous leur domination. Leur but, comme d'habitude, est de tromper le public. Ils voudraient présenter cette population comme essentiellement bulgare. Leurs « moyens de bulga-

risation » sont parfois tout simplement ridicules, comme le
prouve l'épisode suivant :

« M. Atza Dimitch, commerçant de Belgrade, qui se trouve
actuellement à Genève où il s'occupe de la transmission
des correspondances entre la Serbie occupée et Salonique,
a reçu de Zaïtchar un certificat que les autorités scolaires
bulgares ont délivré à Milan, fils de Stévan Néchitch,
employé des postes à Zaïtchar. Ce certificat concerne les
études de Milan dans la 3ᵉ classe de l'école bulgare de
Zaïtchar. Le certificat est rédigé en langue bulgare et signé
par « l'instituteur principal » P. V. Jlieff et par l'institutrice
de la classe, V. Téodorova. Il est daté du 17 juin 1917 à
Zaïtchar. Il y est indiqué, entre autres, que Milan *Nechev*
— c'est ainsi qu'ils ont transformé son nom — est né à
Belgrade le 29 août 1906 et qu'il est *sujet bulgare*. L'ori-
ginal a été remis au Ministère de l'Instruction publique. Le
père de Milan Néchitch se trouve à Salonique.

Ainsi, les gens de Sofia « annexent » contre tout droit ce
garçon de 11 ans, bon Serbe, né à Belgrade d'un père qui
est fonctionnaire serbe. Veulent-ils faire croire aussi que
Belgrade est « essentiellement bulgare » et que, par suite,
tous les Belgradois sont Bulgares d'office ?

Au cours de cet exposé, j'ai démontré que les Bulgares
internent et massacrent les popes serbes en Macédoine. Dans
l'ancienne Serbie, ils ne paraissent pas agir autrement. Leur
but est toujours le même : ils veulent anéantir l'église serbe
pour la remplacer par la leur, la schismatique, évidemment
dans l'intention de tromper les autres peuples en bulgari-
sant toutes les institutions du pays momentanément en
leur pouvoir. En ne respectant pas l'église serbe, ils ont
d'ailleurs violé encore l'article 46 de la convention de la
Haye : « Les convictions religieuses et l'exercice des cultes
doivent être respectés. » Mais un article violé de plus ou de
moins n'a aucune importance pour ceux qui ont accepté avec
enthousiasme la fameuse théorie du « chiffon de papier ».

Finalement, j'insisterai encore sur la destruction des
livres serbes par les Bulgares. Cet acte, qu'on ne peut
qualifier que de stupide, peint toute la mentalité de ces
gens qui, déjà au cours des guerres balkaniques et, surtout,

[...illisible...]

D'ailleurs, leurs alliés, les Austro-Hongrois, ont agi de même. Ils ont détruit tous les livres serbes en caractères cyrilliques et ils ont défendu sévèrement l'usage de ces caractères. Ils ne font exception que pour le « supplément » hebdomadaire de leur organe officiel en Serbie occupée, le « Beogradske Novine, » supplément destiné aux paysans et aux soldats serbes du front de Salonique. En effet, ils envoient ce factum, imprimé en caractères cyrilliques, par ballon et, paraît-il, même par projectile dans les tranchées serbes. Cette feuille est pleine d'attaques perfides contre le gouvernement serbe, contre le roi et le prince Alexandre et contre les alliés des Serbes. Inutile de dire que le résultat qu'ils obtiennent par ce procédé indigne d'un pays qui se respecte, est juste le contraire de celui qu'ils escomptent.

Austro-Hongrois et Bulgares croient-ils vraiment, en faisant disparaître les livres écrits et imprimés dans la langue et les caractères de leurs victimes, pouvoir s'attirer les bonnes grâces de ceux qu'ils ont tant martyrisés? Ne voient-ils pas que le patriotisme et l'amour de la liberté démocratique de ce peuple a des racines plus profondes que ces livres qu'ils ont brûlés dans leur rage contre tout ce qui est serbe? Cette action odieuse les rend ridicules et fournit en même temps une nouvelle preuve que leur cause est mauvaise et injuste!

Je suis arrivé au bout de ma tâche. J'ai évité autant que possible les commentaires. J'ai laissé parler mes témoins. Le public les écoutera et se fera lui-même son opinion sur la façon dont les adversaires de l'Entente ont mené la guerre de ce côté de l'Europe. Ce résumé d'enquête n'est pas fait pour distraire le lecteur comme un roman ou un récit de voyage. Il est écrit sans aucune prétention littéraire. C'est un document destiné à éclairer l'opinion de tous ceux qui espèrent que de cette longue et douloureuse guerre sortira une ère de justice et de liberté.

Salonique, mars 1918.

TABLE DES MATIÈRES

IMPRIMERIE
ARTISTIQUE
LUX
131, Boul. St Michel
PARIS
(5e)

www.ingramcontent.com/pod-product-compliance
Lightning Source LLC
LaVergne TN
LVHW020616060726
842526LV00003B/751